Caroline-M. Wierig
Peter Neumann

Rubin

Hans-Otto Schümann
Ein außergewöhnliches Seglerleben

DELIUS KLASING

„Die See ist eine gute Lebensschule
für junge Leute und bleibt es für alte.

Sie lehrt Bescheidenheit.
Ihr ordne ich mich gern unter."

Hans-Otto Schümann

Die Deutsche Bibliothek - CIP-Einheitsaufnahme

Wierig, Caroline-M.:
Rubin: Hans-Otto Schümann: Ein außergewöhnliches Seglerleben -
Caroline-M. Wierig/Peter Neumann. - 1. Aufl. - Bielefeld: Delius Klasing 2001
ISBN 3-7688-1286-3

1. Auflage
ISBN 3-7688-1286-3

Design/Typographie: YPS Hamburg Peter Neumann
Produktion: YPS Hamburg

Delius Klasing Verlag, Siekerwall 21, D-33602 Bielefeld
Tel.: 0521/559-0, Fax: 0521/559-113
e-mail: info@delius-klasing.de
http://www.delius-klasing.de

Inhalt

Hans-Otto Schümann bei der RUBIN XI-Taufe

Hans-Otto Schümann
Ein aussergewöhnliches Seglerleben

Es ist ein warmer Sommertag des Jahres 2000. Hans-Otto Schümann, 84 Jahre alt, sitzt braungebrannt in seinem Büro im Hamburger Freihafen. Mit seinen Gedanken ist er auf der RUBIN in einem kräftigen Nordwest Stärke 7 auf dem Weg von Kiel nach Sandhamn vor Stockholm. „RUBIN hatte mit kleiner Crew und unter kleiner Besegelung montags abends die Strander Bucht verlassen", erzählt er. „Es wehte recht ordentlich. Uli Tischendorf (62, Altcrew), Hendrik Scheel (24, Segelmacher), Arnd Howar (21), zur Zeit unser Bootsmann, und Jan Karsten (20, Abiturient) waren damit beschäftigt, das Schiff auf Kurs zu halten, ich machte Navigation. Unter Genua IV und mit einem Reff im Groß surften wir auf den hohen Wellen. Mit 18 bis 24 Knoten glitschten wir regelrecht über die Ostsee. Arnd schaffte auf einer besonders hohen Welle hinter Fehmarn 27,4 Knoten! Das hatte RUBIN vorher noch nie geschafft. Dienstag morgen passierten wir Bornholm und mittags schon Utklippan, zweihundertvierzig Seemeilen in zwanzig Stunden. Nach diesem wilden Ritt gönnten wir uns in Kalmar einen Ruhe- und Trockentag. Das Wetter wurde nicht besser. Freitags abends waren wir in Sandhamn fest.

Ich wollte noch einmal Gotland-runt segeln", sagt er, „den skandinavischen Klassiker. Das waren immer schöne Wettfahrten mit dem besonderen Flair in Visby und Sandhamn und herrlichen Festen in den zauberhaften hellen Nächten. Der Kurs über dreihundertfünfunddreißig Seemeilen verlief östlich an Gotland vorbei bis zur Südspitze Hoburg, hinüber zur Nordspitze Ölands, weiter nach Visby und von dort rund neunzig Seemeilen ins Ziel Sandhamn. Diesmal waren dreihundert Boote am Start, in unserer Klasse IMS I allein dreiundachtzig. Mit den neuen Gennakern lief es prima. RUBIN gewann Platz eins in IMS I und wurde auch Sieger über alle Klassen."

Wie damals, 1959, 1970 und 1974. Hans-Otto Schümann hat das Segeln noch nicht verlernt.

UNBESCHWERTE KINDHEIT – SPIELERISCH SEGELN LERNEN

Stolz klingt in der Stimme dieses Gentleman-Sportsmannes mit der wohl ungewöhnlichsten Karriere, dem niemand sein Alter abnimmt. Der Blick schweift über die Schiffe im Hamburger Hafen, hinüber auf den Grasbrook, zu den Landungsbrücken. An der Wand hängt ein Joh. Holst mit der RUBIN II von 1957, an der anderen ein Portrait seines Vaters in Öl. „Er war immer mein Vorbild", sagt er. Vater Otto Schümann hatte seinen Kindern Hans-Otto, geboren am 4. Dezember 1916, und Lisa-Lott am 29. Oktober 1918, die besten Voraussetzungen fürs Leben mitgegeben. Hier im Hamburger Freihafen legte er das Fundament für die Erfolgsgeschichte des Sohnes. Der Vater war Betriebsleiter in einer Raffinerie im Hafen, als er sich 1916 sein erstes größeres Schiff kaufte und es nach dem Namen seiner Frau CARLA taufte. Sie begleitete ihren Mann auf allen seinen Fahrten.

Hans-Otto Schümann (6) und seine Schwester Lisa-Lott (4)

Vater Otto Schümann war ein lebensfroher, geselliger Mensch, zudem ein begnadeter Piano- und Akkordeonspieler. In seiner Freizeit segelte er leidenschaftlich gern, hatte sich ganz dem Fahrtensegeln auf See verschrieben. Am liebsten unternahm er mit Freunden Geschwaderfahrten auf der Elbe, darunter war auch meistens sein Freund C. Vernimb, der eine bekannte Konditorei in Hamburg besaß. Otto Schümann war Mitglied im Norddeutschen Regatta Verein, denn er war der Ansicht: Wer ein Boot hat, muß auch in einem Segelclub sein. Freund Vernimb wollte nun auch in den Verein eintreten und gab im Aufnahmeantrag als Profession Konditor an. Handwerker nehmen wir nicht, hieß es im Norddeutschen Regatta Verein. Hätte Vernimb Gastronom eingetragen, wäre wohl manches anders gelaufen. Otto Schümann jedenfalls war empört, trat aus dem Norddeutschen Regatta Verein aus und mit Vernimb in den Hamburger Segel-Club ein.

Schümann segelte mit seiner CARLA die Nordsee-Woche vor Helgoland, er verpaßte keine Kieler Woche und engagierte sich im Vorstand des Hamburger Segel-Clubs, dem er sich sehr verbunden fühlte. Ob in Travemünde, Helgoland oder in irgendeinem kleinen dänischen Nest: Es ging immer hoch her, wenn Otto Schümann mit seinem Schifferklavier aufkreuzte und Shanties zum besten gab. Die Segler liebten diese Atmosphäre und die Freunde schätzten sein musikalisches Talent.

In diesem Umfeld wuchsen die Geschwister Schümann heran. „Wir sind als Kinder großgeworden in Warnemünde und in Travemünde an Bord unseres damals großen Schiffes CARLA III", erzählt Lisa-Lott, „mit Bootsmann und unserer Großmutter. Mein Vater hatte 1928 – nach den schlimmen Inflationsjahren längere Zeit ohne Schiff – den 60er Nationalen Kreuzer aus Mahagoni gekauft, mit A 5 im Segel. Zum ersten Mal akzeptierte uns unser Vater dann auch als

eventuelle Mitsegler. In Travemünde lernten wir die Elbe-Clique kennen, mit denen Vater immer im Geschwader auf der Elbe oder in den Ferien in der Ostsee segelte. In der Pötenitzer Wiek, an der flachen Buchtenküste, schipperten wir mit einem kleinen Dinghy und übten Anlegen wie die großen Schiffe", sagt sie. „Das war unsere Kindheit. Auch im Yachthafen Waltershof in Hamburg. Jede freie Minute nach der Schule und am Wochenende fuhren wir mit der U-Bahn zu den Landungsbrücken, nahmen die Fähre hinüber nach Finkenwerder und gingen zu Fuß zu unserem Schiff. Mein größter Stolz war es später", so Lisa-Lott, „daß ich das Schiff segelklar hatte, wenn meine Eltern an Bord kamen."

1928 wurde Hans-Otto Mitglied der Jugendabteilung im Hamburger Segel-Club, wenig später auch seine Schwester. Dort durften sie die Clubschiffe segeln. „Mein Bruder hat ein 12-qm-Sharpie gesegelt und ich immer das 12-Fuß-Dinghy. Ich habe auch die Schule geschwänzt, um auf der Alster zu segeln. Da haben wir richtig segeln gelernt, den Umgang mit Pinne und Schot. Unsere erste richtige Tour mit unserem Vater war an die Schlei und nach Sonderburg. Als er die CARLA V hatte und er uns nun als vollwertige Mitsegler akzeptierte, segelten wir immer die Regatten mit. Oft war noch ein Mitsegler an Bord, meine Mutter als Smutje. Wir waren viele Jahre eine richtige Mannschaft."

Der Vater war der Lehrmeister im Handwerk des Seesegelns und in Seemannschaft. „Diese Schiffe hatten keine Seereling, das Deck war lackiert", erinnert sich Lisa-Lott. „Hans-Otto und ich segelten auf dem

Der 75 Quadratmeter Nationale Kreuzer CARLA VI, Hans-Otto und Lisa-Lott auf dem Vorschiff

Vorschiff Rund um Helgoland durch Seen, die über das Schiff hinweggingen, das lackierte Deck war spiegelglatt vom Salzwasser. Hans-Otto rutschte im Ölzeug, immer eine Hand fürs Schiff, bis zum Vorluk und dann in den Steven zum Vorstag. Dort mußte er dann sitzend, beide Beine ums Vorstag, das Vorsegel bergen und ein neues anschlagen.

Wenn sie in den Ferien mit mehreren Schiffen irgendwo in der Ostsee unterwegs waren, gab es morgens immer eine Schifferbesprechung: „Wo fahren wir heute hin?" Immerhin legte CARLA VI, ein 75 Quadratmeter Nationaler Kreuzer aus Mahagoni mit Hilfsmotor von 12,46 Meter Länge, im Jahre 1933 mit den Frühjahrs- und Herbsttörns in die Nordsee insgesamt eintausendeinhundertzehn Seemeilen zurück. – Diese Nordlandreisen im Geschwader mit befreundeten Familien, die hellen Nächte zur Mittsommerzeit, die Freundlichkeit in den Häfen und die besondere Atmosphäre in Schwedens

Vater Otto Schümann

Schärengarten prägten den jungen Hans-Otto Schümann und erklären seine bis heute ungebrochene Leidenschaft für das Segeln in skandinavischen Gewässern.

In dem Stadtteil, in dem Hans-Otto Schümann aufwuchs, ging er auch zur Schule. Auf der Oberrealschule Uhlenhorst entdeckte er seine Vorliebe für die Naturwissenschaften und die Mathematik. Daneben lernte er Sprachen, neun Jahre Französisch, sechs Jahre Englisch und freiwillig in Frühstunden drei Jahre Latein bis zum Abitur mit kleinem Latinum. Sein Vater hatte im Freihafen inzwischen die im Jahr 1878 gegründete Firma Erste Deutsche Virginia-Vaseline-Fabrik Carl Hellfrisch & Co. gekauft. Naheliegend, daß der Sohn Chemie studieren wollte. In Karlsruhe schrieb er sich 1936 an der renommierten Technischen Hochschule ein. Dort hatte unter anderen der Chemie-Professor Carl Engler auf dem Mineralöl-Gebiet bahnbrechende Forschungsergebnisse erzielt. Doch kurz vor dem Vorexamen mußte er nach Hamburg zurück. Sein Vater war im Alter von 47 Jahren überraschend früh gestorben, im Dezember 1937. Nun sah sich Hans-Otto Schümann gezwungen, sein Studium aufzugeben und den väterlichen Betrieb mit vier Angestellten vom 1. Januar 1938 an weiterzuführen, um Mutter und Schwester zu ernähren. Er war gerade 21 Jahre alt.

Der Betrieb bestand aus vier Mischkesseln, gasbeheizt, in denen aus importierter US-Vaseline, Paraffin und Weißöl Spezial-Vaselinen hergestellt wurden. Ohne kaufmännische Ausbildung mußte der junge Chef sich in das Geschäft einarbeiten. Als erstes führte er eine neue Durchschreibe-Buchführung ein, die er selbst nach Feierabend buchte, sowie eine Vor- und Nachkalkulation der einzelnen Geschäfte.

DAS FUNDAMENT IST GELEGT

Schon bald hatte er den Betrieb im Griff und kaufte sich 1938 seine erste Yacht. Es handelte sich um einen 60 Quadratmeter Seekreuzer mit rund 58 Quadratmeter Segelfläche am Wind, 9,13 Meter lang, 2,54 Meter breit, der 6,9 Tonnen verdrängte und einen Ballastkiel aus Eisen hatte. Das Schiff war nach der Kreuzer-Rennformel mit 8,2 vermessen. Konstruiert und gebaut hatte es 1924 Hans Heidtmann in Hamburg.

Hans-Otto Schümann taufte das Schiff auf den Namen STRIETZ – so hatte ihn sein Vater geneckt –, was soviel heißt wie Strolch. Auf einer Sommerreise trug Hans-Otto ins Logbuch ein: „Freitag, 8. Juli 1938, 17.45 Uhr: ab Yachthafen unter Segel. 21.30 Uhr: vor Schulau zu Anker. Gewitterböen. Da das Schiff neu gekauft war, erwies sich manches als noch nicht praktisch. Die Manöver in den Gewitterböen klappten nicht sehr schön. Vor Anker wurde dann alles so gut wie möglich geändert oder erneuert. Crew: Hans-Otto Schümann, Mutter Carla, Fritz Baldamus, E. -A. Fick.

Mittwoch, 17. August 1938, 9.00 Uhr: Südwest 7 bis 8. Vor Sturm im Hafen Kalvehave! In den Böen bis Windstärke 9, deshalb ein Ruhetag. Reinschiff, Skatspielen und Baden. Donnerstag, 18. August 1938: Südwest 8. Vor Sturm im Hafen. Kameradschaftliches Zusammensein mit einem dänischen Offizier und Engländer.

Freitag, 19. August 1938, 20.30 Uhr: Drogden-Feuer. Bei Drogden eine furchtbare Grundsee! 23.15 Uhr: an Kopenhagen-Yachthafen. Sonnabend, 20. August 1938: Besichtigung von Kopenhagen. Sonntag, 21. August 1938: Geschäftsreise des Kapitäns nach Schweden mit Dampfer und Bahn vom 21. bis 25. August 1938. Freitag, 26. August 1938, 10.30 Uhr: ab Kopenhagen mit Ziel Travemünde. Leider beschleunigte Rückfahrt, da dringende Geschäfte in Hamburg vorliegen.

Ansteuerung Helgoland 1936 – CARLA VI war als Erste an der Tonne

Es muß deshalb das geplante Ziel Göteborg aufgegeben werden."

So verband der Jungunternehmer Schümann schon damals eine Urlaubsreise auf seinem Schiff mit geschäftlichen Terminen. Als Alleininhaber der Firma Hellfrisch entwickelte er die Herstellung von Vaseline aus deutschen Rohstoffen – Paraffin-Gatsch – und konnte nun die Vaselineproduktion kräftig steigern. Bei Ausbruch des Krieges stellte die Wehrmacht erhebliche Lieferansprüche an Vaseline für ihre Sanitätsparks. Ein Glück für den Firmenchef, denn aufgrund dieser kriegswichtigen Produktion wurde er nicht eingezogen. Im Juli 1942 kam es zur Gründung der Vaselin-Raffinerie Hans-Otto Schümann. Vom 24. Juli bis 3. August 1943 erlitt Hamburg die größte Katastrophe in seiner Geschichte. Mit der „Operation Gommorha" unter dem britischen Luftmarschall Sir Arthur Harris sollte Hamburg systematisch vernichtet werden. Tag und Nacht luden die britischen Bomber ihre Fracht über der Hansestadt ab. Die Elbe diente ihnen als Navigationshilfe. Allein in der Nacht zum 28. Juli starben 45 000 Hamburger in dem Feuermeer. Der Hafen, die hafennahen Geschäfts- und Wohnviertel, Rothenburgsort und Hammerbrook wurden dem Erdboden gleichgemacht. Hamburg glich einer Geisterstadt.

Den ersten Großangriff auf Hamburg in der Nacht vom Sonnabend überlebte Hans-Otto Schümann auf seiner Yacht STRIETZ mehr zufällig in Brunshausen, dem heutigen Stadersand. Nach dem dritten Großangriff am Donnerstag lagerte er sein Büro aus und segelte mit zwei leitenden Mitarbeitern elbabwärts nach Wischhafen. Von dort fuhr er täglich morgens früh um 4.00 Uhr im Frachtraum eines Kümos mit dem Fahrrad nach Hamburg in den Betrieb auf Steinwerder, der den Feuersturm bis dahin überstanden hatte. Am Nachmittag ging es mit demselben Kümo, der nun voller zu evakuierender Flüchtlinge war, zurück nach Wischhafen. Schümann hatte allen Mitarbeitern empfohlen, die Stadt zu verlassen, aber in der Nähe zu bleiben und sich vier Wochen später, wenn die Angriffe vorüber wären, wieder im Werk einzufinden – wenn es noch vorhanden war. Alle, bis auf eine Expedientin, fanden sich nach vier Wochen wieder ein, und die Produktion konnte schon im August 1943 wieder aufgenommen werden. Zur Sicherheit wurde ein Zweigbetrieb in Mährisch-Ostrau im Protektorat Böhmen-Mähren eingerichtet und von hier aus der Osten versorgt.

Die Zufuhrgleise und ein großer Teil des Güterbahnhofs Hamburg-Süd waren zerstört. Die mit Rohstoff beladenen Kesselwagen wurden mit einem Schwimmkran auf die

Die Zerstörung der Vaselin-Raffinerie und der Wiederaufbau

Brückenschienen der Fabrik gesetzt und die entleerten Waggons gingen den gleichen Weg zurück. So konnte die Produktion voll weiterlaufen. In dieser schweren Zeit lernte man zu improvisieren und alle auftretenden Schwierigkeiten zu meistern. Eine teure und schwere Lehre fürs Leben. Doch am 17. Januar 1945 wurde das Vaselinwerk nach einem gezielten Tagesangriff von zwölf Bombern vollständig zerstört.

In der schwierigen Reichsmarkzeit nach Ende des Krieges mußte wiederum viel improvisiert werden. Aber mit der Produktionserlaubnis der Engländer ging es weiter. Zunächst wurde Vaseline in der Norddeutschen Ölmühle im Lohn hergestellt, dann in der Eidelstedter Fischmehlfabrik mit eigenem Personal und aus den Trümmern geborgenen Filterpressen.

Ende September 1947 begann der Neuanfang. Hans-Otto Schümann legte am alten Standort den Grundstein für den Wiederaufbau des zerstörten Betriebes am Worthdamm im Hamburger Freihafen. Inzwischen war er auch Vater geworden: Am 31. Juli 1947 wurde Sohn Klaus-Otto geboren, später, am 16. Dezember 1953, Tochter Renate. Nach der Währungsreform 1948 ging es zügig aufwärts. Neu dazu kam nun auch Paraffin, das in den gleichen Anlagen raffiniert wurde.

Schümann konzentriert sich bis heute auf die Forschung, Entwicklung, Herstellung und Anwendungsberatung von Paraffinen, Wachsen und Vaseline. Im Zuge des Wirtschaftswachstums formierte sich unter seiner Leitung im Hamburger Freihafen durch Zukäufe eine Firmengruppe mit den beiden Produktionsbetrieben Vaselinwerk Hans-Otto Schümann und Hamburger Wachs-Industrie GmbH sowie den Vertriebsfirmen „ter Hell Paraffin" Vertriebs-Gesellschaft und Carl Hellfrisch & Co. Schümann machte die Firmengruppe mit heute etwa sechshundert Mitarbeitern zum europäischen Marktführer für

Das Vaselinwerk Hans-Otto Schümann heute

Paraffin und Vaseline und zu einem der bedeutendsten Hersteller dieser Produkte in der Welt.

Das Unternehmen produziert rund zweihundertzwanzigtausend Tonnen im Jahr, davon entfällt der größte Teil auf Paraffin und nur achtzehntausend Tonnen auf Vaseline. Es ist Rohware für eine Vielzahl täglicher Gebrauchsgüter wie Autoreifen, Packpapiere, Düngemittel, Folien, Lacke, Farben, Elektrokabel, Kohlepapier, Bleistifte und Kaugummi sowie Kosmetika, Fangopackungen oder Lebensmittelkonservierungen. Der wichtigste Absatzbereich für Paraffin, etwa die Hälfte der Produktionsmenge, ist die Kerzenindustrie. International ist der Markt hart umkämpft, der Umsatz wird sehr stark durch die Entwicklung der Rohöl- beziehungsweise Rohölproduktpreise beeinflußt. Schümann ist besonders stolz darauf, daß seine Gesellschaften unter seiner Leitung als Inhaber auch in schwierigen Zeiten noch niemals rote Zahlen geschrieben haben. Eine ganz eigene Erfolgsstory.

Hans-Otto Schümann lebt das Bild eines hanseatischen Kaufmanns: unauffällig im öffentlichen Leben seiner Stadt, grundsolide, großzügig im Denken. Die Belegschaft verehrt ihren Chef. Und hatte immer großes Verständnis für sein Engagement im Segelsport, dem Lebensinhalt seit Kindheitstagen. Mehrere seiner Yachten stiftete Schümann Traditionseinrichtungen wie der Hanseatischen Yachtschule Glücksburg und dem Hamburgischen Verein Seefahrt, um junge deutsche Nachwuchssegler ans Hochseesegeln heranzuführen. Zahlreiche Ehrenämter übt er mit der gleichen Gründlichkeit aus wie seine Geschäfte als Firmenchef. Einer wie er erscheint nie in den Klatsch- und Gesellschaftskolumnen seiner Stadt. Ein Ereignis aber war der Presse ganze Zeitungsseiten und Fernsehberichte wert: Im September 2000 übergab Hans-Otto Schümann der Stadt Hamburg den komplett von ihm finanzierten sechsstöckigen Anbau des Museums für Kunst und Gewerbe.

Der Schümann-Flügel, benannt nach seinem großzügigen Stifter, ist nicht nur wegen seiner bewundernswert klaren Architektur ein außergewöhnlicher Museumsneubau: In nur zwei Jahren errichtet, von einem Privatmann finanziert, dazu die Schenkung einer weltweit einzigartigen Sammlung von Tasteninstrumenten aus fünf Jahrhunderten des befreundeten Ehepaares Professor Andreas Beurmann und Heikedine Körting. Im Erdgeschoß und im ersten Stock wird der neue Schatz zur Schau gestellt: rund siebzig von einhundertfünfzig äußerst kostbaren und seltenen Spinetten, Cembali, Virginalen und Clavichorden aus der Zeit von 1540 bis 1989. Damit gelangt das Hamburger Museum an die Spitze der internationalen Museen mit Musikinstrumentensammlungen. Ferner finden in dem Neubau das neue Forum Gestaltung sowie die Gerd-Bucerius-Bibliothek Platz. Diese großzügige Spende verdankt die Stadt Hamburg ihrem Mäzen Hans-Otto Schümann, der 1996 die Hans-Otto und Engelke Schümann Stiftung gegründet hatte.

Der Schümann-Flügel

Eine neue Zeit bricht an – Segeln in beschränkten Revieren

In der sogenannten Elbe-Clique des Hamburger Segel-Clubs trieben die Altvorderen die Sache des Segelsports voran. Die Begeisterung fürs Segeln schweißte die Männer zusammen. Es bildeten sich Freundschaften fürs Leben. Sie hielten zusammen, in guten wie in schlechten Zeiten. Und die Zeiten nach dem Zweiten Weltkrieg waren schlecht. Die Boote, die überlebt hatten, waren beschlagnahmt oder im Schlick der kleinen Nebenflüsse der Elbe versteckt. Segeln war, wenn überhaupt, nur in sehr begrenzten Revieren möglich, Bootsbau gänzlich verboten. Gemeinsam standen die Männer diese Einschränkungen, Verbote und Anordnungen, ja sogar regelrechte Treibjagden der Besatzungsmacht auf ihre Fahrzeuge durch. Aber trotz allem hatten sie ihren Optimismus nicht verloren.

Ihr Vorsitzender, Carl Georg Gewers, setzte sich zielstrebig und unermüdlich für die Belange der Segler ein, an seiner Seite der berühmte Reeder Erich F. Laeisz. In einem Hinterzimmer riefen sie den Arbeitsausschuß Segeln im Hamburger Verband für Leibesübungen ins Leben. Durch geschickte Verhandlungen mit den Engländern tauchten 1945/46 auf der Alster erstmals wieder Segel auf, die Hamburger warfen also als erste in Deutschland wieder die Leinen los. Mit seinem Vereinskameraden Harald Löffler erreichte Gewers im britischen Hauptquartier in Detmold 1946 die Freigabe der beschlagnahmten Boote und die Erlaubnis zum Segeln: auf der Elbe bis Glückstadt und auf der Weser bis Brake. 1947 wurde die Kieler Förde für die deutschen Segler wieder freigegeben. 1948 fand die erste Kieler Woche nach dem Krieg statt. Die Währungsreform trat in Kraft, ein Jahr später, am 23. Mai 1949, das Grundgesetz.

In diesen Tagen des Aufbruchs erhält Karl Clausen einen Anruf aus Hamburg. Der ehemalige Marineoffizier war nach dem Krieg in Kiel hängengeblieben. Dort, in der englischen Besatzungszone, war er als sogenanntes frozen personal zum Minenräumen verpflichtet worden und nun entlassen. Ein Studium an der Kieler Universität wurde ihm 1947 als ehemaligem aktivem Offizier laut „British Zone Policy Instruction" verweigert. Bernard Hinst ist am Apparat. Hinst war im Krieg einer von Clausens Offizieren in der Minensuchflottille im Westen Frankreichs. Hinst, Mitglied im Hamburger Segel-Club und befreundet mit Hans-Otto Schümann: „Claus – so Clausens Spitzname –, wir wollen den Deutschen Segler-Verband gründen und du sollst der Geschäftsführer werden!" „Bernie, ich habe keine Ahnung, ich weiß von nichts", ist die Antwort. Doch Clausen hat eine Familie mit zwei Kindern, muß irgendwie Geld verdienen. Er läßt sich also darauf ein, und das Schicksal nimmt seinen Lauf.

Auf dem ersten Seglertag nach dem Krieg 1949 in Flensburg wurde der Deutsche Segler-Verband neu gegründet. Die zweihundert Delegierten aus den Landesverbänden sowie der Organisation der Ostvereine wählten Carl Georg Gewers einstimmig

zum Vorsitzenden. Gewers machte Karl Clausen zu seinem Geschäftsführer.

Clausen fing in einer Ecke des Nordischen Assekuranzkontors von Gewers in der Katharinenstraße in Hamburg an, bewaffnet mit einem Radiergummi, Bleistift und einem Stück Papier; wohnte dort, kampierte auf einem Feldbett, unter dem Schreibtisch der Kohleneimer. Gewers und seine Segelfreunde halfen wo sie konnten, REGINA-Eigner Addi Timm zum Beispiel bei der Wohnungsbeschaffung. Klar, daß Clausen bald Clubmitglied wurde und die Crew bei Vater und Sohn Hinst auf der HISKA ergänzte.

Nach und nach wurden Fachausschüsse im Verband gegründet. Mit dem unverwüstlichen Erich F. Laeisz, dem Ausschußvorsitzenden Technik, Wettfahrten, Wettfahrtregeln und Berufungen, entwickelte sich eine sehr enge Zusammenarbeit. In wöchentlichen Gesprächen zwischen Laeisz und Clausen kristallisierte sich sowohl das organisatorische als auch das inhaltliche Konzept zum Aufbau des Deutschen Segler-Verbandes heraus. Die Lichtgestalt Erich F. Laeisz, die Persönlichkeit des Reeders und Seglers mit den großen Fachkenntnissen beeindruckte Clausen sehr. Sie wurden Freunde. Durch sein internationales Renommee schaffte es Erich F. Laeisz, daß der Deutsche Segler-Verband 1951 wieder in den internationalen Seglerverband, die IYRU, aufgenommen wurde. Zwölf Jahre war Deutschland vom internationalen Segelsport ausgeschlossen.

Der unvergessliche Reeder Erich F. Laeisz (l.) und Karl Clausen, Geschäftsführer des Deutschen Segler-Verbandes

Im Jahre 1950 sah man schon die neue Zeit am Horizont heraufziehen. Vieles war zwar noch Behelf und Improvisation, aber ganz langsam ging es aufwärts. In alter Solidarität veranstalteten die schon vor 1939 für die Organisation und Durchführung von Seeregatten verantwortlichen Vereine Hamburger Segel-Club, Norddeutscher Regatta Verein, Weser Yacht-Club Bremen, Kieler Yacht-Club und die Segelkameradschaft „Das Wappen von Bremen" erstmals wieder zu Pfingsten 1950 eine Regatta Rund um Skagen nach Kiel über fünfhundertfünfzig Seemeilen. Zweiundzwanzig Boote starteten zu dieser ersten Nachkriegs-Nordseefahrt in Bremerhaven. Es wurde ein harter Törn. Mitsegler J. H. Klaßmann notierte ins Brückenbuch: „Der Wind wird bei Erreichen der Nordsee immer steifer. Der ›Blanke Hans‹ begrüßt die zweiundzwanzig Mannschaften, als der erste dicke Huscher über die Reling steigt und wir die Tropfen unter der Nase wegwischen. Befriedigt stellen wir fest, daß der Salzgehalt der Nordsee immer noch der gleiche ist. Welch ein Gefühl, endlich einmal aus den engen Grenzen der Dreieckskurse heraus zu kommen. Mit einbrechender Dämmerung kommt Helgoland in

Sicht. Querab an Steuerbord wird die Felseninsel für kurze Zeit von der tief am Westhimmel stehenden Sonne beschienen und hebt sich in dunkelroten Farben vor dem schon ganz blauen Nachthimmel im Osten ab. Zwischen der Insel und den Booten tanzen die überrollenden Schaumköpfe der Seen in spritzigem Weiß über dem brodelnden Graugrün der Nordsee.

Daß inzwischen kaum noch jemand einen trockenen Faden am Leib hat, wird nicht weiter registriert. Das gehört dazu und auch das beglückende Empfinden, ganz auf sich selbst gestellt zu sein mit der Aufgabe, auf Wind, Kurs und Pinne zu achten, um keinen Bruch zu machen im Kampf mit der See und dem Wind. In der folgenden Nacht wird es hart und härter. Die Boote können nicht mehr alle Segel tragen, die Klüver müssen geborgen werden, ein verdammt nasses Unternehmen für die Männer vorne auf der Back. Wenn der Steven in die See eintaucht, stehen sie bis zum Hals und manchmal auch ganz unter Wasser. Aber wie heißt der alte Seemannsspruch? Eine Hand fürs Schiff und eine Hand für dich!

Im Skagerrak laufen wir platt vorm Laken unter allen Vorsegeln. Mit 8 Knoten pflügen wir durchs Wasser. Das Logscheit ist unser Meilenmesser. Vorm Feuerschiff SKAGEN geraten wir in eine stundenlange Flaute. Dafür steht aber noch eine beachtliche Altsee, die selbst die Seefestesten unter uns auf eine harte Probe stellt. Unter diesen Bedingungen dauert die Reise bis Kiel-Leuchtturm einhundert Stunden und eine Minute."

Unterdessen freute sich Hans-Otto Schümann auf seine erste Langfahrt. Mit seinem Seekreuzer STRIETZ, Ehefrau Hildegard und dem Bootsmann segelte er in den Sommerferien 1950 nach Göteborg. In neunzehn Tagen legte er bei teilweise schlechtem Wetter und in Nachtfahrten insgesamt sechshundertsiebenundfünfzig Seemeilen zurück. Dabei war die Einreise in Schweden für Deutsche noch mit Auflagen verbunden: Man benötigte eine Einreisegenehmigung in Verbindung mit einem Reisepaß, oder der Kapitän erhielt eine Musterrolle und die Besatzung musterte ordnungsgemäß mit Seefahrtsbuch als Matrose, Steward, Decksmann oder Schiffsjunge auf dem Schiff an und ab – ganz so wie in der Handelsschiffahrt. Umständlich zwar, aber Kapitän Schümann scheute keine Mühe, um endlich wieder nach so langer Zeit in seinen geliebten schwedischen Gewässern segeln zu können.

Zu dieser Zeit wurde die Helgoland-Frage in der Öffentlichkeit heftig diskutiert. Noch immer war die Helgoländer Bevölkerung nicht auf ihre vollkommen zerstörte Insel zurückgekehrt. Mehr noch: Die internationale Schiffahrt war durch den Zustand der Insel und ihrer unbefeuerten Gewässer gefährdet. 1946 hatte die britische Besatzungsmacht die Insel Helgoland zum Sperrgebiet erklärt. Helgoland diente den Allied Air Forces als Zielgebiet für Bombenabwurfübungen. Die seit dem 18. April 1945 evakuierte Inselbevölkerung lebte, auf mehr als einhundertfünfzig Orte verteilt, auf dem Festland. 1947 wurde die große Sprengung für seismographische Vergleichsmessungen vorbereitet, die im ganzen westlichen Europa bis in die Türkei registriert werden sollten. Vermutlich wollte man Werte gewinnen, die Rückschlüsse auf Atombombenexplosionsversuche in der Sowjetunion zuließen. Dabei nahmen die verantwortlichen britischen Stellen die mögliche Auslöschung der Insel in Kauf.

Am 18. April 1947, genau zwei Jahre nach dem vernichtenden Bombenangriff,

ließen sechstausendsiebenhundert Tonnen Sprengstoff die Insel erschüttern und im 38 Seemeilen entfernten Cuxhaven die Fensterscheiben klirren. Die Südküste des Oberlandes stürtzte ein und neunhunderttausend Kubikmeter Geröllmassen flogen durch die Luft. Helgoland war komplett verwüstet. Die Insel war aber zäher, als die Engländer vermutet hatten. Sie blieb, wenn auch unter großen Trümmerhaufen, erhalten. Die danach aufgenommenen Übungsbombardierungen mit schwersten Bomben pflügten das „grüne Land und den weißen Strand" zu einer Mondlandschaft um.

Niemand durfte die Insel ohne britische Erlaubnis betreten, sie durfte entgegen internationalem Brauch noch nicht mal als Nothafen angelaufen werden. Der Leuchtturm war zerstört, das Fahrwasser unbetonnt. Im Juni 1950 wurde eine Bremer Hochseeyacht, die Helgoland als Schutzhafen angelaufen hatte, im Bombenhagel versenkt. Am 22. Juni überraschte ein schwerer Bombenhagel dort schutzsuchende Fischer. Am gleichen Tag wollten wegen schlechten Wetters verbotenerweise sechzehn junge schwedische Segler mit ihrem Wikingerschiff ORMEN FRISKE auf der Reise zur Normandie im Sturm Helgoland als Nothafen anlaufen. Fischer Wilhelm Lass beobachtete von seinem Fischkutter HÖR. 9 aus, wie sie um 12.30 Uhr vor der südlichen Einfahrt von Helgoland im Kampf mit Wind, See und Strom versuchten, in oder unter Helgoland Schutz vor dem Sturm zu suchen. Wegen des jetzt einsetzenden Luftbombardements konnte aber keiner der unter Helgoland liegenden Kutter mehr zur Hilfeleistung auslaufen – die

Helgoland war komplett verwüstet – Blick vom Oberland auf den Südhafen...

Besatzungen flüchteten in den Bunker und mußten das schwer ringende Wikingerboot seinem Schicksal überlassen. Nach Verlassen des Bunkers um 14.00 Uhr, als Fischer Lass wieder Ausschau nach dem Wikingerboot hielt, war nichts mehr von dem Boot zu sehen. Sechzehn junge Schweden verloren ihr Leben, ihre Leichen und Reste ihres Schiffes wurden am 25. Juni 1950 an der Küste der Nordfriesischen Inseln angetrieben. Sie wurden auf der Insel Pellworm beigesetzt.

Die Männer von der Segler-Vereinigung Cuxhaven waren empört über die Bombardierungen fünf Jahre nach dem Waffenstillstand und über den Tod so vieler junger neutraler Segler. Sie initiierten eine Aktion zur Freigabe Helgolands. Einen Hauptpart dabei spielte der Cuxhavener Telegrafeninspektor Helmut Bellmer, der dem britischen „Heligoland Control Officer" auf einem Kontrollschiff zugeteilt war, das den Abtransport des Wehrmachtsschrotts von der Insel überwachte. Funkoffizier Bellmer mußte der Royal Air Force mitteilen, daß die Insel „clear for bombing" sei, sobald alle Schiffe das Seegebiet um Helgoland verlassen hatten. Mit seiner Hilfe und im Zusammenspiel mit den mit Sprechfunk ausgerüsteten Helgoländer Hummerkuttern gelang es, durch gefälschte, original militärisch abgefaßte Telegramme unter Verwendung der geheimen Codierung die Royal Air Force monatelang zu täuschen und eine „technische" Bombardierungspause vom Sommer bis Herbst 1951 zu erwirken. Die Kollegen Helmut Bellmers von der Küstenfunkstelle Elbe-Weser Radio machten mit. Aber schon vorher hatte die Besetzung der Insel am 27. Dezember 1950 durch die

... und nach Norden. Nur der Leuchtturm steht noch

beiden Heidelberger Studenten René Leudesdorff und Georg von Hatzfeld, die damit die britische Regierung moralisch zwingen wollten, die Bombardierungen einzustellen, internationales Aufsehen erregt.

Ende der Saison traf sich Hans-Otto Schümann mit den Segelkameraden zum Gedankenaustausch. Es war eine unvergleichliche, ja, einmalige Clique von Seeseglern im Hamburger Segel-Club. Noch immer hatten viele ihre beschlagnahmten Schiffe nicht zurück, wollten aufs Segeln aber auch nicht länger verzichten. Es wurde debattiert, das Für und Wider erwogen, bis letztlich der Entschluß feststand: Neue Schiffe mußten her. In Frage kam nur die bekannte Werft Abeking & Rasmussen in Lemwerder an der Weser mit ihrem weltweit guten Ruf für exzellente Qualitätsarbeit im traditionellen Bootsbau.

So entstanden Ende des Jahres 1950 an der Weser drei neue Yachten, die von Henry Rasmussen konstruiert und nach der Kreuzer-Rennformel, KR, gebaut wurden. RUBIN auf Rechnung von Hans-Otto Schümann, CHRISTIANA auf Rechnung von Max Wehowsky und KÖNIGIN auf Rechnung von Harald Löffler. Sie wurden im Frühjahr 1951 ausgeliefert. „Der erste Neubau sollte ein Edelstein sein", sagt Schümann, „ein Saphir. Alle meine Schiffe sollten mit dem Buchstaben ›S‹ beginnen, so wie die Flying-P-Liner von Laeisz alle mit ›P‹ anfingen wie PAMIR, PASSAT, PEKING und so weiter. Aber SAPHIR war schon vergeben. Juwelier Goldemann hatte sein Schiff so getauft. Deshalb griff ich zur Farbe rot, den Rubin."

RUBIN I

Die neue RUBIN I war eine 11 KR-Yacht, wie die beiden anderen Abeking & Rasmussen-Neubauten als Yawl getakelt. Sie wurde mit Kiel, Steven, Spanten, Bodenwrangen und Decksbalken aus ausgesuchter Eiche, Weger und Außenhaut aus abgelagerter Lärche, Deck und Aufbauten aus Teak gebaut. 16,19 m lang, 3,44 m breit, hatte Spruce-verleimte Holzmasten, einen Tiefgang von 2,30 Meter und einen Ballastkiel aus Blei. Die Segelfläche am Wind betrug knapp 100 Quadratmeter. Das Segeltuch bestand aus Mako, Baumwolle, darin die Segelnummer 11/1. Der Eignerschlafraum lag vorm Mast. Der geräumige Waschraum war mit zwei WCs an Backbord und an Steuerbord und zwei großen Schränken ausgestattet.

Achtern waren die abgeschottete Kombüse mit Waschbecken, versenkbarem, zweiflammigem, kardanisch aufgehängtem Propangaskocher und Propangaskühlschrank sowie der Navigationsraum mit zwei Hundekojen untergebracht. Vorn im Vorschiff hatte der Bootsmann seine Kammer mit Klappkoje. Ein Kleiderschrank für Ölzeug in der Kombüse unmittelbar neben dem Niedergang, die von der Plicht aus zugänglichen Stauräume für Segel und Tauwerk und die Vorpiek mit Luk für das Verstauen von Segeln während eines Rennens ließen erkennen, daß Hans-Otto Schümann mit dieser Yacht in ausgesprochen sportlichem Stil Hochseerennen segeln und Langfahrten durchführen wollte. Die Yacht hatte acht feste Kojen mit Matratzen und einen klassischen, urgemütlichen Salon aus Mahagoni mit schweren Polstern und Vorhängen.

Schümann lud zu sich nach Hause ein. Große Vorplanung für die Rund-um-Skagen-Regatta im Frühjahr 1951. Diese Zusammenkünfte der Crew am Ende eines Jahres sollten von nun an zur festen Einrichtung werden. Nicht nur die Wacheinteilung, nautische Ausrüstung und Bekleidung wurden

Eine klassische Schöne: RUBIN I – hoch am Wind im Frühjahr 1951

besprochen, sondern auch der Proviant unter Assistenz der Hausfrau genau festgelegt. Den Neulingen in der Mannschaft dämmerte bald, daß es doch ein großer Unterschied zwischen einer Ferienfahrt mit allnächtlichem Hafenaufenthalt und einer durchgehenden Regatta über fünfhundertfünfzig Seemeilen ist. Die Crew setzte sich aus dem wachfreien Kapitän, zwei Wachführern, zwei Nautikern, zwei Seglern und dem wachfreien Smutje, Dr. Horst Brune, zusammen. Schümann hatte sich Karl Clausen als Navigator ins Boot geholt. Er suchte sich seine Leute immer selbst aus, denn die Männer, jeder eine eigene Persönlichkeit, mußten ja womöglich wochenlang unter den schwierigen Bedingungen an Bord miteinander auskommen. Denn Schümann wußte: Die Raumnot ist auch auf See eine Generalprobe der Charaktere. Das mußte hundertprozentig klappen. – Und hat es auch, jahrzehntelang. Eines der Erfolgsrezepte dieser unvergleichlich siegreichen Schiffe, wie sich noch zeigen wird.

RUND UM SKAGEN

Ernst Krasmann, von Beruf Konstrukteur, hielt als Crewmitglied auf der RUBIN während des Skagen-Rennens 1951 fest: „Der Start in Bremerhaven verläuft bei halbem Wind Stärke 3 bis 4 unter Vollzeug einschließlich Besanstagsegel. Die Konkurrenz auf TANJA, einem der letzten Bauten von Henry Gruber, ROLAND VON BREMEN,

RUBIN-Crew 1952: (v.l.) Rolf Förster, Hans-Otto Schümann und...

SENTA und ATALANTA, alles erfahrene Segler, gilt es, in Schach zu halten. Beim Leuchtturm Rotesand zieht sich das Feld auseinander, am weitesten westlich läuft PETER VON DANZIG hoch am Wind. Helgoland bleibt an Steuerbord. Ein Jammer, daß die Insel immer noch von den Engländern bombardiert wird. Betreten verboten. Mit Kurs auf Horns Rev segeln wir in die erste Nacht hinein. Wachablösung erfolgt jeweils um 1.00 Uhr und 13.00 Uhr sowie um 7.00 Uhr und 19.00 Uhr. So kann die Freiwache ungestört den Seewetterbericht hören. Mitten in der Nacht kommt plötzlich die ATALANTA auf und passiert RUBIN nur wenige Meter hinter ihrem Heck.

Am zweiten Tag geht es in Rauschefahrt bei zunehmendem Wind auf 5 Beaufort in gehörigem Abstand die dänische Westküste hoch. Nur schade, daß kein Raumballon an Bord ist. Diese Funktion muß nun der weit vorgeschotete Spinnaker übernehmen. Das gelingt aber nur befriedigend, immer wieder fällt das Vorliek ein. Aber solange der Speedometer noch bei 8 bis 9 Knoten pendelt, läßt sich der Kapitän, der unentwegt am Ruder sitzt, nicht beirren, zumal auf der Höhe von Hanstholm die ATALANTA immer noch in Lee voraus liegt.

Am Nachmittag gehen in der Jammerbucht auf TANJA, ROLAND VON BREMEN und ATALANTA die großen Spinnaker zu Bruch. Auch auf RUBIN liegen schlagartig 120 Quadratmeter Tuch im Nordseewasser.

... seine Frau Hildegard, Dr. Horst Brune, Bernard Hinst und Karl Clausen

Der Grund: Bruch des Wirbels im Kopf des Spinnakers. Das Bergen des Lappens, Niederholen des Falls und Stecken eines neuen Wirbels ist Minutensache und schnell vergessen, zumal RUBIN immer noch in aussichtsreicher Position marschiert.

Gegen Abend dreht der Wind auf Westnordwest, die See wird gröber. Unter Vollzeug und 10 Knoten passieren wir gegen 3.00 Uhr, die Konkurrenz hinter uns, SKAGEN-Feuerschiff. Die dänische Marine mit einem Zerstörer und drei Torpedobooten nimmt lebhaft Anteil an diesem ungewöhnlichen sportlichen Ereignis. Dann geht der Spinnaker zum zweiten Mal zu Bach. Das neue Fall war glatt in der Rolle gebrochen, ein Zeichen dafür, daß solchen Kräften auf die Dauer auch bestes Tauwerk nicht gewachsen ist.

Leider verabschiedet sich im Kattegat die schöne Westbrise, dreht langsam auf südliche Richtungen. Unversehens ist damit auch wieder die Konkurrenz bei uns und läuft dank besserer Kreuzeigenschaften an uns vorbei. Das macht den Kapitän nachdenklich. Laut Seehandbuch ist nun Gegenstrom zu erwarten. Wir gehen unter Land, um den Neerstrom zu suchen, aber – es ist kein Wind da. Im Morgengrauen, nördlich von Samsø, geht das große Rätselraten los, wie nunmehr wohl die Reihenfolge sei. Daß unser Optimismus, wir könnten es richtig gemacht haben, nicht berechtigt war, sollte sich erst später zeigen.

Im Laufe des Tages beim Aufkreuzen

21. Juli 1951, Vänernsee: „Vor der Überfahrt über den grossen See legten wir kurzfristig eine Pause ein und machten einfach am schilfbewachsenen Ufer fest…"

des Belts beginnen sich immer deutlicher die Konturen der TANJA hinter RUBIN abzuzeichnen. Oder ist es die GILLA, die uns das Leben schwer machen will? Jedenfalls erreicht uns die angekündigte schwere Gewitterstörung auf der Linie Nyborg-Korsør. Die Baumfock wird klargemacht, das Besanstagsegel zeitweise weggenommen. Aber es sah schlimmer aus als es kommt, der Regen darin ist die Hautsache.

Der Wind hat immerhin so gedreht, daß wir an der Küste Langelands entlang laufen können. Ein spannendes Revier für die Navigatoren. Sie bieten ihre ganze Kunst auf, um unter ständigen Kreuzpeilungen den Abstand zur Küste möglichst gering zu halten. Am nächsten Morgen liegt RUBIN in Nebel und Totenflaute in der Nähe des Zwangsweges Fehmarn–Kiel, und fast hätte es wegen des nach Osten setzenden Stroms noch ein Ankermanöver gegeben. Das bleibt uns angesichts des Ziels aber zum Glück erspart.

Wir laufen ein, wie wir ausgelaufen sind: gut rasiert, in bester Laune, mit einem Smutje in Koch-Arbeitskleidung und hoher weißer Kochmütze an Deck, der unterwegs ein Mehrere-Gänge-Menü serviert hat. Alle feixen sich einen, denn nun glaubt alle Welt, Schümann fährt einen Koch an Bord."

Wenig später hieß es wieder „Leinen los" auf RUBIN, REGINA, einem 80er Seefahrtkreuzer von 1936 von Abeking & Rasmussen, und KÖNIGIN. Hans-Otto Schümann, Addi Timm und Harald Löffler mit ihren Ehefrauen brachen zu einem gemeinsamen Urlaubssommertörn nach Schweden auf. An Bord von RUBIN waren außerdem Karl und Ingeborg Clausen sowie Paul Rust. Die Reise begann in Laboe und führte nach Trelleborg, in die Hanö-Bucht, Utklippan, Kalmar, Borg-

Fachsimpeln achtern mit Addi Timm, Eigner der REGINA, und Hans-Otto Schümann

holm und durch den Schärenweg in den Götakanal mit achtundsechzig Schleusen, über den Vätternsee zum Vänernsee und durch den Trollhättan-Kanal nach Göteborg. Über Marstrand, Malmö und Klintholm ging es zurück nach Travemünde.

Hans-Otto schrieb am Ende der Reise ins Logbuch: „Mit insgesamt zweitausendeinhundertsechzehneinhalb Seemeilen auf See geht ein herrlicher Segelsommer zu Ende. Das Schiff hat sich bestens bewährt und geht zum Winterlager zur wohlverdienten Ruhe und neuen Instandsetzung für das nächste Jahr 1952."

RUBIN hatte während des Winterlagers bei Abeking & Rasmussen eine ganze Reihe von Um- und Einbauten über sich ergehen lassen müssen. Karl Clausen: „Niemand würde die bestechenden Linien dieser ästhetisch-schönen Yacht in Frage gestellt haben, ganz zu schweigen von der bekannt guten Ausführung von Abeking & Rasmussen. Doch ohne Zweifel fehlte es dem Schiff nicht nur an Trimm. Die Erfahrungen der ersten Segelsaison hatten gezeigt: Das Gewicht und damit der unnatürliche Tiefgang beeinflußten die Geschwindigkeit ebenso wie die starke Luvgierigkeit, die offenbar durch die falsche Lage des Segelschwerpunktes verursacht wurde. In abendfüllenden Diskussionen war über die Vorteile und Technik des hohen Vorsegeldreiecks mit Klüver und Fock debattiert worden. Es schien offenbar klar zu sein: Nur eine Vergrößerung der Vorsegel konnte die Luvgierigkeit und damit den fahrthemmenden Ruderdruck beseitigen.

Die ersten Trimmschläge 1952 auf der Weser, Elbe und Nordsee hatten ergeben: RUBIN war leichtfüßiger und lebendiger geworden. Die TANJA hatte kein leichtes Spiel mehr, SENTA konnte ausgekreuzt werden und KÖNIGIN und REGINA würden sich Mühe geben müssen. Eine Frage aber mußte noch durch die Praxis beantwortet werden: Wann fühlt sich das Schiff am wohlsten mit Ballon und wann mit Klüver und Fock? Ist es zu erwarten, daß bei harter Kreuz die unterteilte Vorsegelfläche das Schiff am besten und in größtmöglicher Höhe durch die starke Düsenwirkung zieht und daß es bei einem leichten Schrick der Ballon besser tut? Diese Erwägungen werden bei raumen Kursen kein Kopfzerbrechen bereiten. Besanstagsegel und das aufmerksame, gefühlvolle Fahren des Spinnakers werden dann ein wichtiges Wort mitzureden haben."

DER ERSTE SIEG

Am 21. Juni 1952 notierte Navigator Clausen: „Glückstadt-Regatta. Nach einem aufregenden Manöver und unerhört hartem Westwind verläßt RUBIN am Vormittag den Tonnenhafen, um in den Yachthafen zu verholen. Beim Setzen der Segel im Schulauer Hafen war sie trotz Motorunterstützung nicht durch den Wind zu bringen, und die Fock, die sich ohne Rutscher am Klüverstag beutelartig aufblähte und selbst mit drei Mann nicht herunter zu kriegen war, drückte sie quer auf die vertäuten Yachten. Es ist aber alles gut gegangen. Im Yachthafen beginnt das große Auspacken. Alles geht von Bord, was nicht zwingend vorgeschrieben ist: Ofen, Briketts, Dinghy mit Ausrüstung, Tauwerk und so weiter, mehr als eine halbe Tonne. Der Kapitän nimmt die Gewichtsfrage sehr ernst. Die Yacht ist zweifelsohne höher rausgekommen.

Mit gutem Start geht RUBIN um 17.30 Uhr vor der Deutschen Werft bei Nordwest 3 über die Startlinie und kann zunächst anliegen. Der Vorsprung vor REGINA und KÖNI-

GIN geht unterhalb Blankenese in der Abdeckung verloren. Verhältnismäßig leicht läuft REGINA unterdurch – RUBIN wirkt wie angebunden – und segelt schließlich bis zum Ziel einen Vorsprung von einer dreiviertel Seemeile heraus. KÖNIGIN versucht Durchbrüche in Lee und Luv, was ihr endlich auch gelingt. An der Kreuz bewähren sich aber bei uns Klüver und Fock, und nach den ersten Schlägen haben wir sie schon wieder überlaufen. Wir machen große Schläge bis hart unter die Küste, setzen uns laufend von ihr ab und beobachten im Ziel, daß die erstaunliche Höhe laufende CHRISTIANA der KÖNIGIN das Leben schwer macht. Das war ein lehrreicher zweiter Preis!

Wie wichtig waren doch die reibungslosen Vorsegelmanöver an der Kreuz, wo hingegen die neue Heckwinde auf dem Achterdeck wegen der geringen Übersetzung und der ungünstigen Hebelwirkung keine vorteilhafte Rolle spielte.

Der Westwind hat am nächsten Tag auf Stärke 5 bis 6 aufgefrischt. RUBIN läuft unter Fock, Großsegel und Besan im Gewühl von einhundertzwanzig Booten im Startvorfeld vor dem Kartoffelloch auf und ab. Sekunden vor dem Start schießt sie im harten, mitlaufenden Strom und platt vor dem Laken auf die durch das enge Fahrwasser wie eine Düse wirkende Startlinie zu. Mit souveräner Ruhe ruft Bernie Hinst die so langsam ablaufenden Sekunden aus und hält Kapitän und Mannschaft bei der Stange. Das Wissen um die unabänderliche Tatsache, daß dieses Rennen schon im Start gewonnen werden kann, läßt uns unmittelbar vor der Startlinie so einiges auf Grundeis gehen.

Drei Sekunden nach Fallen des Balls passieren wir mit der KÖNIGIN die Linie und reißen bereits fieberhaft am Spinnakerfall. Der Kapitän will seinen Spinnaker sehen. Und da steht er auch schon und geht vor der Ziellinie nicht mehr runter. Die KÖNIGIN hat Törns im Spinnaker und verliert die ersten fünfzig Meter. Wir setzen uns immer mehr vom großen Feld ab und schieben wie ein Dampfer durch die See. REGINA arbeitet immer noch mit den Vorsegeln. Mit hoher Heckwelle gehen wir an den Kleinen vorbei. Mühsam holt uns das Startschiff eine Halse vor dem Ziel ein, und nach einer Stunde, vierzig Minuten, fünfundfünfzig Sekunden passieren wir in einer unwahrscheinlichen Zeit schon die Ziellinie. Das war unser erster Sieg!"

NORDSEEWETTFAHRT

Zum Auftakt der Saison stand jedoch die Nachtregatta nach Cuxhaven mit den anschließenden Nordseewettfahrten, wie sie auch Jahrzehnte später noch gesegelt werden sollten. Der flaue Südwest am 30. Mai 1952 brachte eine große Zahl von Fahrzeugen nicht rechtzeitig an den Start. RUBIN kam gut weg und zog an der Spitze, gefolgt von KÖNIGIN, REGINA und GERMANIA, der 8-m-R-Yacht von 1939 von Alfried Krupp von Bohlen und Halbach, davon. Karl Clausen:

„Der Kapitän hat sich für den Ballon entschlossen, weil wir mit einem leichten Schrick anliegen können und der weitere Verlauf des Fahrwassers den Wind raumer werden läßt. So kommen unsere neuen Klüver-(Spinnaker-)Winschen nicht zur Geltung, die als Ersatz für die Heckwinde beidseitig neben dem Steuermannscockpit eingebaut wurden. Aber dazu wird wohl noch Gelegenheit genug sein. RUBIN kann bis Schulau gut die Süd halten. Die Stimmung an Bord ist gut. Der Wind ist kaum mehr als ein Luftzug. Im Vergleich zu der als Flautenläufer

bekannten Konkurrenz läuft RUBIN erstaunlich gut. Die Schoten werden mit der Hingabe eines jugendlichen Liebhabers bedient, und aus der stockdunklen Kajüte liefert das Radio artfremde Synkopen für die Dämmerungsatmosphäre.

Aber dann kommt mit dem raumen Wind die wirklichkeitsnahe Regendusche von oben an Deck. Ein Feuer nach dem anderen zieht vorbei. KÖNIGIN versucht uns laufend, die Führungsposition streitig zu machen und ist zeitweilig querab. Ab Glückstadt kommt GERMANIA immer mehr auf. Der alterfahrene Elbespezialist Johnny Wegener aus Altenwerder nutzt die letzte Ebbe in der Morgendämmerung in der Nordkurve des Fahrwassers vor Scheelenkuhlen aus. Dann wechselt er beim Böschrücken langsam zur Süd und unterläuft uns. Hans-Otto entschließt sich, die südlichen Regionen außerhalb des Fahrwassers aufzusuchen, und wir stehen wieder vorn.

Anscheinend ist die langsam einsetzende Flut hier minder stark, was zur Fortsetzung des Kurses verlockt. Die Tiefenangaben auf der Elbekarte sind außerhalb des Fahrwassers völlig unzureichend, aber die klaren Verhältnisse veranlassen den Navigator, Daumennavigation nach Tonnenlage zu machen – er hätte loten sollen! –, und schon sitzen wir gegenüber von Brunsbüttel in der Nähe der Tonne C 1 fest. GERMANIA zieht gönnerhaft herüberwinkend vorbei – und setzt sich hundert Meter weiter ebenfalls auf Dreck. Die KÖNIGIN läßt es am nötigen Respektabstand nicht fehlen und zieht davon.

Die niederschmetternden Gefühle zu schildern wäre hoffnungslos; sie wurden durch fieberhaftes Arbeiten, Backhalten des ausgebaumten Ballons und Staken mit dem Bootshaken auf später verschoben. GERMANIA betätigt sich entsprechend und ist sehr bald frei. Uns gelingt es schließlich auch, nach etwa fünfzehn Minuten mit Hilfe des Spinnakerbaums die Kielhacke in tieferes Wasser zu drücken. Eine Halse, und wir liegen eben vor der REGINA wieder auf Kurs. Und nun beginnt die Verfolgungsjagd bei auffrischendem Wind über die Ostebank am Medemsand vorbei.

GERMANIA geht rücksichtslos unter ständigem Gebrauch des Lots an Medemsand heran und schafft es, durch diese klassische Elbetechnik an der vorsichtigeren KÖNIGIN vorbeizukommen. Der Schrick in der Schot und die Stromausnutzung gestatten es dem alten Hasen, sich mit seinem leichten Rennboot wieder weit vor die KÖNIGIN zu setzen. Wir sind nicht in der Stimmung für solche Experimente. REGINA versucht die zweite Methode: Sie läuft an der Süd an den Stackköpfen längs und trifft offenbar auf Neerstrom, denn der Abstand zu uns wird immer geringer. Aber letztlich muß auch sie ins tiefe Wasser und dann ist es aus. – Nach rund neuneinhalb Stunden passieren wir als Dritter mit gut fünf Minuten Vorsprung vor der REGINA das Ziel. In etwas gedrückter Stimmung machen wir im Cuxhavener Werftbecken hinter der Drehbrücke fest und holen den versäumten Schlaf nach.

Am Pfingstsonntag startete in Cuxhaven die Nordseewettfahrt. Wegen der flauen, umlaufenden Winde wurde der Kurs aber nicht wie ursprünglich vorgesehen nach Helgoland, sondern um das Feuerschiff ELBE I herum mit Ziel Cuxhaven abgesteckt. An der von Flauten bestimmten Nordseewettfahrt nimmt auch Rolf Schmidt aus Bremen mit der SENTA teil. Gehetzt von der Konkurrenz loten und peilen wir uns bei schlechter Sicht hart an den Sänden vor Scharhörn und der

Bucht des Südfahrwassers entlang zur Kugelbake nach Cuxhaven. Ein erster Preis für RUBIN ist die Belohnung für die Anspannung der Crew während dieser interessanten Wettfahrt. Nach Übernahme unserer Damen schippern wir bei herrlichem Wetter nach Brunsbüttel, schleusen durch und gehen bei Einbruch der Dunkelheit in einer Weiche längsseits der SENTA und machen fest."

Die Schümanns waren mit Rolf und Inge Schmidt freundschaftlich verbunden. Rolf Schmidt und Hans-Otto Schümann waren gleichermaßen harte Segler. Rolf Schmidt hatte schon 1935 der englischen Konkurrenz im Rennen von Helgoland nach Burnham-on-Crouch gezeigt, daß auch andere segeln können: Er gewann den zweiten Preis. Sein Islandtörn und seine Reise rund ums Azorenhoch sollten später in Kiel mit dem Schlimbach-Preis für die beste sportliche Leistung auf hoher See sowie mit dem Goldenen Kompaß und dem Tanja-Pokal, den begehrtesten Trophäen im Hochseesegeln, in Bremen ausgezeichnet werden. SENTA, die schöne Gaffelketsch aus der Feder von Max Oertz von 1928, erhielt 1936 bei Abeking & Rasmussen ihr markantes Rigg: eine Vamarie-Takelage mit einer Wishbone-Gaffel. Seitdem segelt sie als Spreizgaffel-Ketsch und zieht noch heute - immer noch im Besitz der Familie Schmidt - wegen ihres ungewöhnlichen Aussehens die Blicke auf sich.

Rolf Schmidt, „ein Segelbesessener", wie seine Frau Inge sagt, war einer der Gründer der Segelkameradschaft „Das Wappen von Bremen", einer kleinen Seglerclique, die aus dem Kaiserlichen Yacht-Club Kiel, Abteilung Bremen, hervorgegangen ist. Er engagierte sich aber nicht nur auf den Regattabahnen, sondern auch auf Verbandsebene und fand in Hans-Otto Schümann einen idealen, gleichgesinnten Partner. Denn beiden war klar, nur so konnten sie etwas bewegen. Auch Schümann lag und liegt viel an der Sache der Seesegler. Beide sind leidenschaftliche Fahrtensegler, die sich aber ebenso gern dem sportlichen Wettkampf stellen. Schmidt und Schümann gründeten mit H.W. Petersen 1952 die Kreuzer-Abteilung des Deutschen Segler-Verbandes wieder neu und brachten sich aktiv ein, um die Sache der Fahrtensegler auf den richtigen Weg zu bringen.

RUND UM FEHMARN

SENTA, KÖNIGIN und RUBIN hatten auch im Sommer 1952 ein gemeinsames Ziel: das Rennen Rund um Fehmarn, sozusagen die Trimmwettfahrt für die Regatta Gotland-runt im Anschluß und Urlaubstörn im Stockholmer Schärengarten. Rund um Fehmarn war es flau. Beim FEHMARNBELT-Feuerschiff hatte die Bremer DIANA ex TANJA Schwierigkeiten, ihren Spinnaker in Fasson zu halten. „Bei uns", lautete der Logbucheintrag der RUBIN, „bewährte sich der neue Perlonspinnaker. Er stand gut bei flauer Brise, aber überzeugte nicht, ob er auch den gleichen Nutzeffekt wie der Baumwollene bieten würde." Mit einunddreißig Minuten Vorsprung vor der DIANA ging RUBIN über die Ziellinie und gewann damit den Ostseepokal für die nach KR schnellste Yacht und den MAK-Preis für die schnellste gesegelte Zeit.

KIEL-VISBY-RENNEN

Dieser Sommer stand für die Seesegler im Zeichen der ersten internationalen Großveranstaltung nach dem Krieg: der Regatta Gotland-runt, veranstaltet von der Königlich Schwedischen Segelgesellschaft Stockholm, KSSS. Als am 29. Juni 1952 um 10.00 Uhr sechsundzwanzig Yachten vor dem Olympia-

hafen in Kiel zu der dreihundertsechzig Seemeilen langen Wettfahrt nach Visby auf Gotland starteten, ahnten die Besatzungen noch nicht, welche Geduldsprobe es zu bestehen galt. Bei dem flauen Südwest 1 bis 2 waren nach dem Start ATHENA, RUBIN, KÖNIGIN, SENTA, ROLAND VON BREMEN, von Henry Gruber entworfen und 1939 bei Burmester gebaut, und Dr. Jobst Schipkes ABENDLAND von 1948 ständig auf der Geige. Unter fortgesetztem Schiften wurden die Spinnaker meist aus der Hand gefahren. RUBIN übernahm am Nachmittag die Führung. Bei mäßigem Westsüdwest überquerten sie am nächsten Tag den Sund und konnten die Passage zwischen Bornholm und der Südspitze des schwedischen Festlandes anliegen. Einhundertzwanzig Seemeilen betrug das Etmal der Spitzengruppe bei den Großen, bei den Kleinen die Hälfte.

Auch die auf einigen Schiffen vorhandenen Beme-Loop-Funkpeilgeräte brachten keinen Vorteil, weil die beiden Stationen Stevns und Sandhammeren auf der entsprechenden Frequenzgruppe gleichzeitig sendeten und – bedingt durch den Standort – das Minimum des einen Funkfeuers im Maximum des anderen lag. RUBIN-Logbucheintrag vom 30. Juni, 23.00 Uhr: „ROLAND treibt uns in der Hanö-Bucht bei grober See mit zum Teil nur fünfhundert Meter Abstand vor sich her. Die Karabinerhaken des Spinnakerbaum-Niederholers und der Leeschot des hart vorgeschoteten Spinnakers geben abwechselnd mit lautem Knall das Spiel auf. Die Nock des Großbaums zieht unter dem Druck des Spinnakers beim Überholen durchs Wasser. Wechseln Spinnaker gegen Ballon aus. Wie es wohl bei den kleinen Yachten aussieht?"

Dann setzte die große Flaute ein. Eine drückende Hochsommerhitze zauberte verzerrte Spiegelbilder über der endlosen Küste von Öland. In den folgenden neunzehn Stunden wechselte das unermüdliche Spiel mit den Vorsegeln. Kaum wahrnehmbare Krähenfüße auf dem Wasser am Rande der ölglatten, ausgedehnten Flautenlöcher lösten Hoffnungsschimmer und Kursänderungen aus. Segel gingen rauf und runter, Spinnaker fielen ein. Flautomanie und Spinnakeritis nannten sie das. Wenige Meilen vor dem Ziel überholte RUBIN die WANDERER III, die erste Yacht der früher gestarteten kleinsten Gruppe, und passierte dicht hinter der ATHENA und achthundert Meter hinter der KÖNIGIN das Ziel.

Dann die Überraschung, die alle Mühsal der vergangenen Tage schnell vergessen ließ: Im mit den Flaggen der Nationen geschmückten Hafen von Visby machten sie zahlreiche Moorings aus. Jeder Liegeplatz war mit dem Namensschild der jeweiligen Yacht gekennzeichnet. Eine bis ins kleinste durchdachte Organisation bemühte sich um das Wohlergehen der Yachtcrews, die an der Regatta Gotland-runt teilnehmen wollten. Prof. Velander, Vater der Schwedischen Seekreuzer-Regel SHR, hatte sich im Regattabüro mit Rechenmaschinen, Logarithmentafeln und Assistenten eingerichtet. Mit großer Sorgfalt wurde die seemännische Ausrüstung der Yachten geprüft. Die Wettfahrtleitung hatte Gösta Du Rietz übernommen.

Da lagen sie nun, die das Herz eines jeden Seeseglers höher schlagen ließen: die 10-m-R-Yacht REFANUT des großen schwedischen Industriellen und KSSS-Vorsitzenden Jacob Wallenberg, die bildschöne Sloop und letztmalige Siegerin BEAUTY, die beiden Ausbildungsschoner GLADAN und FALKEN von der schwedischen Marine, KAY, eine eindrucksvolle schwarze Yawl mit einem

Decksaufbau aus dunkelrotem Mahagoni, und die norwegische BONZO mit negativem Spiegel, negativem Sprung und einem zum Cockpit umgebauten Rettungsboot, die nach der Formel des Royal Ocean Racing Club, RORC, vermessen war. Die zu den größten deutschen Seekreuzern zählenden Yachten ATHENA von Eduard Schilling aus Bremen, ein 150er Seefahrtkreuzer von 1936, die RUBIN und KÖNIGIN, die PIRAYA, eine 7 KR-Yacht von 1949, alle von Abeking & Rasmussen, sowie die SENTA vervollständigten dieses Bild von einem Traum von Segelyachten.

Nach und nach traf die ausländische Konkurrenz ein: Dänen, Engländer, Finnen, Norweger und Schweden. Im Brennpunkt des Interesses stand aber zweifellos die 1950 in Schweden gebaute CIRCE von Carl Hardenberg, eine nach neuesten Erkenntnissen gebaute 19-Tonnnen-Yawl von siebzehn Meter Länge, die 1951 im harten Fastnet Race Englands großer Favoritin BLOODHOUND im Ziel elf Minuten abgenommen hatte. Olin Stephens aus New York hatte die nach dem Royal Ocean Racing Club vermessene Yawl gezeichnet und viele neue Ideen eingebracht: Geleimte und genietete Planken, ein Aluminiumdeck mit dünnstem Teakbelag, Relingsstützen aus Leichtmetall im Profil, Speedometer an beiden Seiten und wunderschöne amerikanische Beschläge.

ERSTE INTERNATIONALE GROSS-VERANSTALTUNG NACH DEM KRIEG: GOTLAND-RUNT

„Dreiundsiebzig Yachten gehen am 5. Juli mittags in sieben Gruppen über die Startlinie", schrieb Karl Clausen ins Brückenbuch. „Die große Bahn führt über vierhundertfünf Seemeilen zur Tonne Snäckgardsbaden, dann zur Leuchttonne Ölands Norra Udde, von dort zur Leuchttonne Hoberg Udde im Süden Gotlands, weiter zu einem Markerboot zwanzig Seemeilen östlich von Gotland und zur Salvoref-Leuchttonne. Von hier führt die kleine Bahn über Gotska Sandö und ALMAGRUNDET-Feuerschiff nach Sandhamn. Die Großen müssen noch einmal zurück zur Tonne Ölands Norra Udde, um dann ebenfalls ALMAGRUNDET anzusteuern.

Mit einem vorteilhaften Luvschlag setzen sich nach dem Start eine Reihe von Yachten von der Küste und damit von der kabbeligen See unter Land ab und steuern mit ausreichender Höhe die erste Tonne an, wo RUBIN bereits Anschluß an die eine Viertelstunde früher gestartete zweite Gruppe gewinnt. CIRCE fliegt mit einem braunen, bis auf das Schanzkleid heruntergezogenen Ballon an der Spitze davon. REFANUT und ATHENA haben eine falsche Tonne gerundet und müssen zurück.

Mit weit ausholenden Kreuzschlägen strebt das auseinandergezogene Feld der Nordspitze von Öland zu. Mit unglaublicher Höhe schleicht sich in der Dunkelheit die leichte Rennmaschine REFANUT durchs Spitzenfeld mit KAY, BRIS, RUBIN und FLAMINGO, dahinter KÖNIGIN. An Gotlands Südspitze hat REFANUT endgültig die Führung vor der CIRCE übernommen. Die in Sichtweite folgenden Yawls KAY, BRIS und RUBIN machen sich nach der Spinnakerhalse die Plätze streitig. Die in der kleineren Klasse mit PIRAYA führende BALLERINA des schwedischen Konstrukteurs Enderlein wird unter Spinnaker von einer lokalen Bö erfaßt und auf die Seite gelegt, der Mast bricht. Dank der von der Wettfahrtleitung organisierten Sicherung durch schwedische Marineflieger kann sofort ein Rettungsboot zur Unfallstelle geschickt werden. Eine andere Yacht verstän-

digt sich mit Rauchfackeln, so daß ein Crewmitglied mit Blinddarmentzündung abgeborgen werden kann.

Der vierte und der fünfte Tag sind entscheidend. Der REFANUT ist es gelungen, von Ölands Norra Udde mit einem Schlag Gotska Sandö und ALMAGRUNDET anliegen zu können und mit dreizehn Stunden vor der Spitzengruppe durchs Ziel zu gehen. Alle anderen Yachten finden unterschiedliche Windverhältnisse vor. Die Stationsmeldungen des extra für die Wettfahrt auf Langwelle installierten Wettersenders werden genau studiert und veranlassen Hans-Otto, gefolgt von ATHENA, sich mehr seewärts zu halten. Nach wechselvollem Kampf passiert RUBIN als erste deutsche Yacht zwanzig Minuten hinter der CIRCE die Ziellinie. Damit hatte REFANUT den Königspokal gewonnen, obwohl sie neundreiviertel Stunden Vergütung geben mußte, RUBIN erhielt den Seekreuzerpokal." Ein toller Erfolg.

Clausen erzählt von einer kleinen Begebenheit am Rande: „Ich war allein an Bord der RUBIN nach einer Wettfahrt in Visby und genoß das schöne Wetter, als ein Mann auf mich zukam und gleich auf deutsch mit mir redete. Wie sich herausstell-

SENTA, RUBIN und KÖNIGIN (v.l.) auf Urlaubstörn in den Schären

te, hatte er in München studiert, lebte aber in England. Ein irrsinnig reicher Mann. Ihm gehörten große Erzgruben in Schweden. Es war Sven Frisell, ein schwedischer Tycoon, der seinen Firmensitz in London hatte. ›Was ist das für ein Schiff?‹ wollte er wissen. ›Es ist bei Abeking & Rasmussen gebaut worden‹, sagte ich.‹ ›Will ich auch haben.‹ Dann habe ich das vermittelt und er ließ sich tatsächlich bei Abeking & Rasmussen eine sechzehn Meter lange Yawl namens KAY bauen."

„Die Segler hatten diese wunderschöne Wettfahrt genossen", schrieb Karl Clausen, „obwohl sie unter den flauen, unbeständigen Winden litt. Das Rennen wurde nach der schwedischen SHR- und nach der englischen RORC-Formel ausgetragen, die Vergütung erfolgte allerdings in beiden Fällen nach der schwedischen Formel. Dabei berücksichtigt wurde eine gesegelte Normalzeit aufgrund der von den Yachten gemeldeten Windverhältnissen auf der gesamten Bahn. Die Einbeziehung der Windkomponente war sicher vorteilhaft, konnte jedoch Chancensegelei nicht erfassen. Auch die Einstufung der Yachten in große und kleine Rennwerte blieb unbefriedigend und sollte noch jahrelang für Diskussionen sorgen. Bei schwerem Wetter hätte diese Wettfahrt in mancher Hinsicht sicher ganz anders ausgesehen, besonders natürlich für die Gewinnerin REFANUT, die als 10-m-R-Yacht bei flauem Wetter gegenüber den Seekreuzern sehr bevorteilt war."

RUBIN, SENTA und KÖNIGIN wurden nach Stockholm verholt und festgemacht, die Mannschaften fuhren nach Hause. Hier trafen sich vierzehn Tage später wieder die Skipper mit einigen ihrer Freunde, darunter Clausens und der auf der SENTA als Navigator eingestiegene ehemalige Marineoffizier Rudi Koppenhagen, zu einer gemeinsamen Urlaubsreise durch die Schären mit anschließender Überführung in die Heimathäfen. Sie verbrachten sehr flaue, aber herrliche Segeltage in den Schären. Auch die Rückreise war überwiegend von Flauten bestimmt. In Travemünde hatte die RUBIN-Crew noch eine Begegnung der unangenehmen Art. Die Schwarze Gang, der Zoll, kam an Bord und hinterließ bei ihrer zweiten Kontrolle durch ihr Benehmen und ihre rüden Untersuchungsmethoden einen üblen Nachgeschmack. Im Bordbuch ist nachzulesen: „Die Bundesrepublik Deutschland hat uns wieder!"

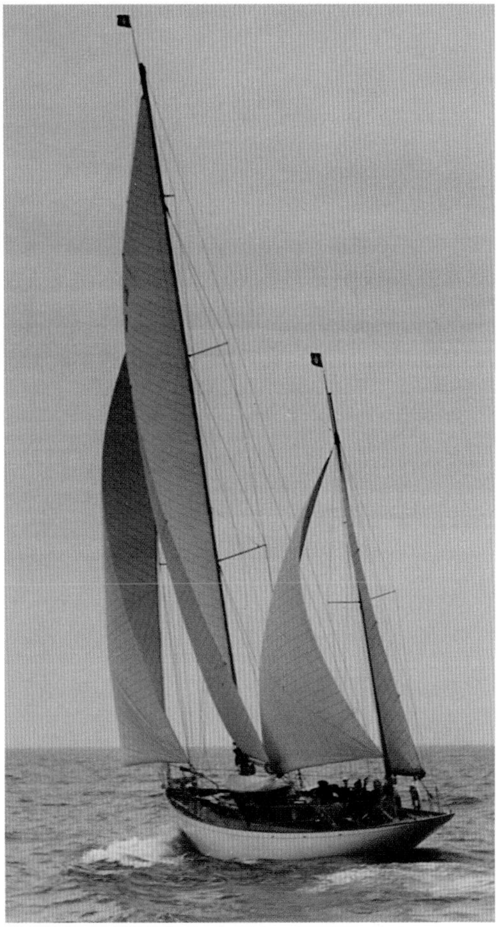

RUBIN I – auf raumem Kurs mit Besanstagsegel

HELGOLAND-BORKUM-RENNEN

Die Seesegler wollten erstmals wieder in diesem Jahr – Helgoland war am 1. März 1952 endlich freigegeben worden – ihrem seit alters her beliebten Ansteuerungsziel einen offiziellen Besuch abstatten. Mit der Regatta von Helgoland nach Borkum und zurück nach WESER-Feuerschiff über achtundsiebzig Seemeilen wollten sie das Wettfahrtprogramm dieser Saison abschließen. Das Borkum-Rennen war nach dem Krieg von der Segelkameradschaft „Das Wappen von Bremen" aufgrund der Beschränkungen für Seeregatten aus der Taufe gehoben worden und erfreute sich wachsender Beliebtheit. Nahmen am ersten Rennen 1948 gerade fünf Boote teil, waren es 1952 schon dreizehn. Die Segelkameradschaft „Das Wappen von Bremen", der Weser Yacht-Club, der Hamburger Segel-Club und der Norddeutsche Regatta Verein als Veranstalter schickten neun Yachten aus Bremen und fünfzehn aus Hamburg auf die Reise nach Helgoland. Darunter waren mehrere Seefahrtkreuzer, zum Beispiel die beiden Cuxhavener 50er SEEFORELLE und WIKING, sowie die 8 KR-Yacht HELGOLAND von Kurt Sommer und die 9 KR-Yacht INSCHALLA, ein Neubau der Böhling-Werft. RUBIN mit Hans-Otto Schümann, Rolf Förster, Bootsmann Gerd Schüler, Dr. Horst Brune und Karl Clausen an Bord passierte als erste die Ziellinie, gefolgt von SENTA.

Die kleine Flotte hatte im Südhafen von Helgoland festgemacht. „Wir konnten uns bei dem Anblick der rigorosen Zerstörung von dem deprimierenden Gefühl der Sinnlosigkeit nicht freimachen", berichtete Karl Clausen. Jetzt, vor dem Wiederaufbau, hatten die Männer vom Räumdienst eine gigantische Aufgabe vor sich: Es mußten eintausendvierhundert Sprengbomben, zweihundertzehn Wasserbomben, zweitausendneunhundert Landminen, zwanzig Seeminen und einhundertsiebenundfünfzigtausend sonstige Sprengkörper erst einmal unschädlich gemacht werden.

„Die Segler zogen es daher vor", berichtete Clausen weiter, „ihre Besuche über Land von Päckchen zu Päckchen einzustellen und widmeten sich an Bord einem Hummer, den sie von den zahlreich im Hafen liegenden Fischern erstanden hatten." Flauten bestimmten auch das Borkum-Rennen, zudem mußten sich die Mannschaften noch mit einer steilen Grundsee in den flachen Gewässern herumschlagen. Sieger wurden RUBIN und REGINA. Nach dem Zieldurchgang liefen die Yachten wieder in die Weser oder Elbe zurück. Die Preisverteilung fand auf dem traditionellen Hochseeseglerabend in Bremen statt.

„Das Vergütungssystems gab auch diesmal wieder Anlaß zu Diskussionen", so Clausen. „Die Fragwürdigkeit auch der RORC-Formel wurde besonders beim Start auf Helgoland-Reede demonstriert. Mit dem Startschuß lief die Vergütung an, obwohl die Konkurrenten friedlich nebeneinander lagen oder ankerten. Das Vergütungsuhrwerk schnurrte wie bei einem Taxameter fleißig Minute um Minute herunter. Als beispielsweise die SENTA um 11.20 Uhr endlich die Startlinie passierte, mußte sie bereits der SCHARHÖRN siebzehn Minuten und der WAPPEN VON BREMEN siebenundzwanzig Minuten vergüten, obwohl doch eigentlich noch gar nicht richtig gesegelt wurde." Nach solcherart geführten Debatten stellte Karl Clausen jedenfalls fest, daß aus der „aus mathematischen Gründen leider nur bedingten Leistungsfähigkeit einer Vergütungsformel die

Erkenntnis gefolgert werden sollte, daß bei Seeregatten die Seefahrt und nicht die Formelfrage im Vordergrund stehen sollte". Ein hehrer Gedanke, doch die Zukunft sollte genau das Gegenteil bringen.

„Oh, die Bremer, die haben uns ja was vorgemacht. Taten anfangs so, als hätten wir das Segeln noch nicht gelernt", erinnert sich der heute als pensionierter Flottillen-Admiral in Wilhelmshaven lebende Karl Clausen. „Was haben die uns gering geschätzt. Und wie haben wir sie hinterher verhauen! Es war herrlich."

NORDSEE-WOCHE 1953

Im freien Seeraum, in der Weite des Meeres mit der endlosen Kimm und den Sternen am Firmament fand Hans-Otto Schümann Erfüllung. Stellte sich den Herausforderungen von Wind, Wellen und Strömungen. Das Hobby wurde neben seinem Geschäft zum Lebensinhalt. Die erste richtige Nordsee-Woche nach dem Krieg mit den Zubringerwettfahrten Hamburg-Cuxhaven-Helgoland und Bremerhaven-Helgoland, Rund um Helgoland und Helgoland-Cuxhaven-Hamburg sowie Helgoland-Bremerhaven wurde wieder aufgenommen. Die Gewässer um Helgoland kannte Hans-Otto noch sehr gut aus der Zeit mit seinem Vater auf der CARLA. Die Nordsee-Woche und das Skagen-Rennen sollten nun einen festen Platz in seinem Regattakalender einnehmen. Er segelte mit Karl Clausen, Gerd Schüler, Bernard Hinst, Rolf Förster, F. Boeger und Dr. Horst Brune nach Helgoland und anschließend die Wettfahrt Rund um Skagen von Helgoland nach Marstrand und Kiel.

RUBIN-NAVIGATOR KARL CLAUSEN

Aber diesmal staunte Hans-Otto nicht schlecht, denn seine Schwester Lisa-Lott Brecht hatte ihn mit ihrer 8 KR-Yacht ISCHA und ihrem Mann Hans-Joachim an Bord geschlagen! Im Ziel am Leuchtturm Kiel resümierte der Navigator: sechshundertfünfundvierzig gesegelte Seemeilen.

Im Anschluß an die Kieler-Woche-Regatta Rund um Fehmarn war ein Sommerurlaubstörn nach Göteborg und Oslo geplant, die dritte Schweden-Reise für die Ehepaare Schümann und Clausen sowie den Bootsmann Gerd Schüler. Der Kurs verlief von Kiel in die dänische Südsee, nach Göteborg und Marstrand, Oslo und zurück nach Kiel. Karl Clausen: „Einmal liefen wir in der Dämmerung aus durch die Schären von Göteborg, durch die Klamotten. Ganz schön waghalsig. Mir steht heute noch der Schweiß auf der Stirn. Hans-Otto saß am Ruder und ich dann immer vom Navigationstisch rauf an Deck und wieder runter an die Karte. Aber ich vertraute ganz auf seine Nase, und es ist alles gutgegangen. Warum wir so waghalsig waren, Hans-Otto? Das traue ich ihm heute gar nicht mehr zu."

Und weiter: „Schweden hat eben seinen besonderen Reiz wegen der nautischen Leckerbissen. Wir sind einmal von Anholt hochgekommen und steuerten nun Göteborg an. Aus irgendeinem Grund hatten wir schon längere Zeit keinen terrestrischen Ort mehr

bekommen. Ich wußte, da kommt ein Besen mit zwei Köpfen. Wir mußten ran an die Küste, konnten aber keine Einfahrt finden. Mit Juchhé ging es auf die Küste zu. Ich hörte einen Vorwurf nach dem anderen ›wenn das man stimmt mit deinem Ort‹ und so weiter. Wir guckten und guckten, und meine Frau mit dem Fernglas fand den Besen, der plötzlich da war."

RUBIN – immer auf dem neuesten Stand – hatte als eine der ersten Yachten in Hamburg einen Funkpeiler an Bord. „Bushmill zum Beispiel", so Clausen, „mußte man auszählen mit Gradeinteilung. Es war ja alles noch sehr primitiv. Heute steckt man einen Groschen rein und unten fällt der Standort raus. Das Funkpeilen auf unserer Fahrt durch den Ärmelkanal 1954 war sehr spannend." Hans-Otto wollte nach Nordafrika segeln.

RUND UM DIE BISKAYA 1954

Im Logbuch der RUBIN steht der Eintrag: „Cuxhaven-Biskaya, Crew: Hans-Otto Schümann, Bootsmann Gerd Schüler, Kegel, Rolf Förster, Karl ›Claus‹ Clausen, Horst Opielok, Dr. Horst Brune. Wetterlage: Sturmtief 980 Millibar zieht Nordost über England. Vorhersage: Südwestliche Nordsee Süd 8 bis 9, später auf Südwest drehend. Sturmwarnung."

RUBIN AUF VORMWIND-KURS

„Der Kanaleingang zeigte sich ruppig bis dorthinaus", erzählt Clausen. „Man durchlebte als Navigator am Wind liegend, auch wenn die Pütz vorne mit drinhing, gewisse Zustände. Ich fragte nur: Wieviel Freiraum haben wir noch nach Lee? Wir hatten genug." Clausen vertraute dem Logbuch an: „Donnerstag, 10. Juni 1954. Standort Terschelling. Barometer 748 Millibar. Südsüdwest 8 bis 9 Beaufort. Trysegel geborgen. Beigedreht gelegen unter Sturmfock. Rechtweisende Peilung des Consolfeuers Bushmill 95,2 Grad. Schiff arbeitet stark in grober See.

Feuerschiff SOUTH GOODWIN vierzehn Tage nach Passieren der RUBIN gesunken mit sieben Seeleuten."

Schließlich konnten sie wieder Segel setzen und weitersegeln. Am 14. Juni 1954 hieß es: „Einlaufkurs nach Cowes. 7.00 Uhr Reede von Portsmouth. Passieren unter Klüver II, Groß und Besan 9.15 Uhr Old Castle Point, 9.45 Uhr Festmachen Cowes-West Pier. 20.10 Uhr Ablegen Cowes. 23.05 Uhr Needles querab." Hans-Otto vermerkte: „Anlaufen Cowes zum Telefonieren mit Hamburg." Und einen Tag später: „Plymouth angelaufen, um Großwetterlage zu bekommen." Die Biskaya gebärdete sich sehr flau mit Westsüdwest 1 bis 2 und Süd mit 0 bis 1 Windstärken. Hans-Otto schrieb ins Logbuch: „Makrelen angeln, am besten bei drei Seemeilen Fahrt. La Coruña/ Nordspanien. Flaute. Südsüdwest 2. Westsüdwest 1 bis 2. Nachmittags baden auf viertausend Meter Wassertiefe".

„Wir hatten durch das Beigedreht-

Liegen total die Zeit verplempert", sagt Karl Clausen. „Der Kuhsturm eingangs des Kanals hatte uns aufgehalten. Bei Quessant (Ushant) sagte ich zu Hans-Otto, wenn wir nicht unter die Steine kommen wollen, müssen wir einen großen Bogen machen. Als wir dann in die Biskaya einliefen, war der Wind total weg. Wir lagen in einer Riesendünung ohne Wind. Fürchterlich. Die Zeit verrann. Eigentlich wollten wir an den portugiesischen Norder heran, um nach Afrika zu gehen, liefen dann aber nach La Coruña und weiter nach San Sebastian. Dort wurden wir großartig aufgenommen, die ersten Deutschen mit einer richtigen Segelyacht. Durch den Zeitverlust blieb uns nur noch eine Reise rund um die Biskaya. Wir mußten weiter.

Ich kannte die Gegend, wußte aus meiner Zeit mit der Minensuchflottille Bescheid. In St. Jean de Luz in Frankreich sind wir in Abrahams Schoß, dachten wir. Hier gibt es eine große Flotte von Sardinenfischern. Aber die ließen uns nicht hinein in den Hafen, wahrscheinlich war der besetzt. Wir mußten im Vorhafen bleiben. Da stand eine gewaltige Jücht hinein, so daß wir uns nachts in den Kojen festbinden mußten, damit wir nicht rausfielen. Das war uns zu ungemütlich. Dr. Brune reiste wegen Krankheit seines Sohnes per Bahn nach Hause.

Vorbei an Arcachon. ›Da gehen wir rein!‹ sagte ich, ›Hans-Otto, vorsichtig! Das ist eine ganz schwierige Einfahrt.‹ So fuhren wir weiter nach Le Sables d'Olonne. Nimm das Schlauchboot und mach das schon mal klar mit dem Liegeplatz, hieß es dann. Als ich in die Nähe der Schleuse kam, dachte ich, die ist ja offen, o wie komisch. Der Hafen war bei Niedrigwasser ziemlich leergelaufen. In der Inspection maritim erfuhr ich bald, daß die Schleusen kaputt waren und der Hafen immer leer läuft. Man bot uns eine Kuhle im Hafen, die nicht leerläuft, als Liegeplatz an. Wir mußten ja nach Hause, unsere Urlaube waren zu Ende. Dann kam Bernie Hinst als Ablösung."

Nach dem Crewwechsel waren neben Hans-Otto noch Walter Riedel, Gerd Schüler, Bernard Hinst, John Jäger und Peter Müller an Bord. Der Kurs wurde auf die Isle of Wight abgesetzt. Der Wetterbericht sagte Nordwest 3 bis 4, später auf West und Südsüdwest Stärke 4 bis 5 drehend, voraus. Am 1. August stand RUBIN bei Südwest 3 bis 4, Regen und mittlerer Sicht im Ärmelkanal. „Kochtöpfe in die Saling geholt als Radarsicherung" steht im Logbuch. Am nächsten Tag trafen sie die Ansteuerungstonne Needles Channel auf den Kopf, wenig später auch das Feuer Needles Point im Nebel. RUBIN lief nach Kompaß im Nebel in den Solent und war um 20.30 Uhr fest vor Anker in Yarmouth. Von hier aus segelten sie durch den Kanal und die südliche Nordsee zurück nach Cuxhaven. Das erste große Abenteuer war glücklich beendet worden. RUBIN hatte in der Zeit vom 9. Juni bis 9. August zweitausendachthunderteinundsiebzig Seemeilen zurückgelegt, davon zehn unter Motor.

Das Schiff – von Hans-Otto Schümann gut und leidenschaftlich gesegelt – hatte sich bestens bewährt, als es zum ersten Mal seine Nase in schweren Sturm und ruhigeres Atlantikwasser tauchte. Inzwischen hatte Hans-Otto auch viele Preise gewonnen. Zum Beispiel bei der Nordsee-Woche 1955 mit den Zubringerwettfahrten war RUBIN schnellste Yacht in der Klasse I und gewann zwei Preise sowie einen Sonderpreis. Die Siegesserie setzte sich auch bei der Kieler Woche fort. Hans-Otto nahm mehrere Klassenpreise und den Henry-Rasmussen-Pokal mit nach Hause.

JUBILÄUMSWETTFAHRT IN SCHWEDEN

Nach der Kieler Woche machten sich als größtes ausländisches Kontingent sechsundzwanzig deutsche Yachten auf die Reise von Kiel nach Visby, um anschließend an der Jubiläumswettfahrt Gotland-runt zum 125. Gründungstag der Kungliga Svenska Segel Sällskapet teilzunehmen. RUBIN-Navigator Clausen: „Der Start in Kiel bei mäßigem Wind und der weitere Verlauf des Rennens boten keine Überraschungen. Die aus den großen Yachten ATHENA, DIANA II, eine 12 KR-Yacht von Abeking & Rasmussen von 1955, GILLA, JUTTA ex KÖNIGIN und RUBIN bestehende Spitzengruppe tat ihr Bestes, um in dem Seegebiet zwischen Falster, Møn und Rügen in den Genuß einzelner Brisenstriche zu kommen. RUBIN trieb dieses Spiel so lange, bis sie in die Gegend des Plantagenet-Grundes vorgestoßen war und setzte sich dann mit Kreuzschlägen nach Norden zum Bornholmsgat klar vor die Konkurrenten.

Der Ausgang der Wettfahrt Kiel-Visby wurde in der Hanö-Bucht bei Nordostwind Stärke 7 bis 8 und ruppigem Seegang entschieden. Zwölf Yachten waren dieser harten Beanspruchung nicht gewachsen und liefen in dänische oder schwedische Häfen ab. Auf vielen Yachten gab es gebrochene Schoten und zerrissene Segel.

Der Hafen von Visby war bis auf den letzten Platz belegt. Eine mustergültige Organisation mit Liegeplatznummern, Heckbojen, Blumensträußen für jede ankommende Yacht und die allgemeine Versorgung machte jedem deutlich, daß es sich um die bisher größte Hochseeregatta in der Ostsee handelte, die je durchgeführt wurde. Allein vierzehn Yachten aus den USA waren präsent. Zum ersten Mal nach fast zwanzig Jahren war wieder eine Transatlantikregatta von Brenton Reef/Newport nach Marstrand ausgeschrieben worden. Die Besatzungen von sieben Yachten – Amerikaner, Norweger und die deutschen PETER VON DANZIG, ORTAC, SCHLÜSSEL VON BREMEN und KORMORAN – hatten sich in das Abenteuer ihres Lebens gestürzt und waren glücklich, die sehr stürmische Ozeanreise heil überstanden zu haben.

Die schönsten Yachten der berühmtesten Konstrukteure lagen Bord an Bord mit uns: von Philip L. Rhodes, Tore Holm, Arvid Laurin, O. Enderlein, Knud Reimers und Laurent Giles über Bjarne Aas, G. Plym, Nathaniel Herreshoff bis zu William Fife jun. und Olin Stephens. Von der 35-Tonnen-Yawl WINDIGO aus den USA bis zur finnischen Leichtdeplacement-Sloop ELIZA war alles vertreten. Die Schiffe wurden nach der schwedischen Seekreuzer-Regel in sieben Klassen eingeteilt und segelten außerdem nach der Vergütung des Royal Ocean Racing Club.

In viertelstündlichen Abständen starteten die Yachten bei einer frischen Brise aus Nordost am 12. Juli 1955. Die in Klasse II segelnde KÖNIGIN setzte sich gleich ab und fand als einzige Yacht Anschluß an die Klasse I. Die ersten Stunden der Wettfahrt waren entscheidend, denn für das Gros der Schiffe war bereits vor Ölands Norra Udde der Wind völlig eingeschlafen, und mit dem Rest der absterbenden Brise löste sich die Spitzengruppe der Klasse I einschließlich KÖNIGIN und ward nicht mehr gesehen. In achtzehnstündiger Mühsal des stetigen Bergens und Setzens des Spinnakers, Ballons und Stagsegels gelang es endlich, die fünfundfünfzig Seemeilen bis zur Tonne Hoburg-Riff an der Südspitze Gotlands zurückzulegen. Die ausländischen Segelmacher hatten, als sei es verabredet, farbige Spinnaker kreiert, Zweihundert-Quadratmeter-Tücher in Lachsfarben, Braun

Eine helfende Hand von Karl Clausen für Skipper Hans-Otto

und gestreift, ein Schwede toute en vogue in Altrosa und die neue dunkelblaue KAY mit einem märchenhaft pointierten Zartblau.

Für die folgenden siebzig Seemeilen zum Markerboot wurden durchschnittlich vierundzwanzig Stunden gebraucht, obwohl sich eine leichte Brise aus Südwest eingependelt hatte. Am Markerboot, das in Totenflaute und glühender Hitze lag, liefen die mühsam abgeschüttelten Konkurrenten der Klasse II auf, so daß diese Situation den Charakter eines „Mensch-ärgere-dich-nicht"-Spiels annahm und reichlich Anregung zu der Frage nach dem Sinn und Unsinn des Wettsegelsports gab. Der Wetterbericht kündigte achterlichen Wind von 5 bis 10, später 15 Knoten an. Die Ansteuerung des Leuchtturms auf der winzigen Schäre Bogskär war die einzige ernsthafte navigatorische Tätigkeit dieser Wettfahrt. Und zum Schluß konnte die einzige reguläre Kreuz bei anfänglich frischen und später flauen Winden von ALMAGRUNDET-Feuerschiff bis ins Ziel gesegelt werden.

„Wegen der Wetterbedingungen gab es bei dieser Jubiläumswettfahrt keine nennenswerten sportlichen Höhepunkte", schreibt Clausen weiter, „dennoch war diese Veranstaltung ein erstrangiges Ereignis. Für uns deutsche Teilnehmer wurde deutlich, daß sich der Hochseewettfahrtsport in einer radikalen Wandlung befindet, die ihn aus der Kategorie der Tourenschiffe mit gelegentlicher Regattaverwendung herauslöst. Die größten Impulse in dieser Richtung gehen offenbar von Amerika aus, was an ihrer ONDINE, ein 1953 entstandenes Schwesterschiff der 11 KR-Yachten RUBIN und JUTTA von Abeking & Rasmussen, augenscheinlich ist: die ONDINE erhielt ein gewichtsparendes Aluminium-Rigg, ein festes Vorstag, keine Backstagen, Segel und Tauwerk nur aus Dacron, leichtere Anker und Ankerwinden sowie eine Reihe neuester Navigationsinstrumente wie Speedometer und elektrisches Echolot. Diese interessante Ausrüstung", schließt Clausen seinen Bericht, „zeigt die Entwicklung zum Kampf um die letzte Zehntel-Sekunde im Hochseesport."

Und noch einmal gerät Karl Clausen auf der RUBIN regelrecht in Jagdfieber: Die Wettfahrten von Cuxhaven nach Helgoland, Borkum und zurück zum Abschluß der Saison mit dem Gewinn mehrerer Klassen- und fünf Sonderpreisen sollten für ihn vorerst die letzten sein. Westdeutschland stellte 1956 eine neue Bundeswehr auf; Clausen wurde reaktiviert und war als ehemaliger Marineoffizier beim Aufbau der neuen Marine sehr gefragt.

Rückblickend betrachtet sagt er über seine RUBIN-Zeit: „Hans-Otto hatte eine ausgesprochene Seefahrer-Veranlagung, eine Nase für alles Seemännische. Er hat einen analytischen Verstand, ist mathematisch veranlagt, einer der zu Ende denkt und im voraus denkt, was sehr wichtig ist. Später hat er die Schiffsmodelle im Schlepptank ausrechnen lassen. Das ist typisch Hans-Otto. Menschlich bin ich sehr gut mit ihm klargekommen, obwohl wir glaube ich von unserer Verpackung her sehr unterschiedliche Menschen sind. Nach Spanien beispielsweise sind wir Tag und Nacht durchgesegelt. Da kommt es auf die Zusammenarbeit der Crew an. Eine grundverschiedene und doch so harmonische Gesellschaft, weil wir uns gut ergänzten. Wir wurden wirklich Freunde."

STELLVERTRETENDER VORSITZENDER DES DEUTSCHEN SEGLER-VERBANDES 1956

Hans-Otto Schümann übernahm jetzt eine weitere Verpflichtung und kümmerte sich

noch mehr um Verbandsarbeit. Als auf dem Seglertag Ende 1956 Carl Georg Gewers die Leitung des Deutschen Segler-Verbandes an Dietrich Fischer abgab, wurde Hans-Otto Schümann an dessen Stelle zum stellvertretenden Vorsitzenden mit dem Geschäftsbereich Freizeit- und Breitensport gewählt. Hans-Otto: „Gewers hatte mich vorgeschlagen. Aber Dr. Rüdel senior wollte unbedingt Stellvertreter werden, ist dann jedoch bei der Wahl durchgefallen. Ich habe die Vorstandsarbeit zusammen mit Dietrich Fischer, mit dem ich wirklich befreundet war, bis zu seinem Tod gemacht. Zum Schluß bekam er einige Probleme, nicht gesundheitlich, sondern im Verband waren so Strömungen, so ein paar junge Wilde. Dietrich Fischer war eben ein Herr und konnte mit solchen Burschen nicht richtig fertig werden. Das war ein sehr schwieriger Seglertag. Er hat mir zum Schluß so leid getan. Kurz danach ist er auch gestorben. 1972 wurde Dr. Kurt Pochhammer sein Nachfolger."

Zur festen Bordgemeinschaft der RUBIN kam 1957 aus Kiel als Bootsmann Hermann Splieth aus der Startboot-Szene. „Ich war zu leicht als Vorschoter", sagt er, „dann fragte mich eines Tages John Jäger, auch Starbootsegler und Werftbesitzer in Hamburg, ob ich nicht Lust hätte, auf der RUBIN Regatten zu segeln. Und ob ich hatte. Es fing immer im Frühjahr an: im Frühjahr zu Ostern mit dem Training vor Helgoland, um die Crew hart zu machen, es folgte die Glückstadt-Regatta, zu Pfingsten meistens die Nachtregatta Blankenese-Cuxhaven als Zubringer zur Nordsee-Woche, die Wettfahrt Rund um Skagen, die Kieler Woche und im Anschluß daran den Zubringer nach Visby und Gotland-runt mit Ziel Sandhamn. So war das. Das andere Jahr darauf ging es dann zur Nordsee-Woche, Kieler Woche und nach Cowes.

Die Crew war fantastisch. Ich habe 1957 die sehr harte Regatta Helgoland-Rund um Skagen-Kiel mitgemacht. Uns knallten die Schoten weg. Wir nahmen Draht. Auch der Draht flog dann weg. Horns Rev hatten wir sonst immer in der Nacht, aber dieses Mal blieben wir stehen, machten keine Meile gut. Es waren riesige, steile Wellen. Die Nordseewelle ist besonders tückisch. 80 Knoten Wind. Es war eine wüste Knüppelei gegen den harten Nordnordwest und gegen den schweren Seegang, gegen die Gischt und überkommenden Brecher. Die Bremer ATALANTA trieb mit gebrochenem Großmast drei Stunden im Seegang, ehe sie von einem Fischkutter nach Helgoland eingeschleppt wurde. Das ist Unsinn, sagten wir, wir reißen die Schiffe kaputt. Wir liefen zurück nach Helgoland. Genau wie die große GERMANIA, geführt von dem erfahrenen Hans Howaldt, die kleine GERMANIA, der Achter von Wegener aus Hamburg, die SENTA, die ROLAND VON BREMEN mit Bruch des Großbaumes und die ATHENA mit quer durchgerissenem Großsegel. Neun von zweiundzwanzig gestarteten Yachten kehrten um. Das war zu viel, aber auch das einzige Mal in all den Segelsommern mit Hans-Otto."

Das Rund-um-Skagen-Rennen wurde vor allem aus Anlaß des 75jährigen Jubiläums der Kieler Woche durchgeführt. Sehr schweres Wetter hatte die Flotte der Segler dezimiert. Aber: Was man in der Nordsee bei steifer Brise auch von vorn für eine schnelle Reise gewinnt, verliert man gewöhnlich im Großen Belt bei leichter oder flauer Brise. So war es auch diesmal. Die 6,5 KR-Yacht COLLEEN V als Letzte brauchte fast neun Tage bis ins Ziel.

Zum Seerennen von Kiel nach Visby, dem letzten Ereignis für die Seesegler innerhalb der Kieler Jubiläums-Woche, starteten nur sieben Yachten, darunter auch RUBIN. Meteorologisch war alles drin: Gewitter, steifer Nordost, Flaute und am letzten Tag handige 4 Windstärken aus Südwest. Der Zieleinlauf sah GERMANIA V als Erste, gefolgt von der ATHENA eineinhalb Stunden später und RUBIN weitere zwei Stunden später.

Hermann Splieth: „Hans-Otto konnte bei Flaute und noch besser bei Wind steuern. Wir mußten ihn vom Steuer wegprügeln. Wenn es hart wurde, saß er sechs, sieben Stunden am Ruder. Er war ein sehr harter Segler, hart gegen sich selbst und korrekt, ein guter Rechner, das zeichnete ihn aus. Zeigte immer eine klare Haltung und war bescheiden, trank zum Frühstück nur einen Tee und war mit einem Stück Schwarzbrot zufrieden. Er hat es im Hintern gehabt, wie ein Schiff segelt, so wie ich auch. Nachts ging das bei uns los. Wenn die anderen anfingen, müde zu werden, ging es bei uns richtig zur Sache. Ich setzte mich nur vorne an den Mast. Da blieb ich bis morgens liegen, und er war am Steuern. Ich habe immer nur die Segelstellung beobachtet und nach achtern gerufen: ›dichter, loser!‹ und so weiter. So waren wir meistens vorne. Harald Löffler von der KÖNIGIN, unser größter Konkurrent, war mal mit und sagte: ›Ihr beiden seid nicht zu schlagen!‹ Das war ein Lob von ihm, alle Achtung."

Zur Crew damals gehörten Hans-Otto, Johnny Jäger, Heinrich Riensch, Navigator Roland Schütze als Nachfolger von Karl Clausen, Dr. Horst Brune, Heinz Behrens und Dr. Johannes Halben. „Wir fuhren ein loses Unterliek, das war meine Idee, damit reinschießende Seen unten durch die Segel durchgingen, ohne zu bremsen", erinnert sich Hermann Splieth. „So haben wir auch die Vorsegel bei den Staren gefahren. Am Mast, sowohl am Holzmast als später auch am Aluminiummast, waren zwei Schienen mit einer Weiche angebracht. In der einen lief das Großsegel und in der kleinen Schiene, die bis zur zweiten Saling hinaufging, das Trysegel oder ein Segel mit zwei Reffs: das eine ging hoch und dann erst das andere runter. Heinz Behrens machte das Vorschiff und Roland – bei seiner Länge – den Spinnaker. Das Manöver dauerte ›klick-klack‹ fünf Sekunden! Da haben wir unsere Meter gemacht."

SCHÜMANN ÜBERNIMMT VORSITZ IM HAMBURGER SEGEL-CLUB 1958

An Land, im Hamburger Segel-Club, bahnte sich inzwischen ein Generationswechsel in der Führung an. Carl Georg Gewers, Mann der ersten Stunde im Nachkriegs-Deutschland und hochangesehen, wollte nicht wieder kandidieren und schlug Hans-Otto Schümann als seinen Nachfolger vor. Er wurde gewählt und nahm am 1. Januar 1958 das Steuer als neuer Vorsitzender des Traditionsvereins in die Hand. Hier hatte er einst mit seiner Schwester Lisa-Lott segeln gelernt, die Familie Schümann – Vater Otto Schümann war 1912 eingetreten – fühlte sich mit dem Hamburger Segel-Club sehr verbunden.

Der Hamburger Segel-Club als zweiter Segelclub in der Hansestadt und vierter im 1888 gegründeten Deutschen Segler-Verband galt seinerzeit als Vorreiter und Vorbild in Sachen Renn- und Wandersegeln. Die Gründungsväter von 1892 waren sicher weit ent-

RUBINS GRÖSSTER KONKURRENT:
HARALD LÖFFLERS KÖNIGIN

11
9

fernt von der Vorstellung, in welch schweres Wetter das folgende Jahrhundert geraten sollte. Doch alle Turbulenzen und schweren Stürme der Zeit hat der Hamburger Segel-Club erfolgreich abgewettert. Die Männer der ersten Stunde hatten ihre Yachten auf der unruhigen Elbe-Reede vor Oevelgönne und Blankenese fest vertäut. Geschwaderfahrten in dem damals noch romantischen Revier des Stromes erfreuten sich immer größerer Beliebtheit. Die Lustsegelei war im Aufwind.

Zusammen mit dem Hamburger Senat organisierte diese Elbe-Clique von 1896 an die ersten Hochseekutter-Regatten von Hamburg elbabwärts nach Cuxhaven, Norderney und Helgoland. Die Finkenwerder Hochseekutter stammten aus der Feder des berühmten Yachtkonstrukteurs und Clubmitgliedes Max Oertz. Der Segelsport in Hamburg verzeichnete einen lebhaften Zuspruch, es gründeten sich die ersten Elbsegelvereine.

Der Club hat seit 1904 seinen Stammplatz auf der Gurlittinsel, einem ufernahen Eiland in Hamburgs Außenalster mitten in der Großstadt. Mit einem kleinen schwimmenden Bootshaus an einem Steg der Alsterdampfschiffahrts-Gesellschaft fing alles an. Heute liegen dort im eigenen Yachthafen etwa zweihundert Kielboote und Jollen, darunter einundzwanzig Jollen für zur Zeit etwa einhundert Jugendliche des Clubs.

Sachkundige und engagierte Mitglieder waren schon immer bei der Ausrichtung von Segelregatten gefragt, und so ist der Hamburger Segel-Club seit 1927 Mitveranstalter der Kieler Woche, seit 1928 der Travemünder Woche, von 1953 an der Nordsee-Woche auf Helgoland und seit 1992 auch der Warnemünder Woche, den großen Regatta-Wochen in Deutschland. Die Menschen an der Küste, so heißt es, sind etwas schwerblütig und mit alten Traditionen behaftet. Als nun Carlos Schaffner 1932 entgegen der vorherrschenden Auffassung von Seemannschaft und Seetüchtigkeit eines Fahrzeugs zu einem Törn mit seinem 35-qm-Nationalen Jollenkreuzer nach Oslo aufbrach, wurde er „leichtsinniger Hund" gescholten. Mannschaft und Boot überstanden wohlbehalten das Abenteuer. Ebenso erging es Dr. Johannes Halben. Tollkühn und verwegen segelte er mit seiner kleinen H-Jolle nicht nur nach Helgoland, sondern machte 1950 damit sogar eine Ostseerundreise von Hamburg über Kiel und die Flensburger Förde bis Malmö in Schweden. – Hans-Otto Schümann nahm ihn als Stammcrew mit ins Boot.

1934 brach Heinz Förster mit seiner Frau Ruth in dem norwegischen Sieben-Meter-Lotsenkutter ZUGVOGEL vom Typ Colin Archer zu einer Langfahrt von Hamburg über den Atlantik nach Brasilien und Argentinien auf.

Vier Jahre später kehrte er mit einem neuen, im brasilianischen Urwald nach einem Riß von Juan Baader selbstgebauten, neun Meter langen ZUGVOGEL via New York nach Hamburg zurück. Ruth Förster ist die erste deutsche Frau, die den Atlantik in einem Sportboot überquerte.

Auch andere berühmte Namen hat der Hamburger Segel-Club im Laufe der Zeit hervorgebracht, zum Beispiel Claus und Dr. Ferdinand Kemme, die unangefochtenen Spitzensegler der 1950er und 1960er Jahre im Piraten und späteren Felca-Preis-Gewinner mit Julius Gahde im Drachen, den Silber- und Bronzemedaillengewinner Peter Naumann im Flying Dutchman und Georg Nowka im Drachen, Ernst Lehfeld, den Konstrukteur unter anderem von Korsar und

Zugvogel, und Eva Bornheim, Pionierin des Frauen-Segelns im Deutschland der 30er Jahre. Dazu zählen auch Deutsche Meister in diversen Klassen, die Weltmeister in der Mumm 36 Thomas Friese und Karol Jablonski, außerdem die Europameister Detlef und Reinhold Mohr im Hobie 16 sowie Clemens Weber im Korsar. Schwerpunkt des Clubs ist traditionsgemäß die Jugendarbeit, wofür Hans-Otto Schümann ein Musterbeispiel ist.

Auf gesellschaftlicher Basis hatte sich Dr. Horst Brune – bekannt für seine Bonmots – als Organisator legendärer rauschender Feste sowie witzig-spritziger Damenreden anläßlich des Seeseglеressens zur Kieler Woche einen Namen gemacht.

Die Transatlantiktörns gehören seit Heinz Förster zum Repertoire des Clubs. Dr. Hannes Lindemann ist ein anderer Protagonist. Er überquerte ihn gleich dreimal in den 50er Jahren. Seine zweite Reise in einem Serienfaltboot war dem amerikanischen „Time-Life"-Magazin immerhin eine Titelstory wert. Dr. Lindemann testete an sich selbst das Überleben auf See mit Hilfe des autogenen Trainings. Im Mittelpunkt seiner dritten Reise stand die Begegnung mit dem berühmten Urwalddoktor Prof. Albert Schweitzer in Lambaréné am Ogooué, dem heutigen Gabun. Unter schwierigsten Umständen und der Begegnung mit schwimmenden Baumstämmen, die sich als blitzartig zuschlagende Krokodile entpuppten, segelte Lindemann das riesige Delta hoch, um seinen hochverehrten Kollegen zu besuchen. Albert Schweitzer war sein Vorbild.

So liegt es nahe, daß die Dickschiffsegler des Hamburger Segel-Clubs unter den Crews der großen Transozeanrennen zu finden sind. Unter anderen Dr. Wolfgang Paul, Vize-Präsident des Deutschen Segler-Verbandes, Horst Opielok, Jürgen Baarck, Peter Nowka, Gerd Augustin und Harald Kuhlei. Drei von ihnen erhielten für ihre Atlantikreisen den Schlimbach-Preis als beste Leistung des Jahres im Hochseesegeln: Uwe Ernst, Dr. W. Hinzpeter und Björn Woge, und der vierte, Günther Hormann, für „seine nach sorgfältiger Vorbereitung mit seemännischer Umsicht und einwandfreier Navigation durchgeführten Etappe einer Weltumsegelung von Timor via Kapstadt nach Cuxhaven". Zur Zeit sind Bodo Bölken und Klaus Riekenberg auf Weltumsegelung.

Ob als Wettfahrtleiter in Helgoland, Kiel, Travemünde, Warnemünde oder als Chef des Wettsegelausschusses im Deutschen Segler-Verband wie Dr. Horst Renter, Otto Engel und derzeit Klaus Krogmann: Die Leistungen des Hamburger Segel-Clubs als Organisator und Ausrichter internationaler Serien und die Erfolge seiner Yachten finden überall Anerkennung. Die erfolgreichste Yacht ist zweifellos die RUBIN von Hans-Otto Schümann. Er gab der Gemeinschaft fast ein halbes Jahrhundert lang entscheidende Impulse. Im Jahr 2000 legte er die Geschicke des Clubs in jüngere Hände.

Der scheidende Carl Georg Gewers charakterisierte Hans-Otto Schümann, den heutigen Kommodore und Ehrenvorsitzenden des Hamburger Segel-Clubs, 1957 so: „...unser Kamerad Schümann setzt als bekannter Hochseesegler den Kurs unbeirrbar und rechtweisend fort nach den harten Worten: ›Hier ward nich bidreiht, ward nich refft, bit wi dat Ziel tofoten hefft‹".

Im Sommer 1958 fuhr RUBIN mit Hans-Otto, Eggert Schmielau, Dr. Johannes Halben, John Jäger, Heinz Behrens, Roland Schütze, Hermann Splieth und Dr. Horst Brune nach der Fehmarn-Regatta einen

Klassensieg bei der Wettfahrt von Kiel nach Læsø Nord-Göteborg-Smögen-Frederikshavn und zurück nach Kiel ein. Ursprünglich wollte RUBIN am Skaw Race teilnehmen, das diesmal in Norwegen gestartet werden sollte. Hans-Otto: „Es lagen etwa fünfzehn deutsche Meldungen vor, darunter die der GERMANIA. Doch die Norweger erklärten Alfried Krupp als persona non grata. Daraufhin organisierte ich, daß wir alle nicht hingehen und stattdessen eine Regatta von Kiel aus ins Skagerrak nach Göteborg segeln, was wir dann auch taten. Daraufhin nahm kein Deutscher am Skaw Race teil."

RUBIN II GEWINNT DAS SKAGEN-RENNEN 1959

Beim Start zur Skagen-Wettfahrt 1959 notierte Johnny Halben: „Es wird sich zeigen, ob die im vergangenen Winter erfolgten baulichen Veränderungen am Schiff – Verkürzung des Großmastes, Vergrößerung der Vorsegelbasis und Veränderung der Kielform – die Kreuzeigenschaften und die Geschwindigkeit im Sinne des Erfinders spürbar beeinflussen. RUBIN pflügte mit etwa 9 Knoten durch das schmutziggrüne Nordseewasser. Die zwei Nummern größere GERMANIA war gleich nach dem Start gut weggekommen und lag in Sichtweite in Lee vor uns. Am Morgen des zweiten Tages standen wir in Lee der Küste von Jütland. Blutrot tauchte die Sonne aus der Kimm. HAMBURG lag vor der GERMANIA, RUBIN etwa zwei bis drei Seemeilen dahinter. Plötzlich hingen zwei rote Leuchtkugeln an Fallschirmen über der HAMBURG, morgens um 03.50 Uhr. GERMANIA und wir liefen zur HAMBURG und boten unsere Hilfe an. Was war passiert? Ein Mitglied der Besatzung hatte durch einen Fehler beim Bedienen der großen Vorschotwinden die Kurbel an den Kopf bekommen und vermutlich eine Gehirnverletzung davongetragen, die nicht mit Bordmitteln zu operieren war. GERMANIA verständigte telefonisch die Küstenstation, die ein Motorboot zu Hilfe schickte. Es dauerte sechs Stunden, bis es eintraf und den Verletzten ins Krankenhaus nach Thyborøn brachte. Von der Verpflichtung zur Hilfestellung frei, setzten GERMANIA, HAMBURG und RUBIN ihren Regattakurs fort.

An der Tonne Skagen-Rev war GERMANIA nur noch zwölf Minuten, also etwa eine Seemeile, voraus. Während GERMANIA bei Nordwind Stärke 5 Kurs auf die Læsø-Rinne, ein schmales, tiefes Fahrwasser zwischen der Ostküste Jütlands und der Insel Læsø, in der nach Ansicht unseres Kapitäns Nordstrom stehen mußte, nahm, wählten wir den rund vier Seemeilen längeren Kurs östlich um Læsø herum. So gingen unsere Kurse immer weiter auseinander, bis auch der grün-rot gestreifte Spinnaker der GERMANIA nicht mehr zu sehen war. Gegen Abend wurde es wieder flauer. Die Kurse von GERMANIA und RUBIN näherten sich nun langsam wieder. Jetzt begann das große Rätselraten: Wer liegt vorn? Die Dämmerung verhinderte die Klärung dieser uns so brennend interessierenden Frage. Gleichzeitig stieg im Norden achteraus eine dunkle Wand rasch höher. Eine gewittrige Störung. Blitzschnell bargen wir den Spinnaker. Keine Minute zu früh, aus Südost kamen plötzlich graue Katzenpfötchen über das glatte Wasser. RUBIN legte hart über. Es wehte mit 7 Windstärken. Die Crew hockte im Cockpit oder Deckshaus. Der Kapitän saß im Ölzeug wortlos am Ruder, ständig von kalten Duschen übergossen. Die Abdrift war bei dieser Besegelung sehr groß, so daß wir noch das Trysegel dazusetzten, damit wir nicht zu viel an Höhe verschenkten.

Es stand ein dicker Nordstrom. Vielleicht hatte die GERMANIA in der Rinne auch Gegenstrom gehabt, hoffentlich! Der Morgen brach an mit Sonnenschein und flauem Südost. Wir häkelten uns an Fünens Ostküste mit kurzen Schlägen außerhalb des starken Gegenstroms an Kerteminde vorbei nach Süden. Wo war GERMANIA? Die Fähren von Nyborg nach Korsør fuhren wie die Straßenbahnen. Dann kam im Tiefflug ein zweimotoriges Flugzeug über uns hinweg. Es war Herr Krupp auf der Suche nach seinem Schiff. Eine Stunde später wußten unsere Frauen, wo wir steckten.

In der letzten Nacht rauschte RUBIN mit 7 Knoten Fahrt bei Mondschein ganz dicht unter Langeland von einem Fischerpfahl zum anderen dem Ziel entgegen. Um 01.35 Uhr ist Keldsnor, der hohe Wächter auf der Südspitze Langelands, erreicht. Nun kam noch einmal der große Spinnaker zum Tragen, und um 04.30.20 Uhr erreichten wir das Ziel am KIEL-Feuerschiff. GERMANIA passierte drei Stunden vor uns das Ziel – in der Rinne stand kein Gegenstrom –, mußte uns jedoch vier Stunden vergüten. So hatten wir also nach berechneter Zeit doch gesiegt."

SIEGREICH IM RENNEN GOTLAND-RUNT

RUBIN befand sich weiterhin auf Erfolgskurs. „RUBIN und DIANA sicherten deutschen Doppelsieg" titelte die „Dagens Nyheter" in Stockholm. Bei der Regatta Gotland-runt 1959 waren in der Klasse I siebzehn Schiffe, darunter die ATHENA, MISTRAL, GERMANIA V, RUBIN und HAMBURG VI unter Führung von Horst Opielok aus Deutschland gestartet. „Alle Deutschen waren bei guter Laune an diesem stechend heißen Sommertag", so der Bericht. „Es stand bereits sehr früh fest, daß die weiße RUBIN aus Hamburg mit Skipper Hans-Otto Schümann, der außer der RUBIN auch noch eine Vaselineraffinerie besitzt, den Sieg heimbringen würde.

Ende gut – alles gut. Ganz allmählich kam endlich der Wind nach dem flauen Beginn der Regatta und brachte die Boote mit einer frischen südlichen Brise schnell ins Ziel. Doch noch lagen achtzehn Nachzügler draußen auf See und schoben sich langsam in dem schwachen, auf Nordost umgesprungenen Wind weiter. Für Deutschland war dieses Gotland-runt ein großer Triumph mit dem Doppelsieg in der größten Klasse. Die siebzehn Tonnen verdrängende und zwei Jahre alte RUBIN aus Hamburg war die erste in ihrer Klasse, vorzüglich gesegelt von der achtköpfigen Besatzung unter dem Eigner Hans-Otto Schümann. Der deutsche Doppelsieg wurde durch die ebenfalls hervorragend gesegelte DIANA II perfekt.

Die Wallenbergsche REFANUT, die die ganze Zeit als Leitboot der Klasse I gelegen hatte, mußte sich mit einem vierten Platz nach RORC und dem dritten Platz nach SHR begnügen. Der zweifache Sieger des letzten Skaw Race, die 1957 gebaute VAGABONDE von G. Lindberg, landete unten auf der Liste. Sie gehörte mit der großen BARRACUDA und der RENDEZ-VOUS zu den Yachten, die unter Land gegangen und dort hängengeblieben waren. Das größte Schiff, Sven Saléns Yawl BOLERO, die sich schon früher in den Honolulu- und Bermuda-Regatten einen Namen gemacht hatte, gab wegen der Flaute auf. Ola Wettergren, KSSS-Regatta-Ausschußvorsitzender, Wettfahrtleiter und Skipper seiner schönen, funkelnagelneuen Yawl DIONE, beendete die Jungfernfahrt mit einem dritten Platz in Klasse I.

Der Zieldurchgang sah REFANUT als

Erste, gefolgt von ATHENA, zwanzig Minuten später kam DIANA und nach weiteren sechsundzwanzig Minuten die RUBIN. Sie lag nach gesegelter Zeit etwa zweieinhalb Stunden hinter REFANUT, hatte aber nach berechneter Zeit mehr als zwei Stunden Vorsprung und gewann damit als schnellstes Schiff die beiden Wanderpreise, den Rolf-von-Heidenstams-Erinnerungspreis und den Baltic Pokal. Es war das erste Mal in der Geschichte der Gotland-Regatten, daß eine deutsche Yacht diese wertvollen Trophäen erringen konnte."

1970 sollte der RUBIN III wieder ein Gesamtsieg und ein Sieg in Klasse I gegen die Konkurrenten REFANUT von Jacob Wallenberg, IORANA, BARRACUDA, DIANA III und BALADE in der neuen Rekordzeit von zweiundfünfzig Stunden über dreihundertvierundsiebzig Seemeilen gelingen. „Natürlich mußte dieser Erfolg entsprechend gefeiert werden, und bei den in dieser Zeit sehr munteren Schweden läßt sich denken, was die RUBIN-Crew über sich ergehen lassen mußte", hielt Dr. Brune fest. „Am Nachmittag eines jeden Tages wurde der Rausch von der vorherigen Nacht ausgeschlafen. Am Abend ging man gemeinsam in die Sauna und war dann wieder fit für ununterbrochenes Feiern bis in den späten Morgen des nächsten Tages hinein. Die zauberhaften, hellen Nächte ließen einen den Streß dieser Situation leicht vergessen. Ein Höhepunkt war die Preisverteilung und Siegerehrung auf die übliche schwedische Methode: Hans-Otto wurde sofort nach der Preisverteilung in die 8 Grad kalte See befördert. In der Nacht darauf wurden dann allerdings ganze Mannschaften von diesem Ritus angesteckt, und man brauchte sich den Yachten nur zu nähern und konnte sicher sein, in den nächsten drei Minuten im Teich zu liegen."

RUBIN gewann den König-Gustav-Pokal sowie vier Wanderpreise und den Klassenpreis. „Es war ein großartiges Regattaerlebnis. Vor allem macht die Gastfreundschaft unserer schwedischen Segelfreunde und die besondere Atmosphäre in Sandhamn und in der zauberhaften Schärenwelt das Gotland-runt einzigartig", so Horst Brune. 1974 errang RUBIN IV erneut einen Gesamtsieg, diesmal war sein Konkurrent die schwedische ORM mit König Carl XVI. Gustaf an Bord. Und 2000 rauschte RUBIN XV mit 27,4 Knoten über die Ostsee nach Sandhamn und holte sich den Sieg über alle Klassen im Gotland-runt gegen eine Konkurrenz von dreiundachtzig Booten in Klasse I von insgesamt mehr als dreihundert teilnehmenden Yachten.

WASA-RENNEN UND SKAW RACE

Kaum war die Saison 1959 vorbei, hockte die RUBIN-Crew schon wieder zusammen und fieberte neuen Unternehmungen entgegen. Was stand im nächsten Jahr alles auf dem Kalender? Tatsächlich, es gab auch eine neue Herausforderung: das Wasa-Rennen. Unter Vollzeug starteten 1960 siebenundzwanzig Hochseeyachten aus Deutschland, Schweden, Finnland und England von Travemünde nach Marstrand zum zweihundertfünfundfünfzig Seemeilen langen Wasa-Rennen des Hamburger Segel-Clubs. „Das haben wir mit Eggert Schmielau organisiert und dabei einen Riesenzirkus aufgezogen," erzählt Roland Schütze. „Wir luden die Presse ein, wollten diese neue Regatta publik machen, und der Rundfunk berichtete darüber. Zum Auftakt fuhren wir alle Segler auf die Reeperbahn nach Hamburg, denn wir wurden ja auch immer sehr nett empfangen und gastfreundlich behandelt in Schweden." Auf der Reeperbahn ließen sie die Puppen tanzen.

Das neue Wasa-Rennen galt als Zubringerwettfahrt und Training für das vor Marstrand startende Skaw Race im Skagerrak. Hans-Otto Schümann hatte durch seine Erfolge vor Gotland und Marstrand den Boden für diese neue Sportfreundschaft bereitet. Besonders erfreut war man in Travemünde über die zum ersten Mal nach dem Krieg in einer Regatta von Schweden nach Deutschland gesegelten Skandinavier. Diesmal gab es aber noch einen Grund für einen Segeltörn nach Schweden: Göteborgs Kungliga Segel Sällskap, GKSS, feierte hundertstes Gründungsjubiläum und hatte eingeladen. In Marstrand wollten sich die deutschen Yachten mit einundzwanzig Transatlantikseglern treffen. RUBIN gewann das Wasa-Rennen in ihrer Gruppe.

Die Skaw Races hatten ebenfalls einen festen Platz im RUBIN-Regattakalender. Sie wurden abwechselnd in Schweden, Dänemark oder Norwegen gestartet. Der Kurs führte über ein großes Dreieck im Skagerrak und Oslofjord, entweder von Marstrand nach Skagen und Larvik im Oslofjord und wieder zurück oder von Skagen nach Larvik und Marstrand und zurück. Bei dem Jubiläums-Skaw-Race belegte RUBIN den sechsten Platz.

1960 wurde der dreimal zu gewinnende Kommodore-Essberger-Gedächtnis-Preis zum ersten Mal für alle vier Seeregatten der Kieler Woche ausgeschrieben: Kiel-Eckernförde, Eckernförde-Kiel, Rund um Fehmarn und um den Senatspreis der Freien und Hansestadt Hamburg. RUBIN gewann alle vier Wettfahrten und damit das erste Anrecht auf den schwer zu erringenden Preis. Schümann gewann auch den Ostsee-Pokal für das Rennen von Karlshamn nach Travemünde: das Silbermodell der Viermastbark PASSAT. Die Bilanz am Ende der triumphalen Segelsaison 1960: RUBIN gewann bei den großen Seerennen fünfzehn Preise. Scheinbar spielerisch segelten Hans-Otto und seine Crew von Erfolg zu Erfolg.

In den sechziger Jahren war die Welt auch noch in Ordnung. Die Wirtschaft florierte, der Wiederaufbau gewann mächtig an Fahrt und die Menschen konnten sich wieder etwas leisten. Es ging aufwärts im Wirtschaftswunderland West-Deutschland. Das Zusammengehörigkeitsgefühl unter den Seglern war stark ausgeprägt. Man hockte eng zusammen und heckte irgend etwas aus. Zum Beispiel in Glückstadt oder Happytown, wie es an der Küste heißt, oder auf Helgoland war immer Remmidemmi und Rabatz. Die Polizei mußte Wochenenddienst schieben, wenn es hieß: „Die Hamburger kommen!" Ihre Scherze waren für so manchen ein Ventil; eigentlich waren sie auch alle harmlos.

Hans-Otto konnte aber auch ganz gut mithalten – auf verbaler Basis. Das zeigte seine Festrede während des traditionellen Regatta-Essens im Kieler Yacht-Club, in der er einen kleinen Streifzug durch die Weltgeschichte unter Segeln machte, angefangen bei Noah mit seiner Arche und fortgesetzt über die Irrfahrten des Odysseus:

„...Die eigentlichen Vorgänger unserer Fahrtensegler waren aber ohne Frage die Wikinger, die bereits um das Jahr 1000 unter Erich dem Roten von Grönland aus die Ostküste Nordamerikas bis in die Gegend des heutigen Newport, dem Ausgangspunkt vieler Atlantikregatten, damals Vinland, Weinland, genannt, bereisten. Sicher ist wohl, daß die Freude am Abenteuer, an der männlichen Bewährung im Kampf mit den Elementen, sowie die Eroberungslust Hauptgründe für das ewig neue Wagnis der damaligen See-

fahrt gewesen sind. Ob jedoch nicht auch eine Art Fluchtreflex vor der häuslichen Ordnung gestrenger Wikingerdamen einen gewissen Einfluß auf das sogenannte Fernweh ausgeübt hat, wage ich hier nicht zu beurteilen, zumal authentische Berichte hierüber verständlicherweise nicht vorliegen. Denn, um so etwas zu veröffentlichen, dazu gehörte und gehört wohl noch viel mehr Mut als die Segel für eine Fahrt ins Ungewisse zu setzen. Es sollen aber auch heute noch bei einigen Seglern Tendenzen in der eben angesprochenen Richtung bestehen, wobei im übrigen ja bekannt ist, daß zu allen Zeiten die vorübergehende Trennung zumeist eine recht wohltuende Auswirkung auf die gegenseitige Wertschätzung der Geschlechter gehabt hat. Erfahrungsgemäß bestehen gewisse direkt proportionale Beziehungen zwischen der Abnahme des Fernwehs und dem Zeitraum der Trennung von der daheimgebliebenen Teuersten. Eines ist jedenfalls gewiß und für alle Betroffenen sehr beruhigend: Damals wie heute sind die Segler bis auf die Ausnahmen, die die Regel bestätigen, immer wieder nach Hause zurückgekehrt.

Etwa vierhundert Jahre nach der Zeit der Wikinger, am 4. März 1394, wurde einer der Pioniere der neueren Seefahrt in Porto geboren. Er ging ein in die Geschichte unter dem Namen Heinrich der Seefahrer. In Sagres errichtete er eine Sternwarte und mit Hilfe von Italienern die erste Seefahrtschule der Welt. Von hier aus sandte er seit 1418 Schiffe aus, zunächst zur Erforschung der marokkanischen Küste, später weiter nach Süden bis schließlich zum Kap Verde und zum Gebiet des Senegal. Damit legte Heinrich der Seefahrer den Grundstein zum Welthandel und zur weltgeschichtlichen Bedeutung Portugals im 16. Jahrhundert.

Einer der Schüler dieser ersten Seefahrtschule, Cristoforo Colombo, fiel im Examen für Navigation mit Pauken und Trompeten durch.

Um so interessanter sind daher die überlieferten Berichte von seiner ersten abenteuerlichen Reise. Hier kann man lesen:

Schon als Columbus die Insel Ferro, das westlichste der sieben Kanarischen Eilande passierte, war er sich darüber klar, daß er seinen Schiffsbesatzungen die richtige, tagsüber zurückgelegte Entfernung nicht mitteilen durfte, um sie nicht zu demoralisieren. Er hatte bekanntgegeben, nach etwa 750 Meilen werde man Land sichten. Es scheint zweifelhaft, ob er seinen Berechnungen selbst ganz traute. Auf alle Fälle schien es ihm besser, die im Etmal zurückgelegte Distanz so niedrig wie möglich anzugeben, um eine gewisse stille Reserve zu haben. Die Unvollkommenheit der nautischen Hilfsmittel seiner Zeit erleichterte ihm das allerdings.

Um wie vieles schwerer haben es da unsere Navigatoren heute. Fast die ganze Mannschaft versteht mehr davon als die Navigatoren selbst, und alle halbe Stunde will der Kapitän genau wissen, wo das Schiff steht, besonders wenn es sich in völliger Flaute nur um sich selbst gedreht hat. Da muß man, genau wie Columbus damals, gewisse stille Reserven einkalkulieren und Auskünfte geben, die die Moral des Kapitäns hochhalten.

Wohl die härtesten Hochsee-Rennen aller Zeiten wurden im 19. Jahrhundert unter den Teeklippern ausgetragen, wo es darum ging, als erstes Schiff einer ganzen Flotte mit der neuen Ernte aus Indien in England an der Börse einzutreffen. Berühmte Namen wie die FLYING CLOUD und CUTTY SARK

werden alle kennen. Die Geschichten allerdings über die Kapitäne, die wütend brüllend auf dem Achterschiff standen und einzelne Matrosen aus den Rahen schossen, weil ihnen die Segelmanöver nicht schnell genug gingen, scheinen etwas übertrieben.

Brüllende Kapitäne soll es auch heute noch geben, aber sie sind sehr schnell zu beruhigen, wenn die Mannschaft das begonnene Manöver unterbricht, ganz langsam nach achtern kommt und sich sehr höflich erkundigt, ob das Gebrüll ein besonders wichtiger Befehl gewesen sei.

Oder aber das arme geknechtete Schiffsvolk vor dem Mast schließt sich zu Mitsegleramateurvorschiffsbesatzungsgewerkschaften zusammen und handelt in gut demokratischer Weise Tarifverträge darüber aus, wie viel Schnäpse oder Biere für jedes Brüllen des Kapitäns fällig werden.

Weder die Menschen, noch die Elemente, der Wind und das Wasser haben sich durch die Jahrtausende geändert. Mit der gleichen Begeisterung wie unsere Vorfahren gehen wir Segler noch heute auf die See hinaus, um Können und Fähigkeiten zu messen an den erhabenen Kräften der Natur. Gerade diese Abhängigkeit von der Natur ist es, die unseren Segelsport zu etwas Besonderem macht, dem sich immer nur ein bestimmter Kreis von Menschen - ganz gleich aus welchem Land und welcher Nation - verschrieben hat. Die daraus erwachsende kameradschaftliche Verbundenheit des internationalen Segelsports zu fördern und zu pflegen betrachten wir als unsere höchste und schönste Aufgabe."

Mit vier ersten Klassenpreisen und sieben Sonderpreisen, darunter der begehrte Kommodore-Essberger-Preis und der Senatspreis, beendete die RUBIN gegen harte Konkurrenz als erfolgreichstes Schiff die Seeregatten der Kieler Woche 1961. Das Umriggen der Yawl zur Sloop hatte sich für Hans-Otto und seine Mannschaft als erfolgreich erwiesen. „Sie lief dann an der Kreuz schneller, aber nicht vorm Wind", sagt Hermann Splieth. Das Sloop-Rigg fuhr RUBIN wegen der besseren Am-Wind-Eigenschaften in allen Kieler-Woche-Regatten. Das Rennen Kiel–Visby segelte RUBIN wieder als Yawl. Die Takelung ließ sich durch Auswechseln des Großsegels und Großbaumes und Einsetzen des Besanmastes in zwei Stunden ändern.

RUND UM SKAGEN IN REKORDZEIT

Auch 1961 stellte das Skagen-Rennen harte Anforderungen an die Mannschaften. Doch diesmal war es nicht der harte Kreuzkurs in der Nordsee, der den Männern zu schaffen machte, sondern ein Nordwind Stärke 9, der sie von Skagen durch das Kattegat und den Belt jagte. Auf dem bisher schnellsten Skagen-Rennen benötigte die RUBIN nur eine Segelzeit von siebenundsechzig Stunden und siebzehn Minuten und gewann den Preis für das schnellste Boot nach berechneter Zeit. Zum Vergleich: Die KARIN von Helmut Bastian war in der denkwürdigen Sturmregatta von 1957 rund fünfundneunzig Stunden in See, wobei sie allein vierundvierzig Stunden gegen den Sturm in der Nordsee ankreuzen mußte. 1973 sollte Harald Baum mit der DIANA III, einer 50-Fuß-Yacht, den RUBIN-Rekord brechen und eine neue Bestzeit in fünfundfünfzig Stunden und einer Minute segeln. Erst im Skagen-Rennen 2000 wurde auch dieser Rekord eingestellt: Die UCA, eine Baltic 67 von Dr. Klaus Murmann, benötigte dreiundvierzig Stunden und sechsundvierzig Minuten.

RUBIN gewann mit der Skagen-Regatta ein Anrecht auf den Albert-Ballin-Gedächtnispreis, der 1957 von der Hapag gegeben worden war. Es ist ein Silbermodell der HAMBURG ex RAINBOW vom Hamburgischen Verein Seefahrt, die 1905 das Transatlantikrennen Sandy Hook/USA-Lizard um den Kaiserpokal als zweite Yacht beendet hatte. Gründungsmitglied war Albert Ballin, Generaldirektor der Hapag, seinerzeit die größte Reederei der Welt. Nachdem Hans-Otto Schümann drei Anrechte im Skagen-Rennen gewonnen hatte, ging der Preis endgültig in seinen Besitz über. Schümann schenkte den wertvollen Preis 1998 Peter Tamm zum siebzigsten Geburtstag, der ihn seitdem in einer Vitrine seines Wissenschaftlichen Instituts für Schiffahrts- und Marinegeschichte in Hamburg aufbewahrt.

Und wieder einmal erwartete die Seesegler eine schöne Segelei während der Regatta von Kiel nach Visby und Helsinki. Die CONSTELLATION, einer der letzten großen amerikanischen Schoner mit Eignerin Sally Langmuir an Bord, sowie eine finnische, vier schwedische und sechzehn deutsche Yachten nahmen daran teil. Harald Löffler war bei seinem Freund Hans-Otto Schümann eingestiegen und berichtete von einem interessanten Rennen. „Die Hanö-Bucht, berüchtigt wegen ihres oft harten Wetters und ihrer üblen See, brachte uns diesmal etwas Neues. Bei einer schönen Backstagsbrise mußten wir durch drei kleine Wirbel hindurchsegeln, die zwar nur Windstärke 4 bis 5 brachten, aber laufend Segelmanöver erforderten, da die Brise um die ganze Kompaßrose herumwanderte.

Herrliche Tage in Visby", so Harald Löffler, „angefüllt mit Parties an Bord und Regatta-Essen an Land im schönen Badehotel, wo Frau Kapitän Langmuir aus Amerika eine so flammende Rede hielt, daß die Schweden begeistert waren und einer ihr um den Hals fiel. Dem vor uns liegenden Rennen sahen wir mit größter Spannung entgegen, denn außer den uns bekannten deutschen Konkurrenten hatten drei schwedische Spitzenyachten in unserer Klasse gemeldet. Moderne, leistungsfähige Yachten, mit erfahrenen Seeseglern besetzt, so daß wir einen harten Strauß erwarten konnten. Es waren VAGABONDE von Lindberg, DIONE von Ola Wettergren, ein guter Freund von Hans-Otto, und die ANAHITA, ein Neubau, entworfen von dem berühmten schwedischen Konstrukteur Laurin." Es wechselten sich wieder einmal Flauten mit leichten Brisen ab. Die einzige Yacht, die RUBIN gefährlich werden konnte, war die ANAHITA.

„Bei auffrischenden Backstagsbrisen lief uns die ANAHITA trotz Luvkampf mit ihrem großen Besanstagsegel – sie ist als Ketsch getakelt – um einige Bootslängen davon. Als wir das finnische, unter der Küste liegende Kriegsschiff umrundet hatten, lag unsere alte Freundin ANAHITA bei uns. Nun begann ein Kampf, der tatsächlich bis zu dem vor Helsinkis Einfahrt stehenden Leuchtturm dauerte. Bei flauen, umlaufenden Winden mit gelegentlich leichteren Brisen war es ein nervenzerfetzender Kampf. Der Höhepunkt war die Umschiffung des Leuchtfeuers. Jedesmal, wenn wir glaubten, diesen Turm anliegen zu können, törnte der Wind und wir mußten wieder abfallen. Als wir ihn aber umschlichen hatten, ging es hinein in die Schären zum Ziel. Mit jeder Minute wurde klarer, daß uns der Sieg nicht mehr genommen werden konnte.

Die Aufnahme in Helsinki war mehr als herzlich. Die sieggewohnte RUBIN ging

auch am nächsten Tag bei einer Regatta vor Helsinki wieder nach langem Kampf mit der Flaute und der Konkurrenz als erstes Schiff durchs Ziel. Für mich waren diese Regatten auf der RUBIN sehr interessant, habe ich doch oft genug gegen sie gesegelt. Seglerisch ist der Unterschied zwischen meiner KÖNIGIN und der RUBIN nicht sehr groß. Besonders zu bemerken ist die gute Kameradschaft und – ein Sonderlob dem Smutje Horst Brune." Soweit Harald Löffler.

Roland Schütze, immer für Späße zu haben, setzte noch einen drauf: „Anschließend waren wir in Turku eingeladen auf eine mittelalterliche Burg und saßen an langen Holztischen. Vor den Türen waren Wachen mit Lanzen und Hellebarden aufgebaut. Die machten die Tür zu und ich sagte: ›Jetzt werden wir geschlachtet.‹

Dann haben Horst und ich gewettet, ob es uns gelingt, ein paar Mädchen mit Musikkapelle zu organisieren. Wir gingen in einen Nachtclub. Alfried Krupp von der GERMANIA saß auch am Nebentisch. Eine polnische Band spielte. Auf einmal tanzte ein Ballett, das Rodney Ballett. Nette Mädchen waren das. Na ja, dann haben wir die angebaggert, Horst und ich, und eingeladen. Zusammen mit ihrem Maestro schleppten wir sie an Bord und schenkten ein. Das war ganz lustig. Ballett ist immer hungrig, sagte Horst, und schmierte immerzu Brote. Es hat lange gedauert, bis wir merkten, daß die Mädels lesbisch waren. Alle Mühe umsonst. Was haben wir gelacht, noch Jahre danach!"

„Das war ein herrliches Erlebnis", sagt Hermann Splieth. „Brauchten wir doch nach so einem Sieg. Wir waren so aufgekratzt und die Finnen machten mit. Es war ja alles harmlos. Aber die Wette hat Horst Brune gewonnen."

WETTFAHRT WIDER DEN TIERISCHEN ERNST

Anfang September des Jahres trafen sich die Fahrtensegler auf Helgoland zu einer Wettfahrt wider den tierischen Ernst. Nicht Sekunden entschieden hier, sondern einzig und allein gute Einfälle und gute Laune, beobachtete Hans-Otto Busche. Die Helgoländer wunderten sich, als eine Yacht die Insel mit einer Galionsfigur ansteuerte, der eher ein Platz im Schaufenster eines Kaufhauses als am Bug einer Yacht zugedacht war. Eine Schaufensterpuppe als Galionsfigur, Blumenkästen mit blühenden Geranien an der Seereling und eine elektrische Orgel an Deck. Segler alten Schlages fragten besorgt: Wann hat es das gegeben?

Urheber war Rolf Schmidt. Was sich im Programm nüchtern als Geschwaderfahrt und Preisverteilung mit Labskausessen im Kurhaus ankündigte, war seit 1958 ein Spaß von nicht alltäglichem Zuschnitt. Es begann damit, daß Rolf Schmidt mit seiner SENTA als Startschiff erst in dem Augenblick den weißen Stern schoß, als er selbst die Linie passierte. Der Startschuß der SENTA wurde auf Verabredung von fast allen Yachten erwidert – rote und weiße Leuchtkugeln verzischten zu Dutzenden am blauen Himmel. Kaum, daß man sich an Bord von dem Gelächter über diesen Bombenstart erholt hatte, gingen auf der RUBIN zwei schwarze Bälle hoch, der Anker wurde geworfen und das ganze Feld mußte um das offenbar manövrierunfähige Schiffshindernis herumsegeln. Auf den Yachten klatschten sie sich vor Vergnügen auf die Schenkel, als das Polizeiboot mit diensteifrigem Schaumschnurrbart angebraust kam, um dem vermeintlichen Havaristen beizustehen. Doch schon kündigte sich ein neues Ereignis an.

Zwei Yachten nahmen ein drittes Schiff in die Zange, enterten über und ließen sich mit dem Heck voran durch das ganze Feld schleppen. Die Piraten berichteten später von keinerlei Gegenwehr, vielmehr seien ihnen laufend Drinks angeboten worden. Die besten Sachen!

Wenn die Nacht über den „Fuselfelsen", wie Helgoland scherzhaft wegen seiner billigen Spirituosen genannt wurde, hereinbrach, schoß der Übermut wahre Purzelbäume. Als Hans-Otto Schümann, nicht nur an sportlichen Erfolgen, sondern auch an Einfällen reich, der Sturm von 1960 die Absicht zunichte machte, seine RUBIN mit einer Kiste künstlicher Rosen zu schmücken, hieß es plötzlich abends: „Elf Uhr heute nacht – Treffpunkt Badeanstalt!" Es war kein Problem, über die niedrige Mauer zu dieser nachtschlafenden Zeit in das Bad einzusteigen. Als der Bademeister und der von ihm alarmierte Inselpolizist plötzlich auftauchten, verschlug ihnen das Rosenfest im Bade die Sprache. Lauter ausgewachsene Männer, mit einer Pracht künstlicher Rosen dekoriert, tobten und planschten im warmen Wasser herum.

„Wir waren alle verkleidet mit roten Nasen und Hosenträgern", erzählt Roland Schütze. „Das Hammonium für Hans-Otto haben wir extra an Deck aufgebaut. Horst

Noch heute im Besitz der Familie Schmidt: die Spreizgaffelketsch SENTA von 1928

Brune hat Gitarre gespielt, irgendwelche haben mit Kochlöffeln Schlagzeug gemacht und ich Kindersaxophon gespielt. So sind wir in Helgoland eingelaufen und haben Quatsch gemacht. Beim Start ließen wir alle Segel fallen. Das waren Spaßregatten, eine Vergnügungstour aller Seesegler. Wurde auch gut angenommen, bis es sich mit anderen Terminen, der Flensburger Herbstwoche beispielsweise, überschnitt und nicht mehr besucht werden konnte."

OBMANN DER KREUZER-ABTEILUNG 1963

Die Mitglieder der Kreuzer-Abteilung wählten Hans-Otto Schümann 1963 zu ihrem Obmann. Mittlerweile hatte sich die Fachabteilung des Deutschen Segler-Verbandes prächtig entwickelt: Sie hatte sechzig Stützpunkte für Fahrtensegler in der Nord- und Ostsee eingerichtet und zu Revieren zusammengefaßt, die von ehrenamtlichen Reviervertretern oder Stützpunktleitern betreut wurden. Als besonderen Service bot sie die in Hafenhandbüchern, Funkfeuerverzeichnissen, nautischen, meteorologischen und medizinischen Büchern sowie in anderen Veröffentlichungen über Seemannschaft und Lichterführung zusammengefaßten Informationen an. „Anfangs waren so mühsam dreihundert Mitglieder in der Kreuzer-Abteilung", sagt Hans-Otto Schümann. „Es mußte also etwas für die Mitgliederwerbung geschehen. Ich führte die Zeitschrift ›Nautische Nachrichten‹ ein und schlagartig ging es bergauf. Positiv wurden auch die mit Rolf Schmidt entwickelten Hafenhandbücher angenommen. Jedes Jahr kamen tausend neue Mitglieder dazu." Bald auch wurden Fachvorträge und Lehrgänge durchgeführt, örtliche Informationsstellen eingerichtet, Yachtzertifikate ausgestellt und Fahrtenwettbewerbe ausgelobt.

In seiner Amtszeit als Obmann der Kreuzer-Abteilung von 1963 bis 1986 stieg die Zahl der Mitglieder von rund eintausendfünfhundert auf mehr als fünfzehntausenddreihundertsiebenundfünfzig, heute zählt sie rund dreiundzwanzigtausend Mitglieder. Gleichzeitig wurde für Segler, die nicht gleich den Anschluß an die traditionellen Segelvereine gefunden hatten, der Club der Kreuzer-Abteilung gegründet. Noch immer führt Schümann den Verein, der heute rund zwölftausend Mitglieder hat. Seit 1987 trägt Hans-Otto Schümann den Ehrentitel Kommodore der Kreuzer-Abteilung des Deutschen Segler-Verbandes.

PRÄSIDENT DES DEUTSCHEN SEGLER-VERBANDES

Das Pensum seiner ehrenamtlichen Vorstandsarbeit als Club-Vorsitzender, im Deutschen Segler-Verband und in der Kreuzer-Abteilung war enorm, schließlich wurde Schümann auch als Chef seines expandierenden Unternehmens täglich gefordert – und dann gab es auch noch ein Privatleben. Hans-Otto Schümann zog die Notbremse. In der Zeit zwischen 1969 und Ende 1972 stellte er sein Amt als stellvertretender Vorsitzender des Deutschen Segler-Verbandes wegen Arbeitsüberlastung zur Verfügung – um es 1973 erneut zu übernehmen, bis 1984 – aus Verantwortung, wie er sagt, denn das Wohlergehen des gesamten Segelsports liege ihm am Herzen. Auf dem Seglertag 1985 wurde Hans-Otto Schümann als Nachfolger von Dr. Pochhammer zum Präsidenten gewählt und stand bis 1993 an der Spitze des Deutschen Segler-Verbandes.

In dieser Zeitspanne hat sich das Gesicht des Segelsports entscheidend verän-

Hans-Otto Schümann wurde 1985 zum Präsidenten des Deutschen Segler-Verbandes gewählt

dert. Der Boom ab Ende der sechziger Jahre brachte dem Segelsport kaum für möglich gehaltene Steigerungsraten. Segeln entwickelte sich zum Massensport. Die Mitgliederzahlen explodierten geradezu, und Schümann gab kraft seiner Persönlichkeit wichtige Impulse im Präsidium des Verbandes.

Seine Amtszeit war vor allem auch mitgeprägt von der Notwendigkeit, das freie Segeln gegen zuvor nie gekannte Restriktionen zu verteidigen, zum Beispiel gegen eine staatliche Reglementierung der Führerscheine sowie im immer rigider werdenden Natur- und Umweltschutz. Unter seiner Führung wurde das Führerscheinsystem den neuen Anforderungen angepaßt, der Ausschuß für Umweltschutz und Raumordnung gegründet.

Schümann finanzierte privat auch die Konstruktion und den Bau des Zweihandbootes Teeny für die ganz jungen Segler, um sie frühzeitig an das Segeln im Team heranzuführen. Großzügig zeigte sich Schümann auch gegenüber den deutschen Spitzenseglern in den olympischen Bootsklassen. Dank seiner Hilfe konnte 1987 die Mannschaft zu den Preolympics, der olympischen Generalprobe, nach Pusan in Südkorea reisen.

In den acht Jahren seiner Präsidentschaft errangen deutsche Segler insgesamt zwölf Weltmeistertitel allein in den olympischen Bootsklassen. Deutschland avancierte damit zur erfolgreichsten Segelnation der Welt - gemessen an Medaillen bei Olympischen Spielen, Welt- und Europameisterschaften - und hält diesen Rang bis heute.

Auf sportpolitischem Gebiet gelang es Hans-Otto Schümann mit seinem diplomatischen Geschick, nach der Wiedervereinigung 1990 die deutschen Segler aus Ost und West reibungslos zu integrieren, ohne die Satzung des DSV ändern zu müssen. Stolz bezeichnete er einmal diese gelungene Fusion als den Höhepunkt seiner Verbandsarbeit. Von rund neunzigtausend Mitgliedern in den Verbandsvereinen im Jahr 1973 stieg die Zahl auf heute fast einhundertneunzigtausend, zu den anfangs siebenhunderteinundvierzig Vereinen kamen weitere dreihundertachtundsiebzig hinzu. 1993 wurde Hans-Otto Schümann für sein jahrzehntelanges Engagement zum Ehrenpräsidenten des Deutschen Segler-Verbandes ernannt.

Es war das Jahr 1970, als auf dem Hochseeseglerabend in Bremen unter anderem über Sicherheitsbestimmungen für Yachten, zum Beispiel über neue Funktelefone, und über den Bau eines Schutzhafens auf Helgoland gesprochen wurde. Hans-Otto Schümann, wie immer gerade aus London von der Jahrestagung des Internationalen Seglerverbandes kommend, berichtete vom Inkrafttreten der neuen IOR-Formel und dem Besuch bei Premierminister Edward Heath in Downing Street No. 10, der gerade das Sydney-Hobart-Rennen gewonnen hatte. Denn für England hatte Schümann eine besondere Schwäche. Wer einmal an der Küste des Solent in Cowes gestanden hat und den Blick schweifen ließ, wird verstehen, warum dieses Gewässer die Phantasie der Männer vom Schlage eines Hans-Otto Schümann beflügelt.

Dieses Revier mit den steinernen Wächtern vor Portsmouth und Spithead haben einst Seeleute mit ihren Schiffen durchpflügt, die Weltgeschichte geschrieben und England zur Seemacht verholfen haben. Sir Francis Drake, Buccaneer von Königin Elizabeths Gnaden, Captain James Cook, der auszog, das Südland zu suchen, und der große Lord Nelson, dessen VICTORY noch heute von der glorreichen Trafalgar-Schlacht im Maritime Museum Portsmouth kündet.

Die Royal Yacht Squadron

Cowes gilt als die Wiege eines der exklusivsten Segelclubs der Welt, der Royal Yacht Squadron. Denn hier auf der Isle of Wight in Südengland verbrachten die Herren der Aristokratie ihre Sommermonate. Die Bruderschaft zur See, wie sie sich nannte, hatte sich dem Salzwassersegeln verschrieben und nutzte Cowes als Basis für ihre Kreuzer- und Regattasegelei im Solent. Die zweiundvierzig Gründungsmitglieder gaben sich 1815 in der Thatched House Tavern in Londons St. James's Street den schlichten Namen The Yacht Club.

Auf ihrer Mitgliederliste zu stehen war und ist ein Privileg. In den Statuten verankerten sie unter anderem den Besitz einer Yacht von mindestens zehn Tonnen Verdrängung. Ein neues Mitglied konnte nur auf einer der beiden jährlichen Generalversammlungen im Mai in London oder im August in Cowes durch geheime Wahl von mindestens zehn anwesenden Clubmitgliedern aufgenommen werden. Dafür standen weiße und schwarze Kugeln zur Verfügung. Zwei schwarze Kugeln bedeuteten Ablehnung. Eine Wahlmethode, die noch heute gilt. Allerdings gab und gibt es Ausnahmen. Hochgestellte Persönlichkeiten können per Akklamation gewählt werden.

Durch die Nähe zahlreicher Mitglieder zur Königlichen Marine erhielt der Club den Zusatz „Royal", 1820 nämlich, als der Prinzregent den Thron bestieg und als König Georg IV. das Patronat des Yacht Clubs übernahm.

Die Herren segelten westwärts um die Isle of Wight, um die Brambles, einem großen Flach östlich der Cowes Roads im Solent, später auch hinüber nach Cherbourg auf der französischen Seite des Ärmelkanals, über den Atlantik oder gar im Pazifik. Auf See kommunizierten sie mit Hilfe von Signalen, die 1817, zum ersten Mal zusammengefaßt, als Signalbuch herauskamen. Aus anfangs dreitausend unterschiedlichen Signalen waren 1831 schon sechstausendfünfhundert Worte, zwei-

Die Royal Yacht Squadron heute während der Cowes Week

tausend Sätze, neunhundert Vor- und Zunamen und so weiter geworden.

Ein besonderes Privileg für die Mitglieder war es – und ist es bis heute –, die englische Kriegsflagge White Ensign zu führen – ein rotes Kreuz auf weißem Grund. Doch ehe es soweit war, wurde viele Jahre heftig darüber diskutiert, ob es nun die weiße, rote oder blaue Flagge sein sollte. Endlich gestattete König William IV. 1833 den Mitgliedern, die White Ensign zu führen und wünschte gleichzeitig, den Namen des Clubs in The Royal Yacht Squadron umzubenennen. Bei der Royal Navy ist die White Ensign mit rotem Punkt bis heute die Admiralsflagge. Unter der Steuerbordsaling gesetzt, bedeutet sie: Hier ist ein Admiral an Bord. Die Royal Yacht Squadron war der zeitgenössischen Presse zufolge noch bis in die fünfziger Jahre des 19. Jahrhunderts eine Hochburg der britischen Aristokratie.

Hochseesegeln, vor allem aber Hochseeregattasegeln, erfreute sich immer größerer Beliebtheit, nicht nur in den exklusiven Zirkeln. Jeder an der Regatta-Woche – der Cowes Week, wie sie seit 1827 heißt – teilnehmende Club schrieb seine eigene Segelanweisung für die Rennen aus. Kein Wunder, daß es bei der Vielzahl langsam unübersichtlich wurde. So kam es 1875 zur Gründung der Yacht Racing Association, um landesweit einheitliche Regeln zu gewährleisten. Ihr Präsident war der Prince of Wales. Die Squadron-Mitglieder nahmen das jedoch nicht einfach so hin. Es kam zu heftigen Debatten, gar zum Boykott derartiger Wettfahrten, die nach den neuen Regeln ausgeschrieben waren. Sie galten vornehmlich den Rennziegen und nicht den von den meisten Squadron-Mitgliedern gesegelten Kreuzeryachten. Erst mit der Wahl des Prince of Wales zum Commodore der Royal Yacht Squadron 1882 wurden die Wogen wieder geglättet.

Das Jahr 1851 war ein Meilenstein, nicht nur in der Geschichte der Squadron. Das Erscheinen der amerikanischen Yacht AMERICA in den Gewässern von Cowes markierte einen Wendepunkt in der Sportsegelei in England. Hätte der nach den Linien eines schnellen amerikanischen Lotsenbootes gebaute Schoner nicht am Queen's Cup, den

Der Starter gibt das Signal für den Kanonenschuss

Startkanone mit Lafette vor der Royal Yacht Squadron

Königin Victoria bei ihrer Inthronisierung 1837 ausgeschrieben hatte, rund um die Isle of Wight teilgenommen, er wäre vermutlich sang- und klanglos von der Bildfläche verschwunden – mangels Beteiligung. Aber die AMERICA gewann souverän und es begann eine fieberhafte Untersuchung, warum dieses Schiff so unerhört überlegen war; ein Hauptgrund war sicher der völlig neue Schnitt der Segelgarderobe. Die Einzelheiten dieser seitdem als America's Cup bekannten Regatta sind hinlänglich an anderer Stelle beschrieben worden und sollen hier nicht wiederholt werden. Nur so viel noch, daß in der Folge Generationen von berühmten Persönlichkeiten auf amerikanischer wie britischer Seite Unmengen an Geld, Ideen und Material in neue Konstruktionen steckten, um den Gegner zu schlagen – aus Prestige.

Einige dieser legendären Schönheiten, zum Beispiel Sir Thomas Sopwiths J-Class-Yacht ENDEAVOUR von 1934, haben die Stürme der Zeit überlebt. Sie wurden – ebenfalls für Unsummen – liebevoll restauriert und versetzen mit ihrem majestätischen Erscheinen regelmäßig die Zuschauer in Europa und Amerika in Entzücken. Aufgrund des national wie international wachsenden Interesses an klassischen Yachten riefen einige Enthusiasten in den 80er Jahren des letzten Jahrhunderts Wettfahrten nur für Klassiker im Mittelmeer und auf der Ostsee ins Leben, wo die Schönen aus vergangenen Tagen zu bestaunen und zu bewundern sind.

Die Zeit von 1882 bis 1919 gilt als das Goldene Zeitalter von Cowes. Die Yachten wurden immer größer und schneller. Zum 50. Thronjubiläum von Königin Victoria 1887 wurde das erste Round Britain & Ireland Race über eintausendfünfhundertneunzig Seemeilen ausgeschrieben. Die siegreiche GENESTA von Sir Richard Sutton, ein schwerer Kutter von 84 Tonnen, den er drei Jahre zuvor über den Atlantik gesegelt hatte, um am America's Cup teilzunehmen, benötigte zwölf Tage, sechzehn Stunden und 59 Minuten. Zum Vergleich: Im Jahr 2000, zum 75jährigen Jubiläum des Royal Ocean Racing Club, legten die schnellsten von sechzehn teilnehmenden Yachten zwischen 10,50 und 25,50 Meter

Der markante Leuchtturm bei den Needles am Ausgang des Solent

Länge die Strecke in sieben bis neun Tagen zurück. Die Squadron schrieb zum Jubiläum der Königin auch eine eigene Langstreckenregatta aus mit dem Kurs: Cowes-Nab-Channel-Cherbourg breakwater-Eddystone Light und zurück nach Cowes. Dann war Schluß mit Langstreckenrennen, zehn Jahre lang.

1889 wurde Kaiser Wilhelm II., ein Enkel von Königin Victoria, Mitglied der Royal Yacht Squadron. Zwei Jahre später kaufte er die America's-Cup-Yacht THISTLE von 1887 und taufte sie in METEOR um. Kaiser Wilhelm beschäftigte eine komplett englische Crew, weil ihm zu der Zeit noch keine professionelle deutsche Mannschaft zur Verfügung stand. Von da an wurden die großen Rennkutter und Schoner gesegelt, denn das Erscheinen Wilhelms II., seines Neffen, in Cowes veranlaßte den Prince of Wales 1892, seine berühmte Yacht BRITANNIA am Clyde in Schottland zu bauen. Mit Ausnahme von Camper & Nicholson in Gosport in Südengland saßen die besten Bootsbauer des Landes am Clyde, in der Nähe der Schwerindustrie. BRITANNIA war im revolutionären Kompositbau mit Holzplanken auf Stahlspanten entstanden.

Aber der Prince of Wales was not amused, denn der Kaiser war auf den Regattabahnen erfolgreicher als er. „Die Regatta", bemerkte er gegenüber Baron von Eckhardstein anläßlich der Cowes Week, „ist normalerweise eine wunderbare Entspannung für mich; seit der Kaiser sie beherrscht, ist sie ein Verdruß." Er verkaufte seine BRITANNIA Ende der Saison 1897, und der Yacht stand ein wechselvolles Schicksal bevor, ehe sie wieder in den Besitz der königlichen Familie gelangte. Es war der Wunsch König Georgs V., daß nach seinem Tod auch die BRITANNIA untergehe. So geschah es. 1936 wurde sie südlich von St. Catherine's Point auf der Isle of Wight im tiefen Wasser versenkt.

Kaiser Wilhelm II. lobte 1897 ein Rennen von Dover nach Helgoland über dreihundertzehn Seemeilen aus. Lord Iveaghs 203-Tonnen-Schoner CETONIA ging nach zweiundvierzig Stunden und neunundzwanzig Minuten zuerst über die Ziellinie, wurde später aber disqualifiziert. Und CORISANDE, eine

Verschwisterung zweier Bezirke

Historische Idylle in West-Cowes

160-Tonnen-Ketsch des Herzogs von Leeds, verschenkte jede Chance auf einen Sieg, weil sie das Feuerschiff TERSCHELLING BANK auf der falschen Seite passiert hatte. Wegen des großen Erfolgs dieser Regatta wurde der Termin in Verbindung mit der Kieler Woche fest verankert und bis zum Jahre 1908 ausgesegelt. Auch die Transozeanwettfahrt von 1905 war die Idee des Kaisers. Das Rennen von Sandy Hook/USA nach Lizard um den Kaiserpokal gewann von elf teilnehmenden Yachten die Dreimast-Schoneryacht ATLANTIC von Wilson Marshall in der Rekordzeit von zwölf Tagen, vier Stunden und einer Minute. Als zweite Yacht beendete die HAMBURG ex RAINBOW vom Hamburgischen Verein Seefahrt das Rennen.

Eine Bekanntmachung der Royal Yacht Squadron im Mai 1915 veranschaulichte unmißverständlich, wie man sich durch eine neue Regel ungeliebter Verwandtschaft auf elegante Weise entledigt. Wer sich mit England im Krieg befand, war von der Liste zu streichen. Das waren also Kaiser Wilhelm II., sein Bruder Prinz Heinrich, Prinz Ibrahim Pasha, Baron von Eckhardstein, Admiral von Eisendecker und Vize-Admiral E. Gulich. Erst 1925 wurde der Bann zwischen englischen, deutschen und österreichischen Seglern in Locarno aufgehoben.

Nach dem Ersten Weltkrieg kam die Segelei im großen Stil zum Erliegen. Die Royal Yacht Squadron litt unter Mitgliederschwund. 1917 waren es gerade noch einhundertachtundneunzig, heute zählt sie rund vierhundert Mitglieder, nicht nur Angehörige der Marine, sondern auch verdiente ausländische Segler. Mehrfach wurde die Regel geändert, was die Größe der Yachten betraf, auf denen die White Ensign gesetzt werden durfte. Heute muß eine Yacht mindestens sieben Tonnen verdrängen oder mehr als zehn Meter lang sein.

In der Zeit zwischen den Weltkriegen etablierte sich das Hochseesegeln der moderneren Zeit in England. Auch hier sollte eine Hochseeregatta nach dem Vorbild des 1906 zuerst ausgesegelten und 1923 vom Cruising Club of America wiederbelebten Bermuda Race ausgeschrieben werden. Der Kurs ver-

Man trifft sich zur Cowes Week auf dem heiligen Rasen der Royal Yacht Squadron

lief von Ryde/East Cowes durch Solent und Kanal in den Atlantik, um den Fastnet Rock an der Südwestküste von Irland und zurück nach Plymouth über sechshundertdreißig Seemeilen. Das erste Rennen 1925 gewann E.G. Martin mit der JOLIE BRISE. Martin und seine Regattacrew gründeten daraufhin den Ocean Racing Club; er wurde 1931 „königlich" und seitdem kurz RORC genannt.

Ein Jahr später segelte die 51 Tonnen verdrängende HALLOWEEN das Fastnet Race in der bis 1939 ungeschlagenen Rekordzeit von drei Tagen, neunzehn Stunden und fünf Minuten. Die teilnehmenden Yachten am Fastnet Race der 20er und 30er Jahre waren beinahe alle Kreuzer- und keine Rennyachten. Aber auch damals schon machte das Fastnet Race seinem Ruf als Schlechtwetterregatta alle Ehre. 1927 wehte es so heftig, daß von vierzehn Yachten nur zwei, die britische TALLY HO! und die amerikanische LA GOLETA, die Wettfahrt regulär beendeten. Nach 1931 entschloß man sich, das Fastnet Race in ungeraden Jahren fortzuschreiben, um nicht mit dem Bermuda Race jenseits des Ozeans zu kollidieren.

Ein besonderes Thema für die Squadron war die holde Weiblichkeit, besser gesagt, Frauen waren kein Thema. Obwohl Frauen das Ruder auf Kielbooten im Solent auch schon vor der Wende zum 20. Jahrhundert in der Hand hatten und die Frau eines Mitgliedes 1908 sogar eine olympische Bronzemedaille in der 8-m-Klasse gewann, waren die Damen vom Club ausgeschlossen und blieben es noch lange Zeit. Ihre emanzipatorischen Bemühungen wurden schlicht ignoriert. Schließlich war die Squadron von Männern für Männer gegründet worden. Basta. Den Damen war der Aufenthalt im Club nicht gestattet. Ihnen wurde nur der Zutritt auf den kurzgeschorenen Rasen gewährt, den mustergültig gepflegten, samtenen, auf dem sie ihre Cocktails balancieren und plaudern konnten. Auf diesem geheiligten Terrain war es ihnen noch 1924 verboten, Hosen oder Shorts zu tragen. Ein schönes Beispiel ist Lady Hinchingbrooke. Als die 1937 in hellblauen Hosen auf dem Rasen erschien, gab es einen Aufruhr und sie wurde gebeten, das Gelände

Die Cowes Week ist das Ereignis des Jahres in ganz Südengland

zu verlassen. Erst König Georg VI. lockerte diese harsche Regel und gestattete den Damen, Hosen auf dem Rasen zu tragen, ausgenommen natürlich zur Cowes Week, und von 1939 an waren Damen außerhalb der Cowes Week auch zum Mittag- oder Abendessen im Club erlaubt.

Nach dem Zweiten Weltkrieg begann eine neue Ära. Die Veränderungen in dem bis dahin gemächlich dahinplätschernden Clubleben waren augenscheinlich. Junge Leute wurden zur Mitgliedschaft animiert. Die wollten natürlich auch ihre Damen übers Wochenende in den Club mitbringen. So durfte sich von 1953 an die Frau eines Mitgliedes in dessen Begleitung im Gebäude aufhalten, und 1964 wurden im Zuge von Erweiterungsbauten ein Umkleideraum und ein Speisesalon für die Damen eingerichtet. Im Jahre 1969 schließlich führte die Royal Yacht Squadron eine assoziierte Mitgliedschaft der Damen ein.

Der Krieg hatte die großen Yachten hinweggefegt. Regatten für kleinere Klassen und Hochseerennen setzten sich durch. 1951 kam John Illingworth auf die Mitgliederliste. Auf seine Rechnung hatte der bekannte Konstrukteur Laurent Giles 1947 den Light-Displacement-Kutter MYTH OF MALHAM entworfen. Light Displacemant hieß: ein billiges Boot, weil weniger Material gebraucht wurde. Es war kein schönes, dafür aber ein revolutionäres Boot. Illingworth gewann mit ihm 1947 und 1949 die Fastnet-Rennen und veranlaßte eine Änderung in der Formel des Royal Ocean Racing Club.

Nach der BRITANNIA hieß die wohl bekannteste Yacht eines Squadron-Mitgliedes BLOODHOUND, eine 1936 von Camper & Nicholson konstruierte Bermuda-Yawl mit 13 Meter Wasserlinie und 34 Tonnen Verdrän-

Auch sie war RYS-Mitglied – die BRITTANIA, hier mit einem

Konteradmiral an Bord, war von 1953 bis zur Ausser-Dienst-Stellung 1997 regelmässiger Gast der Cowes Week

gung. Sie gewann 1939 das Fastnet Race und wurde im gleichen Jahr von Olin & Rod Stephens im Rennen Plymouth–La Rochelle gesegelt. Olin und Rod Stephens aus den USA gehörten zu der Zeit zur Crew von Herold Vanderbilts 12-Meter-Yacht VIM. Die BLOODHOUND fand 1939 für 7000 Pfund Sterling in Myles Wyatt einen neuen Eigner. 1983 stand sie wieder zum Verkauf – für 60 000 Pfund-Sterling.

Königin Elizabeth und Prinz Philip erwarben die BLOODHOUND 1962. Vielen wird ihr Erscheinen zur Kieler Woche 1966 noch in Erinnerung sein, wo sie von Prinz Philip gesegelt wurde. Bruno Sauer, seinerzeit Bootsmann auf der RUBIN, erinnert sich noch sehr gut daran, eine kleine delikate Angelegenheit: „Wir lagen vorne, als wir vom Wachboot, welches erst bei FORTUNA, ATHENA und BLOODHOUND war, benachrichtigt wurden, daß eine Bahnänderung über Gabelsflach-Ost erfolgt. Das Boot zeigte Flagge ›S‹ – Bahnverkürzung. Hans-Otto sagte: ›Das laß ich mir nicht gefallen‹ und protestierte sofort. Alles Beknien, es nicht zu tun, half nichts."

Die Regatta wurde dennoch nicht annulliert, denn niemand traute sich, den Prinzgemahl der englischen Königin zu brüskieren.

Mit Prinz Philips Wahl zum Commodore der Royal Yacht Squadron 1961 wehte ein frischer Wind durch das Castle, sehr zur Freude der jungen Generation. Er machte deutlich, daß er nicht bei jedem Clubtreffen dabei sein könne und nicht als Galionsfigur dienen wolle, sondern er modernisierte die Führung des Clubs, indem er neben den beiden Vorsitzenden, von denen der eine sich um die Segelangelegenheiten kümmerte und der andere um die Finanzen des Clubs, zwei Rear Commodores einsetzte, die auf vier Jahre gewählt werden.

Die Ernennung von zwei Flaggoffizieren markierte die Modernisierung der gesamten, nach wie vor komplizierten Organisation der Cowes Week. Der Herzog von Edinburgh zeigte sich 1963 einmal völlig verwirrt über die Vielzahl der unterschiedlichen Instruktionen und Startlinien, denn immer noch hatte jeder Club seine eigene Regatta und schrieb seine eigene Segelan-

Checken der Starterliste durch die Wettfahrtleitung

weisung aus. Da aber die Startlinie vor der Royal Yacht Squadron zweifelsohne die idealste war, blieb es dabei. Es wurde jedoch ein neues Komitee namens Cowes Combined Clubs Committee einberufen, und unter der Leitung von Lord Runciman starten seit 1964 nun alle vor der Squadron.

1985 nahmen mehr als siebenhundert Yachten in vierundzwanzig Klassen an der Cowes Week teil. Zum Vergleich: 1938 waren es rund zweihundert Yachten. Die Startlinie ist in zwei Hälften geteilt. Die größeren Klassen der Schwarzen Gruppe starten in der äußeren Hälfte, die kleineren Klassen der Weißen Gruppe in der inneren. Die Ziellinie für die Schwarze Gruppe liegt vor der Squadron. Die White Group wird vor den Cowes Roads von einem Komiteeboot aus gezeitet.

Nach dem Tode von Lord Anglesey 1854 mietete die Royal Yacht Squadron die ehemalige Bastion Heinrichs VIII., der sie von 1538 bis 1539 als eine von zwei Burgen zur Verteidigung der Mündung des Medina-Flusses in West-Cowes erbaut hatte. Sie wurde mehrfach um- und ausgebaut und 1917 samt Grundstück von der Krone gekauft.

Hauptattraktion des Castles ist die „Platform", der wichtigste, größte Raum, von dem aus man das ganze Revier im Solent vor Augen hat. Vor hier aus läßt sich trefflich jeder Start und jeder Zieldurchgang bequem im Sessel sitzend beobachten – einzigartig auf dem Globus. Auf schwarzen Tafeln am Eingang sind in goldenen Lettern die Namen aller Trophäen verewigt, die in der fast zweihundertjährigen Geschichte vergeben wurden. Darunter auch „The Imperial Majesty The German Emperor Wilhelm II." Ganz unten stehen die Gewinner der neueren Zeit. Zum Beispiel Hans-Otto Schümann. Er hat dreimal den Admiral's Cup gewonnen.

Das Jahr 1987 war denn auch ein besonderes für Hans-Otto Schümann. „John Room", erinnert er sich, „war eine Zeitlang Vorsitzender des Offshore Racing Council, dem ich bis heute als deutsches Ratsmitglied angehöre. Daher kannten wir uns gut und waren wirklich befreundet. John Room segelte viele Jahre erfolgreich die FLYCATCHER. Als er in den Vorstand als Rear Commodore

Wer passiert da die Ziellinie...

...das muss schon die nächste Klasse sein

der Royal Yacht Squadron gewählt wurde, gab er sein Amt im Offshore Racing Council ab. Eines Tages suchte John fünf Bürgen, unter anderen Edward Heath, der mich dann fragte, ob ich bereit sei, Mitglied in der Royal Yacht Squadron zu werden. ›Wenn ihr mich haben wollt‹, war meine Antwort, und so kam es dann auch. Es wurde in der alten Manier mit schwarzen und weißen Kugeln abgestimmt, eine schwarze war nicht darunter.

Nun wurde mir eine viereckige weiße Flagge mit rotem Kreuz zugeschickt, die White Ensign. Als ich das nächste Mal in Cowes war, habe ich diese Flagge gesetzt. Daraufhin erhielt ich einen Brief von der Royal Yacht Squadron, es sei beobachtet worden, ich habe die White Ensign gesetzt, was nicht erlaubt sei. Das Führen dieser Flagge sei ausschließlich gebürtigen Engländern vorbehalten. Ein ausländisches Mitglied dürfe nur den dreieckigen weißen Clubstander führen. Also habe ich den, da wir ja eine Rennyacht waren, in der Saling gesetzt. Dann bekam ich wieder einen Brief, der Clubstander dürfe nicht in der Saling gesetzt werden, sondern nur an einem Flaggenstock oben im Topp. Daraufhin besorgte ich mir einen Flaggenstock und habe ihn mit dem Großfall oben im Topp gesetzt. Eine schöne kleine Geschichte."

Hans-Otto Schümann befindet sich als einziger Deutscher in der Squadron in prominenter Gesellschaft: Sir Francis Chichester – GIPSY MOTH II – wurde 1962 Mitglied. Chichester gilt als geistiger Vater der Einhand-Transatlantikregatten. 1960 half er, das erste Einhandrennen über den Atlantik, OSTAR, mit zu organisieren und segelte von 1966 bis 1967 einhand um die Welt, in den frühen Tagen des Sponsorships unterstützt von William Whitbread. Eine neue Art des Segelsports nahm seinen Siegeszug um den Globus. Chichesters Einhand-Langstreckenrennen fand viele Nachahmer, und Whitbread organisierte das erste nach ihm benannte Round-the-World Race 1973. Cornelius van Rietschoten gewann 1977 mit FLYER und 1981 mit der 24-Tonnen-Sloop FLYER II das Whitbread Round-the-World Race. Er wurde 1979 in die Royal Yacht Squadron gewählt.

Weitere über die Grenzen des Com-

English way of life: Bowl für die Herren zur Cowes Week

monwealth hinaus bekannte Squadron-Privilegierte aus jüngerer Zeit sind unter anderen Mike Vernon mit ASSEGAIS, Sir Owen Aisher mit YEOMAN, Sir Max Aitken mit DRUMBEAT, Sir Maurice Laing mit LOUJAINES, Sir Thomas Sopwith mit seinen von Charles E. Nicholson entworfenen J-Klasse-Yachten für den America's Cup der 30er Jahre namens ENDEAVOUR, Sir Peter Green mit MUSKETEER, Chris Dunnings mit MARIONETTE, David Edwards mit HYLAS und Donald Parr mit QUAILO. Viele der Yachten haben Großbritannien im Admiral's Cup und anderen internationalen Serien vertreten. Natürlich war auch Sir Winston Churchill als First Lord of the Admiralty Ehrenmitglied der Squadron. Es ist aber nicht bekannt, daß er jemals den Club betreten hat, was wiederum nicht sehr erstaunt bei seiner Überzeugung, die in dem Ausspruch „No sports!" gipfelte und in die Geschichte einging.

Diese Menschen haben viel zur Unterstützung des Segelsports beigetragen und immer neue Anstöße und Anregungen gegeben, nicht nur mit eigenen Leistungen als Regattasegler, sondern sie kümmerten sich auch um verwaltungsmäßige Dinge wie beispielsweise als flag officer im Royal Ocean Racing Club, im Offshore Racing Council oder als Vorsitzender der Royal Yachting Association und der International Yacht Racing Union, die heute International Sailing Federation heißt.

Auch Edward Heath mit seinen fünf Yachten namens MORNING CLOUD. Allein seine Präsenz in der Szene war die größte Werbung für das Hochseesegeln schlechthin. Sein erster großer Erfolg mit der ersten

Weltweit einmalig: „Logenplätze" in Cowes beim Start und Zieldurchgang

MORNING CLOUD war der Sieg im Sydney-Hobart-Rennen 1969. 1971 holte er mit der zweiten MORNING CLOUD den Admiral's Cup von den Amerikanern zurück. Heath, einst Oppositionsführer und Prime Minister, revolutionierte ebenfalls das Hochseeregattasegeln: Seine zweite Yacht war einzig für schnelles Segeln konzipiert mit einem Minimum an Gewicht. 1973 mußte er sich mit der dritten MORNING CLOUD dem siegreichen deutschen Admiral's-Cup-Team SAUDADE, RUBIN und CARINA III geschlagen geben. Es war eine unglückliche Yacht. Sie ging 1974 im Sturm unter und riß die beiden Besatzungsmitglieder Christopher Chadd und Nigel Cumming mit in den Tod. Heath' fünfte Yacht hatte sich für das Admiral's-Cup-Team 1979 qualifiziert, gleichzeitig war er auch Teamchef wie 1980 beim Sardinia Cup.

Ein ganz neuer Aspekt im Hochseesegeln mit weitreichender Wirkung war zweifellos der Admiral's Cup 1957. Niemand ahnte damals, daß er einmal die wichtigste Veranstaltung im internationalen Hochseeregattasport werden würde. Eine kleine Gruppe um John Illingworth, seinem Partner Sir Peter Green und dem erfahrenen Hochseesegler Myles Wyatt hatte die Idee, eine internationale Mannschaftsserie zwischen Hochseeyachten auszusegeln. Myles Wyatt - er wurde später geadelt - diskutierte 1955 mit Sir Peter, wie man die Amerikaner zum Segeln in britischen Gewässern ermuntern könne.

Sir Peter segelte später im Jahr als Crew auf der WHITE MIST des ehemaligen Vorsitzenden des Cruising Club of America,

Yachting at its very best...

Blunt White. Als der von den Plänen Sir Peters hörte, ein Team von fünf amerikanischen Yachten gegen fünf britische segeln zu lassen, war er begeistert und bot seine Unterstützung an. Gleichzeitig wurde an eine Zubringerwettfahrt über den Atlantik gedacht. Die wurde 1957 mit dem Rennen von Brenton Reef/Newport nach Santander in Spanien realisiert, an der auch eine deutsche Yacht, die HAMBURG VI, teilnahm. Die neue Serie sollte alle zwei Jahre ausgesegelt werden. England gewann die erste Serie 1957 knapp mit zwei Punkten Vorsprung. Myles Wyatt als Spiritus Rector und Sir Peter luden daraufhin alle Nationen zu diesem Mannschaftswettbewerb ein.

Nun begann die Suche nach einer geeigneten Trophäe. Zunächst erwogen wurden neben anderen Yachtmodellen Wyatts BLOODHOUND und die MYTH OF MALHAM, aber dann fand man den Pokal eines Pferderennens aus dem frühen 19. Jahrhundert. Wyatt und die anderen Eigner kauften ihn für 300 Pfund Sterling. Die Amerikaner konnten statt fünf aber nur drei Yachten ins Rennen schicken, und so blieb es bei jeweils drei Booten pro Nation.

Die ersten Serien beinhalteten das doppelt zählende Channel Race, eine mittlere Langstrecke von rund zweihundertfünfundzwanzig Seemeilen im Ärmelkanal, den Britannia Cup, den New York Yacht Club Challenge Cup, beides Inshore Races über etwa dreiunddreißig Seemeilen, und das dreifach gewertete Fastnet Race über sechshundertundfünf Seemeilen.

... Admiral's Cupper aus Neuseeland vor der Bilderbuchkulisse der Insel Wight im Solent

SCHWERER NORDSEESTURM

Als Hans-Otto Schümann 1954 das erste Mal in Cowes-West festmachte, wenn auch nur kurz, war er beeindruckt von Revier und Gastfreundschaft am Solent. Die Gewässer übten auf ihn eine unwiderstehliche Anziehungskraft aus, der er schließlich erlag. Er wollte nach Cowes, 1956. Doch zunächst standen die Regatten in heimischen Revieren an: nach der Nordsee-Woche die Kieler Woche mit den Dickschiffregatten Kiel-Eckernförde-Kiel und Fehmarn. 1956 gab es auch einen Sommer, der ein winterlicher Sommer oder ein sommerlicher Winter war, je nachdem. Es wehte junge Hunde, wenn schönes Wetter sein sollte, es kam von oben, was eigentlich gar nicht angesagt war, und es fiel aus, was als Segeltörn gedacht war. Die Fehmarn-Wettfahrt zur Kieler Woche jedoch nicht, obwohl die Meteorologen Wind Nordwest 5 bis 6 und hohe Dünung vorausgesagt hatten. RUBIN hatte rund zweihundertachtzig Quadratmeter Segel gesetzt und machte 8 bis 9 Knoten Fahrt. Der Wind nahm zu, die See stieg von achtern ins Boot ein. Hans-Otto stand am Ruder.

Um 11.45 Uhr dann ein scharfer Knall. Die Luvschot des einhundertachtzig Quadratmeter großen Spinnakers war gebrochen. Vier Mann arbeiteten auf dem Vorschiff, um das Segel zu bergen. Kaum war eine neue Schot angeschlagen, brach sie wieder. Also nochmal das Ganze. Auf einer anderen Yacht brach ebenfalls der Spinnaker. Dann kam auch auf der KÖNIGIN seines Freundes Harald Löffler der Spinnaker von oben. Ein Mann wurde trotz des Seegangs in den Mast hochgehüsert und reparierte den Schaden. Eine tolle Leistung!

Am frühen Nachmittag, der Wind hatte nachgelassen, traten die Propangaskocher in Aktion. Zeit und Ruhe zum Mittagessen. Der Wind flaute ab. „Abwarten", sagte Hans-Otto, „er kommt wieder." Der Kapitän hatte recht. Drei Stunden später wehte es wieder aus Nordwest mit harten Böen. RUBIN passierte als erste Yacht ihrer Gruppe Fehmarn Sund. Das Schiff wendete, der neue Kurs lag an. In diesem Augenblick ein ohrenbetäubender Knall: Der Mast kam von oben. Er fiel genau mittschiffs und traf ein Mannschaftsmitglied, zum Glück nur leicht. Zufällig fuhr rund dreihundert Meter hinter RUBIN der Seenotkreuzer WESER und war sofort zu Stelle, so daß die Havarie glimpflich abging und niemand ernsthaft zu Schaden kam. Aber dieser Auftakt der Saison hatte etwas Symbolisches.

Wenig später wollte Hans-Otto an seiner ersten Cowes Week teilnehmen. Sie sollte als Ersatz und Trost für die ausgefallene Marstrand-Skaw-Regatta als Sommerreise gesegelt werden. „Eine ideale Kombination von erholsamer Seereise mit ausgesprochen sportlicher Cowes Week sowie anschließendem gemütlichem Heimwärtsbummeln unter eventueller Einbeziehung französischer, belgischer oder holländischer Häfen. So war es gedacht", erzählte damals Dr. Wolfgang Frank, Nachfolger Karl Clausens als Geschäftsführer des Deutschen Segler-Verbandes und als Navigator an Bord der RUBIN für den richtigen Kurs verantwortlich. Zur weiteren Mannschaft zählten neben dem Eigner Rolf Förster und John Jäger als Stammbesatzung, Heinz Bense

und sein Sohn Heinzpeter, genannt Bense I und Bense II, sowie Bootsmann Dieter.

Ende Juli hieß es „Leinen los" in Cuxhaven. „Der Barograph", so Dr. Frank, „hatte zu einer Kurve nach unten angesetzt und die Wetterfrösche im Radio sagten Unfreundliches aus Westnordwest, auf Südwest drehend, voraus. Also genau gegenan. Überlegungen, Norderney anzulaufen, werden verworfen, denn es gibt dort eine Barre, die nur bei Hochwasser zu übersegeln ist. Querab von Juist gibt es den ersten Drücker mit Donner und Blitz und Großsegelbergen. Regen und Sonne wechseln sich ab. Der Himmel ist blau, die Kimm liegt klar im Westen. Borkum kommt in Sicht. Nur ein paar kleine weiße Wattebäuschchen von Wolken, eigentlich nichts Besonderes. Doch John Jäger findet sie nicht so schön. Ob da wohl was drin ist? meint er.

Und was drin war! Im Radio sprach man vom Orkan im Kanal, die achtundfünfzig Jahre alte MOYANA, Siegerin der Torbay-Lissabon-Regatta, sollte aufgegeben worden, der 1500-Tonnen-Dampfer TEESWOOD bei Goodwin gekentert und abgesoffen sein. Die englischen Zeitungen meldeten schwere Verwüstungen und Sturmschäden. Vom stärksten Sommersturm seit sechsundfünfzig Jahren, einem regelrechten Orkan Windstärke 12 im Kanal war die Rede. Das war also drin.

Die Kimm liegt blank und klar im Westen. Es sieht nach sternenklarer Nacht aus, nach einer Traumsegelei, mit dem Widerschein des gedämpften Kompaßlichtes auf dem Gesicht des Rudergängers, mit gemeinsam durchschwiegenen Stunden unter dem dunklen Firmament, mit dem einlullenden Sich-westwärts-Wiegen in der Dünung bei stetig geneigtem Schiff und dem altvertrauten, geliebten Aufrauschen und Abschwellen der Bugsee.

Aber dann fängt es an zu wehen. RUBIN trägt großen Klüver, Groß und Besan. Wenige Minuten später schon hat der Wind so zugenommen, daß Reling und Leedeck durchs Wasser ziehen. Es war eine harte, stetig stärker drückende Bö bei immer noch klarem Himmel. Aber die See hat sich verändert. Gischt weht von den rasch aufspringenden Wellen. RUBIN fängt an, hineinzubocken wie ein Schaukelpferd. Das Groß wird weggenommen, Klüver geborgen und kleine Fock gesetzt. Das Schiff rauscht mit harter Lage gegen die rasch zunehmende See, eingehüllt in Wolken von Gischt, aber immer noch mit 7 Meilen hoch am Wind. Weit voraus an Steuerbord: BORKUM RIFF-Feuerschiff.

Der Schiffsrat überlegt, was zu tun sei. Helgoland anlaufen, sechsundsechzig Seemeilen bis dahin? Notfalls; nur wenn wir beidrehen müssen. Einlaufen Borkum? Die Riffgat-Einfahrt ist ein verflucht enges Loch, unsere Spezialkarte nicht so ganz letzten Datums und von nicht ganz so großem Maßstab, wie erwünscht. Aber wir sind uns einig: Vor dem Riffgat liegt die Tonne RA, schwarz, ein Blinkzeichen. Von da kann man entweder über die Barre am Riffgat gehen, nicht sehr tief, aber tief genug für uns, oder durch die Westerems. Die Hauptansteuerung durchs Hubertgat würde bedeuten, noch stundenlang West zu machen, und es weht mittlerweile mit vollen 9 Windstärken bei wild brechender, steiler See.

Die Entscheidung fällt für Einlaufen Borkum. BORKUM RIFF-Feuerschiff reitet nun wenige hundert Faden an Steuerbord voraus. RUBIN soll wenden, geht beim ersten Mal nicht durch den Wind, kommt aber beim zweiten Versuch und es zeigt sich, daß wir die Riffgat-Tonne nicht ganz anliegen kön-

nen. Aber die müssen wir haben. Der Himmel ist nun nicht mehr klar und blau. Schmutzig-braunes Zeug jagt aus dem Westen herauf und führt wilde Böen mit, schmierig-schlierige Schleier, und über die grüne See fegt von den Kämmen der Wellen die Gischt: wehendes Wasser, mehr als 9 Windstärken, und dazu Regen.

Zwischen der Fock und dem niedergelaschten Großbaum bildet sich eine Düse, durch die jeder Tropfen, den die See ins Segel wirft, wie ein Geschoß waagerecht achteraus uns ins Gesicht gefeuert wird. Man kann kaum die Augen offenhalten. Der Mund ist ständig voll Salzwasser. Kaskaden wehenden Wassers zischen ohnehin unablässig über das hart arbeitende Schiff.

Die Maschine läuft mit, wir können sonst die Höhe nicht halten. Zuweilen kommt die Schraube aus dem Wasser und tourt hoch, daß sich das Schiff sekundenlang rüttelt, als ob es auf einen Stein aufgelaufen wäre, während es doch mit 7,5 Seemeilen dahinprescht.

Die Wache an Deck gurtet sich an. Wer nicht oben gebraucht wird, muß nach unten. Der eine verzieht sich auf den Fußboden der Messe, der andere ins Lokus, wo er ...einschläft. Es dämmert. Der Himmel sieht bösartig aus. Die See ebenso. Nun hört der Spaß auf. Die verdammte Tonne ist immer noch nicht in Sicht. Kann man das Feuerschiff achteraus noch sehen. Nicht mehr? Wie lange sind wir denn schon gelaufen? Kurs 152 Grad. Ja, der Kurs stimmt. Was ist da? Eine rote Tonne? Die gehört da nicht hin.

Ungemütliche Minuten, während der volle Sturm in den Drähten kreischt und die Luft so voll Wasser ist, daß man kein Glas benutzen kann. Was, wenn die schwarze Tonne RA nicht kommt? Hier sind überall Sände. Finden wir RA nicht, müssen wir bald herum, ablaufen, irgendwohin, vielleicht doch nach Helgoland. Es fliegt einem allerlei durch den Kopf, lange kann die Entscheidung nicht mehr aufgeschoben werden.

Und dann ist sie plötzlich da, wie herausgeschält aus der fliegenden Gischt: die schwarze Tonne. Nur die Aufschrift ist nicht zu lesen. RUBIN wird durch den Wind gebracht, stampft näher heran, bis man es einwandfrei lesen kann: RA – Romeo Alpha!

Es hat also doch gestimmt! Nasse Finger auf nasser Karte: Wie geht es weiter? Über die Barre? Draußen läuft mittlerweile eine himmelhohe See, rauschende Brecher dazwischen. Die Sände sind nicht weit. Was ist das hier, der runde Huckel? Geldsackplate steht auf der Karte. Position 53°38'00 N 6°29'10 E. Ein Flach also. Zwei Meilen westlich davon etwa die Ansteuerung in die Westerems.

›Ree!‹ RUBIN kämpft sich westwärts. In der zunehmenden Dämmerung sehen die hohen, köpfenden Seen bedrohlich aus. Rauschend fegen sie unter dem Kiel hindurch. RUBIN macht jedesmal eine tiefe Verbeugung. Das Schiff torkelt und stampft, aber es hält sich hervorragend. Sind wir weit genug nach Westen? Können wir herum? Haben wir RA noch in Sicht? Das Blinklicht von RA? Das dürfen wir nicht verlieren!

Weiter drinnen kommt jetzt ein anderer Blink heraus, die nächste Tonne, unsere Ansteuerung in der Westerems. Herum also. Von dem Geldsack sind wir ja wohl frei. Auf dem neuen Bug liegt das Schiff quer zur See. Die Maschine muß gedrosselt werden, damit wir nicht allzu hohe Fahrt laufen. Und dann finden wir uns plötzlich zwischen dunkel aufgetürmten Ungeheuern, deren Kämme donnernd brechen, steilen Wänden, die mit furchterregender Wucht herangewalzt kommen: Grundseen! Die Grundseen am Westrand der Geldsackplate!

Es ist ein Anblick, bei dem einem das Herz stehen bleiben kann. Von jeder einzelnen denkt man, daß sie tosend über dem Schiff zusammenbrechen muß. Und dahinter schon wieder die nächste: die scharf gezackte Kante, das sekundenkurze Verweilen des Kamms, ehe er bricht, und das unglaublich schnelle und schwerelose Emporsteigen des Schiffes an der Flanke des drohend emporgereckten, wandernden Ungetüms. Es ist faszinierend. Man will nicht hinsehen und sieht doch immer wieder hin. Was ist stärker: Die Angst, die Neugier, das Staunen? Segeln wir überhaupt den richtigen Kurs? Es ist ja jetzt schon fast dunkel, eben noch ein Rest fahlen Lichts über den drohenden Kämmen.

Der Skipper kommt herunter, triefend, die Augen voll Salzwasser, so daß man sie ihm auswischen muß. ›Wir haben da ein Feuer.‹ Der Finger tastet über die nasse

Karte, von der sich die Oberfläche allmählich krümelig abschabt wie von einem Radiergummi. ›Hier.‹ Es ist das richtige, eine der Fahrwassertonnen der Westerems. ›Abfallen! Wir können auf das Feuer abfallen!‹ Na, endlich! Gottseidank.

Hinter uns tosen weiter die Grundseen am Rande der Geldsackplate. Um uns brausen die Sturmseen, fliegt die Gischt, flackern die Schläge und Stöße der Böen, phosphoreszieren Schaum und Gischt auf dem dunklen Wasser. RUBIN zieht eine fahle Silberfurche. Das Schiff schiebt jetzt mit der See in rauschender Fahrt auf das nächste Fahrwasserzeichen zu. Die Wache an Deck ist durch und durch naß. Man friert, daß die Zähne klappern. Der eiserne Heinz geht Ruder.

Borkum Leuchtfeuer ist noch weit. Schmal sind die Fahrrinnen, und für den, der die Einfahrt in den Fischereischutzhafen nicht kennt, ist es eine verdammt unsichere Sache, herauszufinden, wann der richtige Augenblick gekommen ist, nach Backbord aus dem Fahrwasser auf die Einfahrt zuzugehen. Da ist ein viele hundert Meter langer Leitdamm, jetzt nur eine ahnungsweise sichtbare Barriere fahler Brandung. Da sind ein paar müde Blinkzeichen und außerdem ein paar erst im letzten Augenblick erkennbare unbeleuchtete Fahrwassertonnen, die, in letzter Sekunde knapp ausmanövriert, in zwei Meter Abstand gespenstisch vorüberhuschen.

Und dann ist da plötzlich die hohe Hafenmauer, sind da die Lampen, durch deren Lichtkegel der Regen waagerecht dahinpeitscht, und, schnell ausgemacht, der Prahm in Lee der Schutzmauer, an dem RUBIN längsseits gehen und festmachen kann. Der Prahm, neben dem Sturmfock und Besan gegen 01.00 Uhr nachts herunterkommen und neben dem sieben nasse, müde Männer nach einem Glas Sekt ›zum Geburtstag‹ wie tot in die Kojen fallen.

Fest im Schutzhafen Borkum."

Vier Tage war RUBIN eingeweht. Der Windschreiber hatte übrigens am Tag des Einwehens nach Borkum von 16.00 Uhr bis 02.00 Uhr nachts volle 11 Windstärken aufgeschrieben. Nun wußten die Männer, was wirklich los war in den Grundseen von Geldsackplate. Der Schietball hing konstant. Das, was Schümann einen „toten Hund" nannte, ein „auffüllendes Tief", erwies sich mit großer Regelmäßigkeit als scheintot; es lebte wieder auf, vertiefte sich und zog neue Depressionen herbei. Der Besuch beim Wetteramt der Insel zeigte die Entwicklung neuer Tiefs bei Irland. Allmählich geriet die Mannschaft in Zeitnot. „Wenn wir noch rechtzeitig nach Cowes wollen", sagte John Jäger, „müssen wir nun aber los."

Endlich wurde es freundlicher. RUBIN warf die Leinen los und lief bei leichter Brise und seidengrauem Himmel aus gen Engelland. Die Maschine lief mit. Aber der Brennstoff reichte nur bis zum Feuerschiff OUTER GABBARD, das, als mögliche Notbunkerstation angesteuert, „no gasoline – diesel oil only" zurückpreite und RUBIN nur die Wahl ließ, in haarscharfer Kreuz Dover anzusegeln und dort den wenig aussichtsreichen Versuch zu unternehmen, an einem Sonntag in England etwas zu kaufen. Benzin nämlich – und damit nicht genug, es auch noch an Bord zu schaffen, wozu erst ein Bollerwagen und eine Anzahl von Behältern beschafft werden mußten. Aber das Unglaubliche wurde dort Ereignis: Der Sprit kam, wurde über den Tonnenleger, auf dessen Deck noch die Wrackteile einer im Sturm zerschellten

Yacht lagen, herabgemannt und eingefüllt, und weiter ging's ohne Verzug westwärts.

Im Hafen von Dover hatte der Orkan vor einer Woche mehr als ein Dutzend Yachten und Boote von ihren Verankerungen gerissen und sie auf den Steinblöcken der Hafenmole säuberlich zu Brennholz verarbeitet. Unter Motor und Segel lief RUBIN ein echtes Rennen gegen die Zeit, um noch rechtzeitig nach Cowes zu kommen. Und schaffte es: Am Spätnachmittag ging der Anker auf Cowes-Reede in den Grund, „genau vor dem grauen Schloß am Meer, das der Royal Yacht Squadron gehört, dem feudalsten Yachtclub des Inselreichs", wie Dr. Frank weiter berichtete.

„Hier sind Majestäten unter den heute noch alljährlich angebrachten Baldachinen gewandelt: der letzte Zar, der letzte deutsche Kaiser, wenn sie ihre lieben englischen Vettern besuchten, ach ja. Heute geht Prinz Philip, Herzog von Edinburgh, dort aus und ein, und die Menschen stehen geduldig Stunden um Stunden und warten, daß die schwarzblaue, schnelle Pinasse von der Königsyacht BRITANNIA, die mit mächtig wallenden, heraldisch gezierten Flaggen in allen Toppen draußen auf Reede liegt, ›the Duke‹ herüberbringt in ›the Squadron‹, wie man der Kürze halber sagt.

DIE ERSTE COWES WEEK

RUBIN liegt unmittelbar hinter der Fahrwassertonne genau vor dem Castle und ist ›much fancied in the public‹, wie die Presse schreibt, ›viel beachtet‹. Sie tut auch etwas dazu. Nicht nur, daß die Besatzung abends, sauber gewaschen, an Land übersetzt und in dem hübschen, idyllisch oberhalb der Squadron am Hügel gelegenen Clubhaus des Royal Corinthian ihre Aufwartung macht. Sie zeigt auch, was auf dem Wasser in ihr steckt, als am nächsten Vormittag der Startschuß böllert und ein Feld von fast dreißig Yachten, großen und kleinen, die hier in einer einzigen Klasse segeln, auf die Reise rund um die Insel geht.

Bei flauester Brise, kaum einem Lüftchen, schiebt die Flotte - die Insel an Steuerbord - in Schleichfahrt auf die beiden alten Bollwerke zu, die die Einfahrt von See nach Portsmouth und Cowes flankieren und einst bewachten. RUBIN ist gut beim Start weggekommen und liegt an der Spitze des Feldes. Flaute ist ihr Wetter. Die Besatzung spielt mit dem Schiff wie mit einer Jolle. Das alte, leichte Segel steht wie Metall, Vorsegel, Besanstag und Besan, alles zieht ein bißchen mit, und nach einer Stunde liegt RUBIN vorn, querab der Zwölfer KAYLENA.

Er müht sich, eben an der Steuerbord-Bahnbegrenzung vorbei ins Freie zu kommen, bleibt aber im Gegenstrom hängen. Was RUBIN veranlaßt, sich an der Gegenseite eine Stromkante zu suchen und mit dem Neerstrom klar vom Felde fort nach vorn zu schieben. Wir holen uns auf diesem Flautengang einen Vorsprung von etwa 2 Seemeilen heraus, der erst wieder geringer wird, als vorn der Wind stirbt und achtern das Feld mit dem letzten Hauch wieder aufschließt.

Eine Zeitlang dümpelt die Flotte, kaum noch Ruderwirkung, mit schlaffen Segeln. Dann setzt sich Brise von See her durch, die schnell zunimmt, und nun marschiert RUBIN gut eine halbe Meile vor der KAYLENA auf Steuerbordbug zur ersten Tonne, und dann herum auf einem langen Am-Wind-Schlag zu den Needles, den zackigen Kalkzähnen am Ausgang des Solent. Weit drunten an der Küste sucht der alte Luftwaffenhunderter MARABU sein Glück in kurzen

Schlägen. Hunderter und Fünfziger sind überhaupt in Cowes reichlich zu finden, lauter alte Bekannte aus dem Marine-Regatta-Verein der Vorkriegszeit und dem Yachtbestand der Luftwaffe.

Zwischen RUBIN und KAYLENA entwickelt sich bald ein harter Luvkampf. Der englische Zwölfer fährt immer neue Anläufe, um in Luv zu überholen, aber er kann die Höhe nicht laufen, die RUBIN mit brettdichtgeholten Segeln ihm anbietet, so daß er schließlich dicht hinter unserem Heck hart abfällt und energisch nach Lee so weit ab- und durchläuft, daß ihn der Abwind von RUBIN nicht mehr ärgert. Und jetzt erst gelingt es ihm, sich richtig frei- und nach vorn zu segeln. Eine Meile vor RUBIN rundet er die Tonne an den Needles. Die Tonne, ja, wo ist sie? Rolf Förster sucht minutenlang mit dem Glas die etwas häsige Kimm ab. Nichts. Ein Dampfer nur, der da quer liegt, und weiter an Backbord zwei Tonnen, die es nicht sein können. Peilungen zeigen schließlich: Die Tonne muß hinter dem Dampfer liegen. Und dann stellt sich heraus: Dieser Dampfer ist ein Tonnenleger und soeben damit beschäftigt, ›unsere‹ Tonne aufzunehmen!

Im Solent hat RUBIN, jetzt etwa eine Meile hinter KAYLENA liegend, anfänglich noch harten Gegenstrom auszusegeln. Zur gleichen Zeit aber schiebt dieser Strom das Feld auf der anderen Seite der Insel der Wendemarke zu. Und hier nun werden die führenden Yachten so einwandfrei benachteiligt, daß der sportliche Wert der ganzen Regatta in Frage gestellt ist. Wenn nämlich ein herausgesegelter Vorsprung dadurch bestraft wird, daß das Spitzenboot nach Runden der Marke den Strom gegenan bekommt, während das hinten liegende Feld ihn ›mit‹ hat und etwa bei Stauwasser die Marke rundet, um dann wieder Strom ›mit‹ zu haben, kann von einem Sieg kaum gesprochen werden, sondern die Tide wird für den Erfolg maßgeblich.

RUBIN liegt schon längst wieder vor Anker an der Squadron, als der nächste Konkurrent, MARABU, vor dem Laken mit acht Seemeilen durchs Wasser und weiteren drei bis vier über Grund durch den Solent hereingerauscht kommt. Berechnet aber liegen wir vorn. Die kleinen RORC-Schiffe mit 24 bis 26 Rennwert gegenüber rund 33 für RUBIN hat der scharfe Tidenstrom bei frischem Wind von achtern von den Needles mit so hoher Geschwindigkeit herangetragen, daß weit über eine halbe Stunde Vorsprung bei einem Kurs von fünfundfünfzig Seemeilen nicht ausreichen, RUBIN den ersten Platz nach berechneter Zeit zu sichern. Sieger wird TAISEER V, einer der kleinsten Seekreuzer. RUBIN wurde zwar beim Rennen um die Isle of Wight absolut schnellste Yacht, nach berechneter Zeit aber Zweite hinter einem der kleinsten Seekreuzer. Der Britannia Cup des verstorbenen Königs Georg VI. jedenfalls bleibt in englischer Hand.

Zwei weitere Regatten auf dem Solent – Dreiecksbahnen, die bei viel Wind ein- oder mehrmals abzusegeln waren – erhärten den Eindruck der RUBIN-Besatzung, daß man, um in Cowes Erfolge erringen zu können, früh genug ankommen und Zeit haben muß, das Revier möglichst genau kennenzulernen. Strömungskenntnisse, Kenntnisse der Tiden und der wechselhaften Verhältnisse innerhalb der Tiden sind Voraussetzungen für den Erfolg. Cowes verlangt nicht nur ein gutes, aufmerksames und hartes Segeln, es verlangt auch, mehr als jedes andere uns bekannte Revier, Strömungskenntnis und

Strömungsausnutzung und ...Dusel.

Aber Hans-Otto Schümann hat einen Narren gefressen an Cowes und besonders an des berühmten Segelmachers Ratsey schöner Yacht ENVELODE, die zusammen mit BACCHANTE der RUBIN am meisten zu schaffen machte und mit der wir deshalb gern noch einmal einen Gang machen würden. Vielleicht im nächsten Jahr?

Die Rückreise? Was ist von der Rückreise zu sagen? Abermals erwachte ›ein toter Hund‹ in der Nordsee zu neuem Leben. RUBIN marschierte vor kräftigen Westwinden mit hoher Fahrt von achtern in das Schlechtwetter, das auf der Doggerbank lag, geradewegs hinein. Nach Kursänderung auf Oostende trafen wir aber mit jeder Stunde Entfernung vom Zentrum handigeres Wetter an. Wir jagten unter kleinen Vorsegeln, Trysegel, Besanstagsegel und Besan wie der ›Fliegende Holländer‹ persönlich mit 9 Knoten durch eine pechdunkle Nacht, nachdem es abends wieder zu Sturmesstärke aufgefrischt hatte. Die zahllosen Handelsschiffe, deren Laternen eine nicht abreißende Lichterkette bildeten, sahen uns als phosphoreszierend umgischtetes Phantom durch die Nacht wehen, phantastisch und gespenstisch und so schnell, daß wir kleineren Motormuddels einfach nur den Tampen zeigten! Am anderen Morgen waren wir so weit an Den Helder herangelaufen, daß RUBIN gegen eine himmelhohe See Texel wieder aufkreuzen mußte.

Aber nun hatte sich die Besatzung zusammengefahren. Der Wind reichte genau bis ELBE I, und nun mußte noch einmal der Motor helfen, uns nach Brunsbüttel zu bringen, wo RUBIN nach einundzwanzig Tagen im Yachthafen hinter der Schleuse am alten Platz festmachte, gewaschen von den Wassern der Nordsee und des Kanals, geprügelt von seiner Besatzung, die es nicht vergessen wird, das treue, das schöne, das schnelle und brave Schiff."

Das brave Schiff RUBIN hatte sich bestens bewährt – wie überhaupt in den sechs Jahren seiner Existenz auf zum Teil ausgedehnten Langfahrten mit der seit Jahren zusammensegelnden, gut eingespielten Crew. Doch Hans-Otto orderte 1956 bei Henry Rasmussen eine neue RUBIN, wieder eine 11 KR-Yacht mit Yawl-Takelung, in die er nicht nur seine Hochsee-Erfahrungen einbrachte, sondern auch eine Menge eigener Ideen in der Ausrüstung verwirklichte. Hans-Otto schätzte den Anderthalbmaster wegen der größeren Variationsmöglichkeiten bei der Segelführung, das Besanstagsegel leistete besonders auf raumen Kursen gute Dienste. Der Spruce-verleimte Mast kam ebenfalls von Abeking & Rasmussen – er wurde später gegen einen Proctor-Aluminiummast wie auf der neuen GERMANIA ausgetauscht. Schümann verkaufte die erste RUBIN an die neu aufgestellte Bundesmarine in Wilhelmshaven. Dort wurde sie in TAIFUN umgetauft und noch jahrzehntelang erfolgreich gesegelt.

RUBIN II lief 1957 vom Stapel und sorgte gleich in der folgenden Saison nicht nur bei der Nordsee-Woche, Rund um Skagen und der in diesem Jahr fünfundsiebzig Jahre alten Kieler Woche für Aufsehen, sondern auch im nächsten Jahr bei der Cowes Week. Hans-Otto wollte ein Schiff, das gleich gut für Hochseerennen wie für Fahrtensegeln geeignet war. Die 16,70 Meter lange und 3,80 Meter breite Yacht erhielt ein abgeschlossenes Deckshaus für die Navigation, bei Schlechtwetter konnte man dort auch die nassen Segel verstauen. Der Hauptniedergang führte nicht wie bei der ersten RUBIN

Taufe der 11 KR-Yacht RUBIN II 1957 in Lemwerder

ins Deckshaus, sondern vor dem Deckshaus in einen Vorraum. Von hier aus waren die Kombüse, ein WC mit Ölzeugschränken und der Eigner-Schlafraum zugänglich. So war gewährleistet, daß die Freiwache sowohl in der Messe als auch in der achteren Eignerkammer nicht gestört wurde.

Die Kojen in der Messe waren hinter den beiden Längssofas fest eingebaut. Zwischen der vorderen Gästekammer und dem Vorschiff gab es noch ein weiteres WC mit Waschgelegenheit. In der in hellem Ahorn gehaltenen Eignerkammer standen neben zwei festen Kojen zwei Schränke für Wäsche, eine Polsterbank, ein Waschtisch mit Waschbecken und Schubladen und ein großer Kleiderschrank zur Verfügung.

Am Motor von RUBIN II war eine 120-Watt-Lichtmaschine parallel geschaltet, der Brennstofftank faßte neunzig Liter, der für Frischwasser dreihundertneunzig Liter. Zur nautischen Ausrüstung gehörten zwei Kugel-Fluidkompasse, Speedometer, Windrichtungsanzeiger und Funkpeiler.

Die Kombüse war besonders umfangreich eingerichtet, denn das war gewöhnlich das Reich von Smutje Dr. Horst Brune, der wachfrei war, jedenfalls auf Seeregatten: zwei zweiflammige Propangaskocher, zwei Abwaschbecken mit Pumpe, ein Propangas-Kühlschrank mit 45 Litern Inhalt und reichlich Stauraum. Hier zauberte Dr. Brune seine legendären Festessen, wofür es natürlich immer einen Anlaß gab, sei es ein Hummeressen zum Bergfest der Cowes Week, ein feudales Mittagessen mit Champagnercremesuppe, Rehbraten in Sahnesauce, Petersilienkartoffeln, Leipziger Allerlei und Birne Hélène bei dem Klassiker Rund um Helgoland, oder ein Gala-Dinner mit legierter Gemüsesuppe, Rindsroulade, Salzkartoffeln, grünen Bohnen und Ananasscheiben mit Creme bei der Wettfahrt Rund um Skagen. Dazu reichte der Smutje erlesene Weiß- und Rotweine, als Aperitif gab es einen Sherry, zum Dessert einen Port. Ja, das Leben war lebenswert.

Erwartungsvolle Blicke von Hildegard und Hans-Otto Schümann und den Taufgästen

Seit 1957 eine der begehrtesten Trophäen im Hochseesegeln: der Admiral's Cup

Horst Brune, im Zivilberuf Arzt und Forscher in Hans-Ottos Vaselinwerk, verwöhnte solchermaßen seine Mannschaft.

Während der Überführung nach England und der Cowes Week 1958 sammelte Hans-Otto mit seiner Mannschaft weitere Erfahrungen auf den Regattabahnen. Sein neues Schiff lief gut, er war zufrieden, dennoch hört es niemals auf, sein Boot im richtigen Trimm zu halten. Es war eine herrliche Segelwoche mit Roland Schütze, Heinz Behrens, Heinzpeter Bense, Hermann Splieth, Dr. Horst Brune, John Jäger und Eggert Schmielau an Bord. „Auf der Heimreise", sagt Hermann Splieth, der 1957 als Bootsmann eingestiegen war, „segelten wir nach Oostende, um die Weltausstellung in Brüssel zu besuchen."

DER ERSTE ADMIRAL'S CUP 1963
RUBIN, DIANA UND INSCHALLAH

1963 hatten Hans-Ottos Bemühungen um ein Team endlich Erfolg. Zusammen mit einigen Freunden nahm er zum ersten Mal am Admiral's Cup teil. Bislang waren nur Engländer, Amerikaner, Holländer, Franzosen und Schweden an den Rennen beteiligt gewesen. Doch es war schwierig, überhaupt drei Yachten auf die Beine beziehungsweise auf den Kiel zu stellen, wobei allerdings vierundzwanzig Stunden vor der ersten Regatta noch ein Schiff ausgetauscht werden konnte.

„Wie üblich hatten wir bereits im Winter bei mir die Pläne für die kommende Saison besprochen und dabei auch eine entsprechende Crew zusammengestellt", erzählt Hans-Otto. „Unter unserer Mannschaft befanden sich ein Offizier der Bundesmarine, ein Navigationsoffizier der Handelsmarine und ein altgedienter Hochseesegler. Leute also, die mit großen Schiffen umgehen konnten, und genau das brauchten wir. Aber zwischen Ostern und Pfingsten sagte einer wegen Krankheit ab, der nächste wegen beruflicher Schwierigkeiten, und als der dritte dann auch noch absagte, überraschte uns das eigentlich wenig.

Also setzte sich die Stammcrew wieder zusammen und beriet, was zu tun sei. Da uns nichts anderes übrig blieb, brachten wieder einmal einige ihren Urlaub auf dem Altar der Hochseeseglerkameradschaft dar, und ihre Frauen behaupteten sogar, dafür Verständnis zu haben! So stand also unsere Crew fast in Urform. Nun mußte noch das Problem der Überführung gelöst werden. Mit Mühe und Not brachten wir vier Männer zusammen, aber es fehlte noch jemand zum Kochen. Kurz vor der Abreise hatte unser Heinz Behrens von der Stammcrew geheiratet, und auf dem Polterabend kam mir die Idee: Ich bot der jungen Frau kurzerhand eine Überfahrt nach England als Hochzeitsreise an – und schon war die Pantry besetzt."

Das erste deutsche Team bestand aus der Bremer Yacht DIANA mit Skipper Horst Opielok aus dem Hamburger Segel-Club, der INSCHALLAH mit Wolfgang Andreae aus dem Norddeutschen Regatta Verein und der RUBIN. Hans-Otto Schümann: „Wir waren bereits zwei Wochen vor dem ersten Start zum Admiral's Cup aus Kiel ausgelaufen. In Cuxhaven übergab mir mein Schwiegervater, Ernst Burmester, sein etwas verspätetes Hochzeitsgeschenk: ein Motorboot. Das konnte ich in Cowes gut gebrauchen, da man dort vor Anker liegt. Dann lief RUBIN Ende Juni aus Kurs England, das kleine Motorboot im Schlepp.

Eine Schönwetterlage setzte sich durch, es wurde eine herrliche Überfahrt – eine richtige Hochzeitsreise für das junge Paar. Durch Hollands Kanäle erreichte RUBIN

eine Woche vor der ersten Wettfahrt Cowes. Zeit also, noch einmal das Schiff zu inspizieren und Cowes anzusehen." Die Amerikaner, die gerade eine Atlantikregatta hinter sich hatten, waren mit so berühmten Yachten wie FIGARO, CARINA, BACCARAT, ONDINE, DYNA, WINDROSE und BOLERO gekommen. DYNA und BOLERO stammten aus der Feder des amerikanischen Designers Olin Stephens von Sparkman & Stephens in New York, dem berühmtesten Konstruktionsbüro der Welt. „Angesichts eines so großen Aufgebotes namhafter Schiffe wurde uns doch etwas anders", erinnert sich Hans-Otto. „Also machten wir von der RUBIN auch das Unterwasserschiff fit."

Es lagen aber noch andere interessante Konstruktionen in Cowes. Die riesige holländische Sperrholzyacht STORMVOGEL zum Beispiel und die schwedische CAPRICIA, ein Schwesterschiff der GERMANIA VI aus Holz. Außerdem hatten die Engländer sechs neue Schiffe in die Formel hineingebaut und gegeneinander gesegelt, von denen jetzt die besten drei am Admiral's Cup teilnahmen. Hans-Otto damals: „Na ja, mitsegeln können wir ja mal."

Vor den Rennen hatten der Royal Ocean Racing Club und die britische Admiralität alle achtzehn Schiffsführer der teilnehmenden Yachten aus sechs Nationen zu einem Essen in einem von Seefahrergenerationen geprägten Rahmen eingeladen: in einen stilvollen Saal in Portsmouth Kasernen, der an den traditionsreichen Bremer Rathaussaal erinnerte. In bester englischer Marinetradition wurde nur von Matrosen serviert. Es gab Cocktails und zwanglose Gespräche.

An den vier Wettfahrten nahmen insgesamt rund einhundertdreißig Boote in drei Klassen teil, auch am Fastnet Race, ein bis dahin einmaliges Meldeergebnis. Der Kurs der ersten Regatta, dem Channel Race, führte von Portsmouth nach Osten um das Feuerschiff ROYAL SOVEREIGN, hinüber an die französische Küste um das Feuerschiff LE HAVRE und wieder zurück nach Portsmouth – ein großes Dreieck im Kanal. Es war ein Flautenstart.

DIANA kam am besten weg, RUBIN segelte sich aus dem Pulk frei. Etwa zwei Stunden später liefen sie gerade zwischen den Festungstürmen von No Man's Land Fort vor Portsmouth hindurch, als sie schon Gegenstrom bekamen. Es war schon stockfinster, und die Navigation gestaltete sich auf dem langen Bein hinüber in eine flache Bucht etwas schwierig, obwohl RUBIN mit modernsten Hilfsmitteln wie Echolot und Funkpeiler ausgerüstet war. Außer den deutschen hatten alle Yachten britische Navigatoren an Bord.

„Die BOLERO war immer hinter uns", erzählt Hans-Otto. „Mittlerweile war es sehr flach geworden, wir mußten über Stag gehen. BOLERO folgte, konnte aber mehr Höhe laufen. Dennoch gaben wir einen Schrick in die Schoten, weil uns die flachen Gewässer bei dem wechselnden schwachen Wind nicht geheuer waren, und fielen noch einmal um zehn Grad ab. Keine fünf Minuten später gab es in Luv einen furchtbaren Krach: Die BOLERO war aufgelaufen. An den Lichtern konnten wir sehen, daß sie starke Schlagseite hatte. Sie saß hoch und trocken bis zum nächsten Hochwasser am anderen Morgen."

Bei ziemlicher Flaute ging es weiter

RUBIN unter Vollzeug im Solent bei achterlichem Wind

durch die Nacht und den ganzen nächsten Tag nach Osten. Während DIANA und RUBIN immer dicht beieinander liefen, lag die schwedische VAGABONDE etwa fünfhundert Meter in Lee von ihnen. Sie erwischte einen Brisenstrich, zog davon und ward nicht mehr gesehen. Im dichten Nebel rundeten sie schließlich ROYAL SOVEREIGN-Feuerschiff. Nun verlief der Dampfertreck genau quer zum Kurs der Segler, und DIANA kam einem großen Seeschiff bedrohlich nahe. Aber es ging alles klar, nachdem der Wachhabende auf dem Großen seinen Maschinentelegraphen auf „voll zurück" gestellt hatte und DIANA knapp dreißig Meter vor dem Bug unter Spinnaker passierte. Horst Opielok fiel ein Stein vom Herzen.

Raumschots segelten sie bis Le Havre. Nach Runden des Feuerschiffes wurde es wieder unsichtig. RUBIN-Navigator Roland Schütze: „Auch bei mir sah es nicht rosig aus. Nab Tower sollte senden, tat uns aber nicht den Gefallen. Auch andere Funkfeuer bekamen wir nur unsauber. Durch die starke Stromversetzung war das Navigieren besonders beschwerlich. Aber mit fünf Grad vorhalten stimmte unsere Navigation, denn plötzlich hatten wir Nab Tower, den großen dunklen Turm, genau auf den Kopf. Um den Turm herum, aufkreuzen bis zur Ziellinie und dann war das erste Rennen gelaufen."

RUBIN war drittes Schiff nach STORMVOGEL und VAGABONDE im Ziel, berechnet aber auf dem zweiten Platz. DIANA passierte als fünftes Schiff hinter der amerikanischen DYNA die Ziellinie. Nach dem ersten Rennen lag Schweden mit neunzig Punkten in Führung, gefolgt von Frankreich mit sechsundfünfzig, Amerika und Deutschland mit je zweiundfünfzig und Holland und England mit je sechsundvierzig Punkten.

Im zweiten Rennen, einem Inshore Race im Solent, wurde um den Britannia Cup gesegelt. Hier zahlten sich wieder die Revier- und Stromkenntnisse der Engländer aus. RUBIN schlug sich zwar auch nicht schlecht und ging als fünftes Boot durchs Ziel, belegte nach berechneter Zeit jedoch nur den neunten oder zehnten Platz. „Erste im Ziel sind meist die großen Yachten, aber über die Vergütung kommen kleine Schiffe punktmäßig immer nach vorne", resümierte Hans-Otto. „Das deutsche Team war von der Vermessung her sowieso das größte Team und hatte folglich wenig zu bestellen." INSCHALLAH als kleinstes Boot maß elf Meter in der Wasserlinie und DIANA sogar 12,66 Meter.

In der dritten Wettfahrt, wiederum ein Dreieck im Solent, ging es um den New York Yacht Club Challenge Cup. RUBIN wurde in den Zeitungen großartig als Siegerin dargestellt – leider irrtümlich, denn die Meldung beruhte auf einem Rechenfehler. Bei etwas mehr Brise lag DIANA nach einem ausgezeichneten Start sehr gut vorn. Es gab jedoch in der Ausschreibung eine Unklarheit. Beim zweiten Durchgang mußte die innere Startlinie, auf der die Zwölfer und Drachen vorher gestartet waren, durchlaufen werden. Das ging aber aus den Regeln nicht einwandfrei hervor und viele Yachten fuhren durch die große Startlinie, was falsch war. Unter den disqualifizierten Yachten waren auch DIANA und INSCHALLAH, so daß dem deutschen Team wertvolle Punkte verloren gingen.
In der Wertung hoffnungslos abgeschlagen gingen sie in das größte und letzte Rennen, das Fastnet Race, die schwerste Prüfung der Hochseesegler in Europa.

Bis dato war das Wetter gut und die bisherigen Wettfahrten wurden bei wenig Wind gesegelt. Die Briten hatten die deut-

schen Segler noch getröstet: „Beim Fastnet Race ist Wind", sagten sie, „das war bisher immer so." Sie sollten recht behalten. Gleichwohl war in den Wetterkarten nichts davon zu sehen. Beim Start wehte es mit 6 bis 7 Beaufort gegenan.

„Auf RUBIN setzten wir gleich kleine Segel", berichtete die Crew. „Hans-Otto hatte sich die Startlinie genau angesehen und herausgefunden, daß es sich bei diesen Bedingungen – gegen Strom und Wind – am besten unter Land starten ließe, weil dort kein Strom laufe. Dort setzte aber ein Neerstrom, und als wir die letzte Wende fünfzehn Sekunden vor dem Start machen wollten, schob uns der Neerstrom langsam über die Startlinie. Schuldbewußt machten wir noch einen Ehrenschlag, erst dann ging es los.

Nun begann aber erst das Drama. Rund dreißig Yachten versuchten, gegen den Wind und bei einer kurzen, harten See in kleinen Schlägen auf einem schmalen, stromlosen Streifen unter Land aufzukreuzen. Eine furchtbare whooling, denn inzwischen kam auch die Klasse II mit etwa fünfzig Booten hinterher. Bei diesen extrem kurzen Schlägen und bei der Welle waren die Schiffe auch nicht einwandfrei zu steuern. Zwei Konkurrenten fuhren eine Ramming. Nach der zwölften Wende hatte Hans-Otto die Nase voll und entschloß sich, mit einem langen Bein abzulaufen, in der Überzeugung, der Strom gegenan könne nicht viel mehr schaden als dieses Hochhäkeln.

So ging es mit einem langen Schlag durch den Solent. Am Westausgang, bei den Needles, brach plötzlich mit lautem Knall das Fockfall, ausgerechnet jetzt. Aber ein zweites Fockfall lag klar, und nach wenigen Augenblicken unter kleinem Klüver stand die Fock wieder. Doch damit nicht genug, von vorn kam schon die nächste Hiobsbotschaft. Zum schnelleren Segelwechsel war der Mast mit einer zweiten Schiene mit Weiche ausgerüstet, in der das große Trysegel gesetzt war. Diese Schiene war nun durch das starke Dichtholen am Hals aus dem Mast gerissen, so daß wir am Großmast keine Segel mehr wechseln konnten. Bei dem Starkwind war an eine Reparatur nicht zu denken. Die Schiene wurde am Mast festgelascht.

So ging es die ganze Nacht hindurch. Um uns herum standen nur noch größere Schiffe, demnach konnten wir so schlecht nicht liegen. Langsam wurde das Wetter handiger. In der folgenden Nacht ging ein Mann in den Mast und scherte ein neues Fockfall ein. So stand uns wieder ein Reservefall zur Verfügung. Man konnte ja nie wissen, was noch kommt, zumal man uns gesagt hatte, daß noch kein Deutscher um den Fastnet Rock herumgekommen sei, und das wollten wir wenigstens schaffen.

Als wir um Land's End herumgingen, wehte es aus West. Zweihundert Seemeilen bis zum Rock in nordwestlicher Richtung hatten wir noch, konnten also mit dem West hochgehen und nach der erwarteten Winddrehung auf Nordwest genau anliegen. Am Vormittag des dritten Tages tauchte an der Kimm der Fastnet Rock auf – und vereinzelte Segel. Uns war völlig klar, daß die Spitzengruppe bereits auf und davon war. Um so erstaunter waren wir, als wir bis auf etwa fünf Seemeilen an den Felsen herangekommen waren: Vor uns tauchte ein blaßblauer Spinnaker auf. Blaßblau? Das konnte nur die schwedische CAPRICIA sein, das größte teilnehmende Schiff. Wir wollten das nicht glauben, doch als wir näher heranliefen, bestand kein Zweifel mehr. Demnach lagen wir gut, unerwartet gut.

Inzwischen war es auf 2 Windstärken abgeflaut, ein zweiter Spinnaker, rot-weiß gestreift, kam um den Fastnet Rock herum: die holländische STORMVOGEL. Hinter uns in Sichtweite die VAGABONDE und weit achteraus die britische OUTLAW, an ihrem schmalen Großsegel zu erkennen. Am Felsen zogen nun viele Segel schnell vorbei. Doch keine Sorge, es waren Lustsegler unter Motor, also außer der Wertung. Als drittes Schiff quälte sich die amerikanische BOLERO herum. Dann waren wir an der Reihe und passierten den berüchtigten Felsen gegen Mittag als viertes Schiff. Dementsprechend war auch unser Jubel, und Horst Brune in der Kombüse servierte ein festliches Fastnet-Rock-Dinner: ein Vier-Gänge-Menü in chinesischem Porzellan mit Sherry, Weißwein, Rotwein und Portwein. Hans-Otto zelebrierte zur Feier des Tages ›Besanschot an‹.

Von jetzt an stand unser Spinnaker und kam bis ins Ziel nicht mehr herunter. Einen Tag lang, eine Nacht, noch einen Tag, eine weitere Nacht, und an dem darauffolgenden Morgen waren wir in Plymouth. Uns saß vor allem die amerikanische CARINA im Nacken. Einmal – beim Batterieaufladen – lief sie sogar in Lee unter uns durch, konnte uns aber später nicht mehr halten. Die wesentlich größere DYNA mußten wir allerdings in der Nacht passieren lassen. Zu guter Letzt wurde es wieder sehr flau. Wir quälten uns unter Land's End durch und waren froh, als wir morgens um 6.45 Uhr die Ziellinie passierten.

Damit war aber die Spannung noch nicht vorüber, denn jetzt briste es auf, und all die kleinen Yachten kamen nach vorn, segelten mit Schräglage und unter Spinnaker durchs Ziel, so daß sie uns über die Vergütung noch gefährlich werden konnten. Die Großen vor uns hatten wir nach berechneter Zeit geschlagen, aber gegen zwei der kleineren Schiffe reichte es nicht. Eine davon war CARINA, gegen die wir mit nur achtzehn Minuten verloren. Das Ergebnis sah dann so aus: Im Fastnet Race waren wir fünftes Schiff im Ziel und lagen berechnet auf dem dritten Platz; insgesamt belegte RUBIN Rang vier und in Klasse I den ersten Platz. Damit waren wir sehr zufrieden und haben das auch entsprechend begossen." – England gewann den Admiral's Cup 1963.

In Cowes verließ ein Teil der Crew das Schiff und fuhr mit dem Wagen nach Hause. „Vier Mann segelten das Schiff zurück", erinnert sich Heinz Behrens, „diesmal ohne weiblichen Smut. Jetzt bekamen wir alle die Tiefs auf den Hut, die in England ausgeblieben waren. Unser Motorboot im Schlepp hatte sich mehrfach überschlagen und war lädiert. Wir nahmen es an Deck und unser Beiboot kam auf den Haken. Das leichte Boot sprang auf der Welle und schlug voll. Mit dem Ösfaß pützten wir es leer und ließen es wieder zu Wasser, aber dann soff es gleich wieder ab. Es kachelte inzwischen mit 8 bis 9 gegenan. Das Beiboot konnten wir nun nicht mehr reinholen und sind damit bis IJmuiden reingeritten, auf Legerwall. Das war nicht einfach.

Bei 8 Windstärken liefen wir in vierundzwanzig Stunden von Holland nach Cuxhaven. Das ging noch. Am schlimmsten war der Empfang auf der Elbe. Der Zoll wollte uns alles einschließen. Bis wir endlich die Verhandlungen teilweise erfolgreich abgeschlossen hatten, lief die Tide gegenan, der Wind blies gegenan, es regnete in Strömen und das Fahrwasser war voller Dampfer. Die Sicht war so schlecht und die Nacht so dunkel, daß wir bisweilen nicht das nächste

Richtfeuer ausmachen konnten. Das war einfach zuviel. Morgens um vier liefen wir in den Wedeler Yachthafen ein."

DIE NEUE RUBIN – EIN LEICHTBAU

Die Faszination des Admiral's Cup hatte sich bei Hans-Otto tief eingegraben. Die schönen, ranken, leichten und vor allem schnellen Yachten von Sparkman & Stephens beschäftigten ihn immer mehr. Unter ihnen waren Namen, die immer wieder in den Regattaberichten auftauchten. Olin Stephens und sein Bruder Roderick hatten sich 1930 mit ihrem ersten Entwurf DORADE durch den überlegenen Sieg im Transatlantikrennen von Newport nach Plymouth und dem Klassensieg im anschließenden Fastnet Race endgültig und eindrucksvoll in der Szene eingeführt. Der schlanke Rumpf der Yacht durchschnitt die Wellen, anstatt gegen sie anzubolzen, und ein tiefgezogener Kiel sowie der hohe Ballastanteil erlaubten eine große Segelfläche. Olin Stephens hatte einst am Massachusetts Institute of Technology studiert und versuchte nun, mit Hilfe von modernen Schleppversuchen im Tank akademische Fragen zu beantworten, während Rod, der die Cornell-Universität besucht hatte, mehr die praktische Seite des Yachtbaus vorzog. Hans-Otto war sehr interessiert.

Olin Stephens entwarf ihm eine neue RUBIN. Es war ein Leichtbau mit getrenntem Lateralplan, 15,88 Meter lang, 11,28 Meter in der Wasserlinie, 3,86 Meter breit und hatte einen Tiefgang von 2,40 Meter. Sie verdrängte 16,7 Tonnen, die Segelfläche am Wind betrug 124 Quadratmeter. Der Rumpf bestand aus formverleimtem Sperrholz, das Neueste im Bootsbau: Rumpf und Deck aus Bootsbausperrholzbahnen wurden unter Vakuumdruck über einer Form verleimt. Die Schale stammte von Sommerfeld, ausgebaut hatte sie

Die neue RUBIN III entsteht

Abeking & Rasmussen. RUBIN III war als Sloop getakelt und hatte einen Holzmast.

Hans-Otto verkaufte seine zweite RUBIN an den Schweden Henry Wallenberg. Sie segelte unter dem Namen RENDEZ-VOUS viele Jahre und ging später ins Mittelmeer.

ADMIRAL'S CUP 1967
RUBIN, JAN POTT UND HAMBURG VII

RUBIN III lief 1967 vom Stapel und stellte mit der JAN POTT seines Freundes Norbert Lorck-Schierning aus Flensburg sowie der neuen HAMBURG VII vom Hamburgischen Verein Seefahrt mit Skipper Haye Stichert das Admiral's-Cup-Team 1967. Inzwischen hatten sich die Zeiten geändert, nicht nur im Wirtschaftswunderland West-Deutschland, sondern überall in Europa und Amerika. Rebellische junge Leute mit langen Haaren trafen sich bei Pop-Musik in übermäßiger Lautstärke in neumodischen Diskotheken und sorgten allerorten für Aufsehen. In Cowes schloß die Polizei eine zur Cowes Week eröffnete Diskothek im Anbau des Royal Corinthian Yacht Club noch vor Ende der Woche. Sie griff auch ein, als ortsansässige Geschäftsleute sich gegen eine neue Boutique aus der Carneby Street in London wehrten; sie wurde bald wieder geschlossen.

„Fröhliches" Chaos herrschte hingegen an den Moorings, bis zu zwölf Yachten lagen im Päckchen an den Festmacherbojen. Wer zu spät kam, machte an der Pier fest. Es gab nur einen Wasseranschluß. Die internationale Weltelite gab sich ein Stelldichein, der Konkurrenzdruck wurde größer. Gastgeber England mußte sich gegen acht Nationen verteidigen, gegen Australien, Frankreich, Holland, USA, Spanien, Finnland, Irland und Deutschland. Nach dem Channel Race zum Auftakt der Cowes Week – sie lief parallel

RUBIN III und die britische Yacht NORYEMA V im Luvkampf vor Cowes

zum Admiral's Cup – war der Hafen leer.

Einhundertsechs Yachten nahmen teil, darunter die siebenundzwanzig Admiral's Cupper. Zweihundertfünfundzwanzig Yachten aus allen Teilen der Welt hatten zu den Ausgleichswettfahrten gemeldet, dreihundertzwanzig Boote für die Wettfahrten ohne Vergütung. Sir Max Aitkens Eintonner ROUNDABOUT holte sich unter vierundneunzig konkurrierenden Yachten den Queen's Cup.

Der Franzose Eric Tabarly mit seinem Schoner PEN DUICK III gewann das Channel Race mit einem Start-Ziel-Sieg. RUBIN kam auf den zweiten Platz, JAN POTT auf den neunten und die HAMBURG VII belegte Platz siebzehn. Somit lag das deutsche Team mit einhundertzwölf Punkten auf Platz drei nach den führenden Australiern mit einhundertvierzig Punkten und England mit einhundertvierzehn Punkten. Dick Carter aus den USA belegte mit seinem Neubau RABBIT II in diesem Rennen Platz fünf.

In der zweiten Wettfahrt um den Britannia Cup gingen unter schweren dunklen Wolken bei mäßigem Südwest sechzig Yachten an den Start. Dick Carter gewann die Regatta vor der australischen MERCEDES III, der englischen FIREBRAND und der CAPRICE OF HUON, ebenfalls Australien. RUBIN belegte diesmal Platz acht, Zwölfte wurde HAMBURG VII und Vierzehnte JAN POTT. Australien behielt also seine Führungsposition vor den Briten und Deutschen, auf Platz vier folgte Frankreich vor den USA.

Von der Royal Family segelte sich Prinz Charles in einem geliehenen Flying Fifteen mit Uffa Fox an Bord auf Platz dreizehn, sein Vater, der Herzog von Edinburgh, kam mit seiner COWESLIP nur auf den letzten Platz. Prinz Philip hatte aber schon vor Beginn der Wettfahrt ein Schausegeln vor der königlichen Yacht BRITANNIA mit der BLOODHOUND veranstaltet – sehr zur Freude der Pressefotografen.

Dick Carter wurde für sein sportliches Verhalten – er hatte den gewonnenen Britannia Cup wegen eines Regelverstoßes wieder zurückgegeben – mit einem Sieg in der dritten Wettfahrt um den New York Yacht Club Challenge Cup belohnt. Während des ganzen Rennens regnete es, Hagelschauer gingen nieder, und Böen Stärke 5 warfen eine kurze, steile See auf. Die Yachten geigten kräftig unter ihren großen Spinnakern. Auf RUBIN zerriß der Ventury-Spinnaker im oberen Teil. Hans-Otto nahm ihn aber nicht weg, um keine Zeit zu verlieren, denn nach etwa sechs Seemeilen begann sowieso der Kreuzkurs. JAN POTT war diesmal beste deutsche Yacht und belegte Platz acht vor RUBIN auf Platz fünfzehn und HAMBURG VII auf Platz fünfundzwanzig. Insgesamt hielt das deutsche Team seinen dritten Platz, Australien führte weiterhin.

Das letzte und alles entscheidende Fastnet Race startete am Sonnabend bei Totenflaute. Die Yachten trieben über die Linie, die Segel hingen schlaff am Mast. RUBIN hielt sich mit anderen Yachten auf der Südseite des Solent dicht unter Land, um dem aus Westen setzenden Tidenstrom zu entgehen. Vor ihr zog langsam PEN DUICK III davon, RUBIN, die englische NORYEMA und die australische BALANDRA folgten ihr. Doch die auf der Nordseite gestarteten Yachten bekamen eine Brise und schoben sich im stromlosen flachen Wasser gut voran. Bis zu den Needles begann dann eine muntere Kreuz bei westlichen Winden Stärke 4. Hier trennte sich die Flotte. Die einen nahmen weiterhin Kurs unter Land, um die Gegentiden auszu-

segeln, die anderen segelten auf See hinaus.

Nach Passieren von Lizard Point konnten die Yachten bei südlichen Winden um 4 Beaufort direkt Fastnet Rock anliegen. Die GITANA IV von Baron Eric de Rothschild, das mit dreißig Metern größte Schiff der Flotte, setzte sich an die Spitze des Feldes. Einhundertfünf Minuten nach der GITANA IV ging die RUBIN an Lizard vorbei, gefolgt von dem französischen Kutter ORYX eine halbe Stunde später. Nach weiteren fünf Yachten erreichte endlich auch PEN DUICK III Lizard. Dann briste es auf 6 bis 8 Beaufort auf.

Als erste rundete um 6.30 Uhr am Montagmorgen die GITANA IV unter Spinnaker den Fastnet Rock, vier Stunden vor der zweiten Yacht, PEN DUICK III. Die RUBIN rundete um 11.06 Uhr, eine halbe Stunde später, den Felsen. Hans-Otto: „Damit waren wir bestes Schiff nach berechneter Zeit am Rock. Und jetzt kam die Kreuz zurück zu den Scillies, unsere Stärke gegen PEN DUICK III. Sie hatte einen Schlag nach Steuerbord in den Atlantik gemacht. Wir aber hatten neu einen Wetterschreiber an Bord, der uns Vorhersagekarten für vierundzwanzig und achtundvierzig Stunden lieferte, und zwar aus Frankreich, England und Offenbach in Deutschland. Alle drei sagten voraus, das Tief würde von Irland weiter nach Süden in die Biskaya ziehen. Das bedeutete für uns eine Linksdrehung des Windes von Süd auf Südost. Also machten wir unseren Schlag nach links in die Irische See, um nachher anliegen zu können.

Was aber machte das Tief? Es schlug einen Haken und zog statt nach Süden nach Osten. Damit drehte der Wind nach rechts auf Südwest und wir mußten alles aufkreuzen, während PEN DUICK ein langes Bein hatte. Eric Tabarly hatte die bessere Nase. Damit gewann PEN DUICK III das Fastnet-Rennen überzeugend nach gesegelter und berechneter Zeit."

Das australische Team belegte im Fastnet Race die Plätze drei, vier und acht und gewann mit einhundertvier Punkten Vorsprung vor Verteidiger England den Admiral's Cup 1967. Es folgten die USA und Frankreich. Deutschland rutschte auf den fünften Platz.

Die Australier waren mit gründlich vorbereiteten Teams und gutem Bootsmaterial nach England gekommen. Ihre BALANDRA startete als kleineres Boot in Klasse I, die beiden anderen in Klasse II. Die MERCEDES III, ein Ted Kaufman-Design, war bestes Boot in der Einzelwertung, ihre beiden Teamboote BALANDRA und CAPRICE OF HUON belegten die Plätze zwei und drei, wobei CAPRICE OF HUON sich den dritten Platz mit RUBIN teilen mußte.

Start zum Fastnet Race: links DIANA II, mitte RUBIN III, rechts PEN DUICK III

ADMIRAL'S CUP 1969
RUBIN, KLAAR KIMMING UND SUCA

Der Admiral's Cup war international längst eine hochbegehrte Trophäe. Die Zeitungen wucherten 1969 in ihren Titelzeilen mit Superlativen wie „die weltbesten Seesegler", „die Elite des Segelsports trifft sich in Cowes", aber auch mit Fragen wie „Sieg der Konstrukteure?" Zweifellos hatte ein Konstrukteur erheblichen Anteil am Erfolg einer Yacht. Deshalb beobachtete man die Entwicklung der Konstruktionen auch sehr genau und war gespannt, wer beim Admiral's Cup 1969 davonsegeln würde. Dick Carter beispielsweise hatte für französische Rechnung eine 16,47 Meter lange Yacht aus Glasharz-Sandwich mit einem Skeg am Ruder und einer Trimmflosse am Kiel entworfen. Seine neue Yacht RABBIT von nie dagewesener Schiffsbreite, mit kurzem Lateralplan, hatte schon 1965 mit einem Sieg im Fastnet Race für eine Sensation gesorgt. Doch auch in den Lagern der anderen elf Admiral's-Cup-Aspiranten war eine rege Neubautätigkeit ausgebrochen.

Die Australier traten mit drei neuen Yachten an, wobei die 12,50 Meter lange KOOMOOLOO aus Sperrholz mit einem konventionellen Unterwasserschiff nicht dem Trend der Carter-Yachten folgte und für Schwerwetter konzipiert war. RAGAMUFFIN war eine Konstruktion von Sparkman & Stephens, 16 Meter lang, mit Doppelruderanlage, aus formverleimtem Sperrholz gebaut, mit Kielklappe und Skeg vor dem Ruder. Das dritte australische Schiff war die bewährte MERCEDES III.

In Holland bewarben sich sieben Neubauten der Yachtwerft Frans Maas um einen Platz im Team nach Rissen von Dick Carter, Sparkman & Stephens, Ted Hood und Frans Maas selbst. Die neue CRUSADE von Sir Max Aitken war mit 18,90 Meter Länge die größte Hochseeyacht, ein Entwurf des Amerikaners Alan Gurney und bei Souter & Son auf der Isle of Wight gebaut.

Hans-Otto war kampfbereit. Wer würde in diesem Jahr das Rennen machen, die breite Yacht oder die schlanke, mit langem oder kurzem Lateralplan, mit Trimmklappe oder ohne? Das deutsche Team RUBIN, KLAAR KIMMING mit Paul-Heinrich Entz von Zerssen aus Rendsburg und SUCA von Willy Kuhrt aus Wedel bei Hamburg hatte sich nach der Nordsee-Woche qualifiziert. Die Flensburger Stahlyacht war eine Rabbit II von Carter, 1969 bei Abeking & Rasmussen gebaut, und der Flautenläufer SUCA stammte vom Zeichenbrett Uwe Bartels' aus einer Hamburger Großwerft. Sie war Klassensiegerin bei der Skagen-Regatta.

Aber wie hart die Bandagen geworden waren, sollte sich bald zeigen. Kurz vor dem ersten Start zur ersten Wettfahrt, dem Channel Race, reichte Dick Carter einen Vermessungsprotest gegen die britische PROSPECT OF WHITBY ein, einem Neubau aus der Feder von Olin Stephens. Zwei extra starke Stringer im Inneren des Schiffes, die nicht klar über der Wasserlinie liegen, sollten das corpus delicti gewesen sein. Die Nachvermessung nach der Regatta in Anwesenheit von Olin Stephens ergab jedoch, daß die PROSPECT absolut in Ordnung war. Der Zweikampf der Erfolgskonstrukteure Carter und Stephens war eröffnet.

In England hatten sich nicht weniger als sechzehn Yachten um einen Platz im Team beworben. CASSE TETE III, ein Kunststoff-Serienboot vom Typ Swan 43, gezeich-

Bestes Schiff im deutschen Team 1967 war die RUBIN

161

net von Sparkman & Stephens, die von Camper & Nicholson konstruierte und gebaute PHANTOM und die eben erwähnte PROSPECT OF WHITBY, ein wunderschönes Schiff, hatten sich qualifiziert. Alle drei Boote waren in den Ausscheidungsregatten unter anderen auch dem neuen Leichtbau von Dick Carter, NORYEMA VII, mit 33,23 Fuß RORC-Rennwert viel größer als Carters eigene RED ROOSTER mit 25,70 Fuß, überlegen. Sie hatte ein aufholbares, drei Tonnen schweres Ballastschwert, das unter Deck bedient wurde, und ein an Spiegel und Skeg hängendes, aufholbares Ruder.

Leichtes Wetter bestimmte die Wettfahrtserie. Ein großes Hochdruckgebiet lag über Irland und England, selbst das als hart bekannte Fastnet Race litt unter der daraus resultierenden Flaute. An der Tagesordnung waren leichte, drehende Winde, Flautenlöcher, mit kleinen Gewitterböen durchsetzt, dazu Strom und Gegenstrom. Nur die Italiener, vom Mittelmeer her ähnliches gewohnt, fühlten sich anscheinend sehr wohl.

Entscheidend war wieder einmal das letzte Bein des Fastnet-Rennens. Vom Bishop Rock ins Ziel vor Plymouth schaffte es bei sterbendem achterlichem Wind RED ROOSTER als einziges kleines Schiff, von Flautenloch zu Flautenloch mit den großen RAGAMUFFIN, CARINA, PALAWAN, PHANTOM, LEVANTADES, CORIOLAN, FORTUNA, RUBIN, PACHA und STORMY mitzuhalten. Dann starb der Wind und in der Flaute verhungerten die Gegner. Mit den Großen im Ziel holte die kleine RED ROOSTER soviel an Vergütung heraus, daß sie erfolgreichstes Boot im Admiral's Cup 1969 wurde. Das reichte für einen Gesamtsieg der Amerikaner, die vor dem Fastnet-Rennen noch an vierter Stelle hinter den Australiern, Engländern und Italienern lagen. PALAWAN, gezeichnet von Sparkman & Stephens, und die CARINA aus dem Zeichenbüro von Phil Rhodes waren die beiden anderen amerikanischen Teamyachten.

Deutschland landete nach den USA, Australien, England und Italien auf dem fünften Platz. Die SUCA hatte nie vorher in England gesegelt und demzufolge auch keine Revierkenntnisse, zudem war die endgültige Crew des Admiral's-Cup-Neulings erst sehr spät zusammengestellt worden. RUBIN war bestes Schiff im deutschen Team auf dem zwölften Platz, obwohl sie sich einen groben Schnitzer erlaubt hatte. Nach der Wettfahrt um den Britannia Cup vergaß sie die Rennverklarung und verlor somit neunzehn Punkte. Beim Channel Race kam sie nach berechneter Zeit auf Rang elf, beim New York Yacht Club Cup auf Rang zwölf, und im alles entscheidenden Fastnet Race belegte sie den zehnten Platz.

Hans-Otto erkannte aber die Veränderungen und schlußfolgerte, wenn auf jedem der drei Schiffe zukünftiger Teams eine Mischung aus Kampfgeist und seglerischem Können wie auf seiner RUBIN, dem Mut zum Experiment eines Willy Kuhrt und der Freude am Neuen eines P. H. Entz von Zerssen vertreten wäre, könne das Team über einen fünften Platz hinaus kommen. „Die materielle Basis ist doch bei uns vorhanden", sagte er, „entscheidend ist allein der Wille der Jungs, im neuen Stil mitzumachen." Der neue Stil hieß bei Australiern und Engländern, daß sich die Mannschaften intensiv mit Turnhallen-Training und Trainingsregatten an jedem Wochenende auf den Cup vorbereitet hatten.

„Immer vorn mitzumischen, ist jedesmal wieder eine Herausforderung für Hans-Otto", sagt Uli Tischendorf, der im Herbst 1969 zur RUBIN-Crew stieß. „Bei ihm fing die Saison eigentlich immer schon im Winter

an, wenn er neue Gedanken entwickelte und ein neues Baby schuf. Im Winter war seine Hauptzeit, mit den Konstrukteuren zu konferieren und neue Ideen zu entwickeln, sie umzusetzen, bis es dann zu einer Taufe kam im Frühjahr oder auch erst ein Jahr später. Der Winter war seine hohe Zeit, wo er sich mit seinem Sport auseinandersetzte, auf fast wissenschaftlicher Basis in Form von Formeln oder Bootskonstruktionen. In Meßbriefen zu lesen ist bis heute eines der Hobbies von Hans-Otto Schümann."

Nur so ist auch zu erklären, warum er 1971 auf seinem neuen Halbtonner TOPAS mit Hannes Beilken, dem zweimaligen Eintonner-Weltmeister, noch vor dem Admiral's Cup den Half Ton Cup vor Portsmouth mitsegelte. TOPAS war erst kurz vorher auf Schümanns eigener Burmester-Werft fertiggestellt worden. Nicht nur der Kampf, sondern auch die Entwicklung und die Optimierung von Dingen, sowohl in seinem Unternehmen als auch im Segelsport, reizten ihn.

Inzwischen hatten sich die Tonnerklassen - Eintonner, Halbtonner, Vierteltonner - durchgesetzt, und die neue Formel IOR, International Offshore Rule, gab durch die Einteilung in Altersklassen dem Seesegeln Auftrieb, weil sie auch den Yachten älterer Bauart Chancen einräumte.

ADMIRAL'S CUP 1971
RUBIN, REE UND KLAAR KIMMING

1971 war mit einer Rekordbeteiligung von siebzehn Nationen nahezu die gesamte Spitze der internationalen Yachtszene zum Admiral's Cup in Cowes vertreten. Das deutsche Team bestand aus der KLAAR KIMMING mit Joh. H. Anthon, der REE von Carsten Redlefsen, ein Carter-Design von 1968 aus Stahl, gebaut bei Abeking & Rasmussen, und der RUBIN mit der Besatzung Hans-Otto Schümann, Roland Schütze, Dr. Johannes Halben, Jürgen Rohmer, Bruno Sauer, Uli Tischendorf, Jochen Wiese und Dr. Horst Brune.

In England bemühten sich siebenundzwanzig neue Yachten um einen Platz im Team, darunter so berühmte Namen wie Owen Aishers YEOMAN XVIII, Chris Dunnings MARIONETTE II und Sir Max Aitkens CRUSADE. Geschafft hatten es die MORNING CLOUD von Premierminister und Teamchef Edward Heath, die CERVANTES IV von Bob Watson und Arthur Slaters PROSPECT OF WHITBY, allesamt brandneue Schiffe aus dem Konstruktionsbüro Sparkman & Stephens. Die Australier kamen mit bewährten Konstruktionen wie RAGAMUFFIN mit Skipper Syd Fischer, die 1968 ebenso vom Stapel gelaufen war wie die KOOMOOLOO. Drittes australisches Boot war SALACIA II mit Arthur Byrne.

Cup-Verteidiger USA schickte die im Transatlantikrennen 1968 und zahlreichen Regattaklassikern vor der amerikanischen Ostküste überaus erfolgreiche BAY BEA ins Rennen, als zweites Boot die CARINA und als drittes die YANKEE GIRL, die mit einem zweiten Platz im heißumkämpften Southern Ocean Racing Circuit in den USA Furore gemacht hatte. Alle drei hatten Aluminiumrümpfe. Während CARINA ein MacCurdy and Rhodes Design war, stammten die beiden anderen vom Zeichenbrett Olin und Rod Stephens. Die Schlacht im Solent konnte beginnen.

Doppeltes Pech hatte diesmal Frankreich. Das Channel Race fand ohne Eric Tabarly und seinen Schoner PEN DUICK III statt, denn er war nicht rechtzeitig eingetroffen. Dann schied auch noch die GITANA V von Baron de Rothschild aus, nachdem sie an der französischen Küste eine falsche Marke gerundet hatte. Für die Briten lief es nicht

161
161
G
161
G
161

ganz so gut. Nach einem Protest der australischen KOOMOOLOO wurde CERVANTES zwar disqualifiziert, England blieb aber in Führung vor den USA und Australien.

Im zweiten Inshore-Rennen bei 7 bis 8 Windstärken, in Böen 9, siegte zwar überraschend die holländische BELITA VII, ein Glattdecker von Dick Carter mit guten Vormwind-Eigenschaften, doch dann folgten alle drei australischen Schiffe SALACIA II, RAGAMUFFIN mit Eintonnerpokal-Sieger Syd Fischer und KOOMOOLOO. Die Briten hielten Anschluß: PROSPECT OF WHITBY fünfter Platz, CERVANTES neunter und MORNING CLOUD zehnter. Für die Amerikaner war es ein schwarzer Tag. YANKEE GIRL wurde disqualifiziert und BAY BEA landete auf dem siebzehnten Platz. Bei dieser harten Regatta hatten viele Yachten zu viel Tuch gesetzt und waren in der kurzen See bei Böen bis zu 9 Windstärken nicht zu halten. Bestes deutsches Schiff war KLAAR KIMMING, die einen Spezial-Sturm-Spinnaker gesetzt hatte und den vierzehnten Platz halten konnte, während REE auf Platz dreißig kam und RUBIN Platz einunddreißig belegte.

Der Vorsprung Englands war zusammengeschmolzen, als es in das abschließende Fastnet Race ging. Neben Australien und den USA rechneten sich auch noch Holland und Argentinien Chancen aus. Das Rennen war also wieder offen, es blieb spannend. Nach einer herrlichen Startkreuz durch den Solent und an den Needles vorbei veränderte sich die Situation. Die Mannschaften hatten mit Winddrehungen und wechselnden Windstärken bis zum Fastnet-Felsen zu kämpfen, um nach der Rundung in einem wilden Spinnakerritt bei Stärke 8 und hoher Atlantikdünung bis zu den Scilly Isles zu rauschen. Das war Segeln!

RAGAMUFFIN erwischte einen günstigen Kurs und siegte nach berechneter Zeit. Sie war somit das erfolgreichste Schiff in der Einzelwertung des Admiral's Cup 1971 vor der britischen PROSPECT OF WHITBY. Den Gesamtsieg sicherte sich dennoch England, da auf dem Kurs zurück nach Plymouth das Ruder der KOOMOOLOO brach und damit die Entscheidung zugunsten der Briten fiel. Die USA kamen auf Platz zwei und Australien auf Platz drei. Das deutsche Team belegte Rang neun. Nachdenklich fuhren Eigner und Mannschaften nach Hause. Waren ihre Schiffe zu alt, nahmen sie den Admiral's Cup in Deutschland nicht ernst genug? Wie stand es mit der Teamarbeit? Für Hans-Otto Schümann insofern keine Frage, denn er hatte seit vielen Jahren eine eingespielte Crew und tauschte seine Ideen und Taktiken mit der Mannschaft aus, die Kommunikation war also gut. Aber war sie das auch auf den anderen deutschen Yachten? Nicht zu vergessen der Heimvorteil der Briten in dem navigatorisch äußerst anspruchsvollen Revier des Solent. All dieses mußte in künftigen Überlegungen, in den Planungen berücksichtigt werden.

Voller Bewunderung blickte Hans-Otto auf die marktbeherrschenden Sparkman & Stephens-Yachten aufgrund ihrer unerhörten Regattaerfolge. Inspiriert von Olin Stephens und seinen Schlepptankversuchen dachte er über ein neues Schiff nach. Er nahm Kontakt mit der Hamburgischen Schiffbau-Versuchsanstalt auf, einem Forschungsunternehmen, das seit 1913 für die Werften anhand maßstabsgetreuer Modelle die Eigenschaften am späteren Original testet. Dort liefen gerade umfangreiche

RUBIN III lief von 1972 bis 1989 unter dem Namen STÖRTEBEKER

Versuche mit Modellen verschiedener Breite zur Ermittlung der Widerstandswerte bei unterschiedlichen Geschwindigkeiten und Krängungswinkeln.

Hans-Otto orderte bei Stephens in New York eine neue RUBIN. 1972 begannen die Versuche im Schlepptank der Hamburgischen Schiffbau-Versuchsanstalt. Ende des Jahres stiftete er die alte RUBIN III von 1967 dem Hamburgischen Verein Seefahrt für den Nachwuchs im Hochseesegeln. Unter dem neuen Namen STÖRTEBEKER und dem neuen Stander machte sie mehrere Atlantiküberquerungen und war bis 1989 ein sehr erfolgreiches, beliebtes Ausbildungsschiff des Vereins.

In England schlugen die Wellen der Begeisterung für den Admiral's Cup immer höher. Niemals zuvor hatten sich so viele Schiffe um einen Platz im Team beworben wie 1973. Es galt, unter zweiunddreißig Booten vier auszuwählen, eins als Reserve. In die engere Wahl kamen NORYEMA IX und OYSTER, zwei große Yachten, bei den mittleren Booten waren es die BATTLECRY und KEALOHA. Aber letztlich nominierte der Royal Ocean Racing Club die mittlere MORNING CLOUD, die große QUAILO III und die kleine FRIGATE ins Team. Drei unterschiedlich große Boote von drei verschiedenen Designern: MORNING CLOUD von Sparkman & Stephens, QUAILO III von Nicholson, beides Holzboote, und FRIGATE von Dick Carter aus Glasfiber.

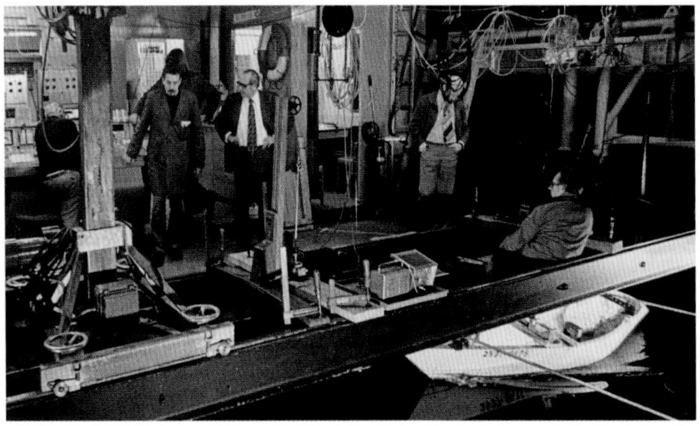

Hans-Otto Schümann bei Modelltests im Schlepptank

ERSTE QUALIFIKATIONSREGATTEN IN DEUTSCHLAND

Aber auch in Deutschland hatte sich etwas getan. Die Aufklärungs- und Überzeugungsarbeit der deutschen Segler, die aktiv die Cowes Week oder den Admiral's Cup mitgesegelt hatten, besonders aber von Hans-Otto Schümann mit seiner Erfahrung und dem Insiderwissen, zeigte Wirkung. Der Sinneswandel wurde deutlich, daß ein neugegründeter, leistungsorientierter, sogenannter Siebener-Ausschuß mit den einflußreichsten Hochseepersönlichkeiten auch hierzulande endlich Dreieckswettfahrten mit schnellwechselnden Kursen und steter Aktion im Kampf Schiff gegen Schiff durchsetzte. Nur auf diese Weise konnte man sich an die Weltspitze des Hochseeregattasegelns manövrieren. Dreizehn Bewerbungen um einen Teamplatz lagen dem Deutschen Segler-Verband vor, aber nur drei plus ein Boot durften die deutschen Farben in britischen Gewässern vertreten. Wer würde das Rennen machen? Deshalb wurden in Deutschland zum ersten Mal Ausscheidungsregatten für den Admiral's Cup gesegelt, die Nordsee-Woche – die fünfzigste – vor Helgoland war die erste Serie im Tidengewässer.

Die neue RUBIN IV hatte Hans-Otto diesmal auf seiner Burmester-Werft aus formverleimtem Sperrholz mit Aluminiumrahmen bauen lassen: ein ganz modernes Yachtdesign mit flachem, leicht gewölbtem Deck, im

Schlepptank optimiert. Stapellauf war im Frühjahr 1973. Sie war als Sloop getakelt und hatte einen Aluminium-Mast, in dem das Großsegel in einer Nut geführt wurde – im Gegensatz zu den früher verwendeten Liekrutschern auf einer Mastschiene am Holzmast. Die Yacht war fast 15 Meter lang, 4,22 Meter breit, hatte einen Tiefgang von 2,58 Meter und verdrängte 13,75 Tonnen. Die Segelfläche am Wind betrug 117 Quadratmeter.

Die Devise lautete: Wer eine hochmoderne Rennyacht baut, darf an nichts sparen, nur am Gewicht. Hans-Otto hatte viele eigene Ideen mit eingebracht und verwirklicht, die Ausrüstung der Yacht mit modernen Winschen und einem Coffeegrinder für die Genua-Winschen sowie in der Navigation war auf dem neuesten Stand. In der Szene hieß es auch bald: eine S & S & S-Konstruktion, Sparkman & Stephens & Schümann.

Mit ihr bewarb sich auch der Hamburger Albert Büll mit seiner feuerroten SAUDADE. Die „rote Sau", wie sie frecherweise bald nur noch genannt wurde, war der neueste Entwurf von Sparkman & Stephens, ein gänzlich ungewohnter, denn ein zusätzliches Mittelcockpit für die Mannschaft auf einer S & S-Yacht suchte man bis dahin vergebens. Außerdem hatte das Schiff ein flaches Deck ohne jeglichen Aufbau. SAUDADE sah der neuen englischen PROSPECT OF WHITBY sehr ähnlich. Albert Büll hatte sich Berend Beilken, Segelmacher aus Bremen, als Taktiker an Bord geholt und eine Mannschaft von Jollenseglern zusammengestellt, Navigator war Görge Grotkopp, der promovierte Strömungstechniker.

RUBIN IV und SAUDADE galten als Favoriten. Für das dritte Schiff im Team gab es eine ganze Reihe von Anwärtern. Einmal war es die CARINA III von Dieter Monheim aus Aachen, eine neue Carter 44, bei de Dood in Bremen gebaut, mit Skipper Hannes Beilken und seiner Eintonner-Crew an Bord, dann die PINTA des Leverkuseners Willy Illbruck, ein Schwesterschiff der britischen MORNING CLOUD und bei Huismann in Holland gebaut; die SAPHIR, ein Carter-Eintonner einer Bremer Eignergemeinschaft mit Steuermann Manfred Seithe; die KOHINOOR der Delta-Reederei Hamburg mit Skipper

Dieter Monheims CARINA III (oben) und Albert Bülls sturmerprobte SAUDADE (unten) machten das Rennen ins Deutsche Admiral's-Cup-Team

Dirk Sommer, auch ein Carter-Design, sowie die JAN POTT, ein Schwesterschiff der RUBIN mit Norbert Lorck-Schierning aus Flensburg. Alle rechneten sich Chancen aus.

In der Regatta Rund um Helgoland am Pfingstsonntag über sechzig Seemeilen lieferten sich bei 6 Windstärken aus West bis Nordwest und hoher See RUBIN und SAUDADE harte Zweikämpfe an der Kreuz und unter Spinnaker. Am Feuerschiff DEUTSCHE BUCHT, der ersten Wendemarke, lag SAUDADE knapp vor RUBIN. Die INES und die KYRIA meldeten „Mann über Bord", zum Glück wurden beide wieder aufgefischt, und auf der JAN POTT brach das Vorstag. RUBIN entschied das Rennen auf dem Spinnaker-Schlag für sich und setzte sich vor SAUDADE und CARINA III auf den ersten Platz. Nach berechneter Zeit hatte sie SAUDADE um zwei Minuten in einer neunstündigen Regatta geschlagen.

Ein Ruderschaden auf der neuen, bei Souter & Son in Cowes gebauten WINDLIESE XII begrub alle Hoffnungen von Paul-Heinrich Entz von Zerssen aus Rendsburg vorzeitig. Auch die REE von Carsten Redlefsen und die DUVA II des Kieler Arztes Dr. Peter Lubinus, beides Neubauten von Nautor in Finnland vom Typ Swan 44, konnten den beiden Hamburger Yachten nicht Paroli bieten.

In den beiden folgenden Dreiecksregatten bei leichten Südwest- bis Westwinden Stärke 3 unterstrichen RUBIN und SAUDADE ihre Spitzenstellung, gefolgt von der CARINA III. Richtig zur Sache ging es aber in der Nachtwettfahrt über achtzig Seemeilen. Bei Windstärke 8 zunächst aus Südwest, West, dann Nord setzte Albert Büll auf SAUDADE den großen Spinnaker, machte alle Luken dicht und stellte zwei Mann ans Ruder – und segelte die unter einem kleineren Spinnaker laufende RUBIN auf diese Weise aus. Doch welch maßlose Enttäuschung im Ziel: „SAUDADE wegen Frühstarts disqualifiziert" lautete die Nachricht. Hans-Otto bedauerte diese Jury-Entscheidung, intervenierte im Ausschuß pro SAUDADE – und hatte Erfolg. Die Yachten hatten ihre Feuertaufe in den stürmischen Gewässern um Helgoland bestanden. Gespannt blickte nun alles auf die nächste Qualifikationsserie während der Kieler Woche bei voraussichtlich Leichtwetterbedingungen.

RUBIN ließ aber keine Zweifel aufkommen. Sie gewann die Rund-um-Fehmarn-Regatta über einhundertzwanzig Seemeilen und bewies damit ihre absolute Spitzenposition. Bis dahin hatte Hans-Otto sechs von insgesamt sieben Ausscheidungsregatten gewonnen. SAUDADE segelte die zweitschnellste Zeit vor der WINDLIESE XII. RUBIN und SAUDADE hatten sich also für den Admiral's Cup qualifiziert. Erst im letzten Rennen auf dem Stollergrund fiel mit einem Sieg der CARINA III über WINDLIESE XII die Entscheidung über das dritte Boot im Team. CARINA III hatte sich als Leichtwetterspezialistin erwiesen. In der Gesamtwertung kam die WINDLIESE XII auf den vierten Platz und war damit offiziell das Ersatzschiff. Die Mannschaften der RUBIN und CARINA III trafen eine Woche vor Beginn des Admiral's Cup in Cowes ein. Derweil trainierte die SAUDADE schon eifrig im Queen's Cup und machte Bekanntschaft mit dem größten Teil der Admiral's-Cup-Yachten. Die meisten der deutschen Yachten, die sich nicht qualifiziert hatten, waren dennoch in Cowes vertreten

Nachtregatta bei Windstärke 8: Am Wind surft die RUBIN IV eine Welle herunter

und segelten die Cowes Week mit.

Ein gut vorbereitetes, durchtrainiertes deutsches Team mit erstklassigem Bootsmaterial war zum Kampf bereit. „My Motto, Hans-Otto" – als Sticker ans Revers geheftet – machte in der Cowes-Marina die Runde. Im offiziellen Programm des Royal Ocean Racing Club, in dem alle sechzehn Teams vorgestellt wurden, fanden erstaunte Leser die Prognose: Man sollte sich nicht wundern, wenn die Deutschen unter die ersten drei kämen. Aber ernst genommen hatte das niemand.

SENSATION: RUBIN, SAUDADE UND CARINA III GEWINNEN DEN ADMIRAL'S CUP 1973

Zur RUBIN-Crew zählten neben Hans-Otto Schümann Navigator Roland Schütze, Heinz Behrens, Klaus Behrmann, Peter Bense, Christian Kutscha, Thomas Müller, Bootsmann Bruno Sauer, Manfred Seithe und Uli Tischendorf. Roland Schütze: „Der Solent ist navigatorisch Hans-Ottos und mein Lieblingsrevier, anspruchsvoll bis da hinaus. Ich hatte Stromkarten besorgt, denn die brauchten wir unbedingt. Es gab in Southampton ein Strömungsmodell. Zwei- bis dreimal während der Cowes Week wurden dort für uns Ebbe und Flut mit Papierschnipseln im unterschiedlich laufenden Strom simuliert. Ich hatte das Strömungsbild des Solent von den vorherigen Admiral's Cups inzwischen so verinnerlicht, daß ich besser Bescheid wußte als auf der Elbe. Auf den englischen Stromkarten gab es für jede Stunde Pfeile, die ich

Hinein in den Strom: Hans-Otto steuert die RUBIN unter dem wachsamen Auge von Navigator Roland Schütze (weisser Hut) ins tiefe Wasser während des zweiten Inshore Race

zu Hause auswendig gelernt hatte. Kaum war ich in Cowes angekommen, ging es auch schon gleich zur Sache. Es gab bis zu neunzig verschiedene Kurse. Wenn die anderen an Land schossen und zum Tanzen gegangen sind, habe ich anhand des Programms jede einzelne Tonne auf dem ganzen Solent in meiner Karte abgehakt. Ich wußte ja, man muß dreißig Grad vorhalten, um gegen den Strom anzukommen. Wir waren also gut ausgerüstet."

Im Channel Race ging es bei Windstärke 6 ohne einen Kreuzschlag bis zur Wendemarke hinüber nach Le Havre. Am nächsten Abend schon war die erste Admiral's-Cup-Yacht SAGA aus Brasilien im Ziel, dicht gefolgt von den Deutschen. SAUDADE wurde Vierte nach berechneter Zeit, gewonnen hatte die französische REVOLUTION. RUBIN kam auf Platz dreizehn und CARINA III auf Platz vierzehn. So hatte sich das deutsche Team einen guten Punktevorsprung vor den favorisierten Australiern und Engländern gesichert.

Im ersten Inshore Race wurden die Boote von einem stürmischen Westwind im Solent gebeutelt. SAUDADE lief zur Hochform auf. Schlag auf Schlag duellierte sie sich noch auf der Zielkreuz mit der australischen APOLLO II und ging als erste über die Ziellinie, was im Hafen mit offenem Applaus belohnt wurde. Aber auch RUBIN wurde wie immer gut gesegelt und belegte Platz zehn. Nur für CARINA III war es nicht das richtige Wetter. Weniger Wind wäre für sie besser gewesen, doch ein dreizehnter Platz von

Unschlagbar bei jedem Wetter.
Als schnellste Yacht 1973 wurde die SAUDADE schon während des Admiral's Cup zur Legende

H
1635
H1635

achtundvierzig Booten war ja auch nicht schlecht. Der Vorsprung der deutschen Mannschaft betrug jetzt schon zwölf Punkte vor Australien.

Das zweite Inshore Race wurde unter deutlich handigeren Bedingungen gesegelt. An der Spitze wieder dicht beieinander: SAUDADE und RUBIN, weiter hinten CARINA III. Mit großem Vorsprung ging SAUDADE durchs Ziel und holte sich auch hier wieder einen ersten Platz. Hans-Otto sah vor dem Ziel die Unzahl von Jollen und kleinen Booten, Ankerliegern, Pressebooten und mittendrin die Hovercraft-Fähren. Sicherheitshalber machte er einen großen Bogen darum herum und passierte raumschots die Ziellinie. Dieses Ausweichmanöver hatte ihn drei Plätze gekostet, aber er war auf der sicheren Seite: immerhin Platz sechs. Bei der CARINA III langte es nur zu einem einundzwanzigsten Platz. Dennoch. Deutschland lag weiter in Führung.

Aber noch immer nahm niemand die Deutschen so richtig ernst. Zum dreifach zählenden Fastnet Race hatte Teamchef und Skipper Edward Heath das Ruder auf seiner MORNING CLOUD wieder selbst in die Hand genommen. Die entscheidende Langstrecke zum Fastnet Rock würde alles schon wieder ins richtige Lot bringen und England die Führung bescheren, war die Überzeugung der Briten.

Der erste Tag brachte herrliches Wetter und leichte Winde. Das Feld der Segler war weit auseinandergezogen. Am Abend kam der Nebel, und mit der Weitsicht war

Die CARINA III (G55) im harten Kampf mit der holländischen STANDFAST

es bis ins Ziel vorbei. Roland Schütze: „Wir hatten einen Funkpeiler an Bord. Auf dem Weg zum Fastnet Rock gab es einen Sender, Mizen Head an der Südwestecke von Irland, von uns etwa hundert Seemeilen entfernt. Der Funkstrahl war nicht genau zu messen. Eine Ungenauigkeit von zehn Grad und mehr war drin. Das war eine Schweißarbeit. Ich habe immer mitgekoppelt, es ist die einfachste Sache der Welt. Ich hatte schon im Februar anhand von Stromkarten alles ausgerechnet, überlegt, welche Kurse wir nehmen können. Wir waren eigentlich ganz gut, als wir den Felsen umrundeten. Hatten insofern auch Glück nach den wechselnden Winden. Bis wir dann alles verdaddelten, indem wir in die Flaute bei den Scillies fuhren. SAUDADE hat einen weiten Schlag nach See zu gemacht, bekam eine Brise Seewind und hat uns dann verhauen.

Edward Heath, britischer Premierminister und Skipper der MORNING CLOUD, würdigte den siegreichen Deutschen keinen Blick

Wir hatten aber offenbar alles richtig gemacht und die Aussies auf die Steine gelockt, genau das, was sie mit uns bei Land's End versucht hatten. Sie sind jedenfalls nach innen gegangen und dort unter Land versauert. Es hat schon Rennen gegeben, wo die unter Land im Vorteil waren. Aber in diesem Rennen waren wir besser, da war nichts mehr zu holen. Wir lagen mit den beiden anderen deutschen Yachten ziemlich dicht zusammen und segelten direkten Kurs von Land's End nach Plymouth. Ganz weit achteraus stand unser großer Konkurrent Edward Heath mit MORNING CLOUD. Im Ziel hieß es: SAUDADE Platz sieben, CARINA III Platz zehn und wir mit RUBIN lagen auf Platz elf. Das hat uns den Sieg gebracht. Die Leute auf der Pier warteten vergeblich auf die MORNING CLOUD. Sofort kamen die Australier und Amerikaner, später auch einige englische Crewmitglieder und beglückwünschten uns. Es gab eine Riesensause. Edward Heath ist an uns vorbeigegangen und hat keinen Ton gesagt. Er konnte wohl nicht über seinen Schatten springen."

Der Sieg des deutschen Admiral's-Cup-Teams 1973 war eine Sensation. Die Deutschen an der Weltspitze der Hochseesegler, wer hätte das gedacht! Das Meisterstück in der Höhle des Löwen war geschafft, die Sektkorken knallten. Australien kam auf Platz zwei, England auf Platz drei.

Wie ist es zu diesem Erfolg gekommen? Der konstruktive Geist der Designer der neuen Yachten, das Training der Mannschaften schon früh in der Saison und das taktische Wettsegeln allein sind keine genügende Erklärung. Der Grundstock zu diesem Erfolg wurde viel früher gelegt.

Ihr Mann steuerte die CARINA III für Dieter Monheim: Antje Beilken

DER FORMELFUCHS – INTERNATIONAL OFFSHORE RULE

Genau genommen 1961, als sich im Bremer „Park-Hotel" Konstrukteure und Segler erstmalig zusammensetzten und über die Möglichkeit diskutierten, eine international gültige Rennformel einzuführen. Hans-Otto Schümann und sein Freund Rolf Schmidt hatten unter anderen Olin Stephens, Alan Paul, Sekretär des Royal Ocean Racing Club, und aus Schweden Ola Wettergren, Gösta Du Rietz und Knud Reimers dazu eingeladen. Denn schon lange waren ihnen die unterschiedlichen Vermessungsformeln mit der unbefriedigenden Einstufung der Yachten in große und kleine Rennwerte ein Dorn im Auge. In England galt die Formel des Royal Ocean Racing Club, RORC, in den Vereinigten Staaten die Formel des Cruising Club of America, CCA, in Schweden die Svenska Havn Kryssare Regel, SHR, und in Deutschland die Kreuzer-Rennformel, KR.

Hans-Otto mit seinem besonderen Hobby, der Mathematik, und seinem analytischen Verstand studierte die Unterschiede der bestehenden Vermessungsformeln und ließ seine Schiffe nach allen vier Formeln vermessen. Aber dennoch sah er sich durch die Vermessung nach einer anderen Formel mehr oder minder beeinträchtigt.

Die Versammlung gründete das sogenannte Bremen Committee und traf sich regelmäßig zu Konsultationen. Ein Jahr später, in London, ging daraus das Offshore Rule Coordinating Committee hervor. Nacheinander traten Dänemark, Finnland, Holland, Frankreich, Italien, Australien, Kanada und Belgien diesem Committee bei, das sich später Offshore Racing Council nannte. 1967 erklärten sich auch die Amerikaner bereit, die britische RORC-Rumpfvermessung anzuerkennen, wenn die Briten die amerikanische Segelvermessung akzeptierten. Das geschah, und damit war der Weg für die International Offshore Rule, IOR, frei. Sie galt von 1970 an als Bau- und Ausgleichsformel.

Erst mit der Einführung der internationalen Rennformel ergab sich für die deutschen Seesegler überhaupt ein Anreiz, sich in dem Maße zu engagieren. Als die Voraussetzungen durch die Einführung der IOR-Formel geschaffen waren, propagierte Hans-Otto Schümann auch Dreieckskurse für die Seerennen auf deutschen Regattabahnen. Er war der Motor im Siebener-Ausschuß. Seitdem sehen die Programmschwerpunkte der Nordsee-Woche und der Kieler Woche für die Seesegler anders aus. Die besten Mannschaften mit dem neuesten Material segeln dort überwiegend auf Dreieckskursen.

Hans-Otto versprach, den Admiral's Cup zwei Jahre später zu verteidigen. Das war eigentlich jedem klar, denn das Bazillus hatte ihn nun endgültig befallen. Eintrag ins Logbuch der RUBIN am 30. März 1974: „Seit dem Admiral's-Cup-Sieg 1973 hat sich einiges geändert. Jetzt werden Trainingsregatten in der Ostsee gesegelt mit SAUDADE, JAN POTT, DUVA, WINDLIESE, CARINA und STRUNTJE." Schümann hatte große Pläne.

Seit Anfang des Jahres führte die Hamburgische Schiffbau-Versuchsanstalt wieder Schlepptankversuche für eine neue RUBIN durch. Hans-Otto traf sich 1974 mit Albert Büll im Hamburger Segel-Club, um ein gemeinsames Regattaprogramm für die Saison zu besprechen. SAUDADE sollte demnach Anfang April ihre ersten Trimmschläge im IJsselmeer machen, um sich Ostern mit der RUBIN vor Helgoland zu treffen. Nach

IM BAU: DAS SCHLEPPMODELL DER RUBIN V

Ostern sollte das mehrwöchige Training in der Ostsee fortgesetzt werden. Die Saison 1974 war in erster Linie als Vorbereitung für den Admiral's Cup 1975 gedacht. Albert Büll wollte auf jeden Fall die Cowes Week segeln, um sich noch mehr mit den dortigen Gewässern vertraut zu machen.

Hans-Otto nahm jede sich bietende Gelegenheit zum Regattasegeln wahr. Mit der Nordsee-Woche fing es an, es folgten eine Wettfahrt in der Flensburger Förde und die Kieler Woche mit den Regatten Kiel-Eckernförde-Kiel, der Langstrecke Rund um Fehmarn sowie die Dreiecke auf dem Stollergrund und um den Senatspreis. Anschließend segelte RUBIN von Kiel nach Sandhamn zur geliebten Gotland-runt-Regatta – und lieferte den Stockholmer Zeitungen Schlagzeilen wie: „Sie kam, sah und siegte. Die deutsche RUBIN siegt über alles gegen RÖDE ORM mit König Carl XVI. Gustaf an Bord und internationale Konkurrenz im Rennen Gotland-runt!" Wenn das keine Motivation für die Cup-Verteidigung im nächsten Jahr in England war.

Deutschlands engagierte Eigner und Skipper waren auf den Geschmack gekommen, seit im August 1973 RUBIN IV, SAUDADE und CARINA III der segelnden Hautevolee auf- und davogeschippert waren. Auf den renommierten Werften an der Unterweser in Bremen und Lemwerder sowie im holländischen Vollenhove, wo die berühmte Jachtwerf Huisman seit Jahren außergewöhnliche Rennmaschinen aus Aluminium auf Kiel legte, wuchsen Hochseeyachten, die das Nonplusultra der deutschen Branche darstellten. 1975 waren von sechzehn Bewerbern um einen Platz im deutschen Team acht Neubauten, die meisten davon wieder Risse von Sparkman & Stephens wie die neue RUBIN V. Aber Hans-Otto hatte mit Hilfe aufwendiger Schlepptankversuche ein eigenes Konzept entwickelt. Vornehmlich ging es ihm dabei um die Verbesserung der Kreuzeigenschaften unter Beibehaltung der hervorragenden Vormwind-Eigenschaften seiner alten RUBIN IV. Aus ihren Linien heraus wurde die neue konstruiert. Sie entstand aus zehn formverleimten Lagen Tabasco-Mahagoni bei Burmester in Bremen. Die Sloop hatte eine Segelfläche von einhunderteinundzwanzig Quadratmetern am Wind, verdrängte rund dreizehn Tonnen, war 15,36 Meter lang, 4,31 Meter breit und hatte einen Tiefgang von 2,31 Meter.

„Es wird sehr schwer werden in England", sagte Team-Chef Hans-Otto Schümann damals. „Mehr denn je werden letzten Endes die besten Crews entscheiden, nicht mehr die Schiffe. 1973 waren die deutschen Yachten technisch und konstruktiv das Neueste vom Neuen. Doch den technischen Vorsprung hat die Konkurrenz inzwischen aufgeholt. Eigentlich geht es nur noch um Sekunden. Genau genommen sind die hervorragenden Schiffe von 1973 kaum noch zu verbessern. Wir sind an einem gewissen Fixpunkt angekommen." Und weiter: „Unsere Schleppversuche in Hamburg und entsprechende Experimente in New York haben bestätigt: Die Neukonstruktionen, von gleicher Größe, sind, wenn überhaupt, nur noch minimal besser. Also werden die besseren Mannschaften entscheiden, das taktische Können. Nicht ein berühmter Segler wird bestimmend sein, nein, die eingespielten Crews sind wichtiger. Erstklassige Schiffe sind Voraussetzung. Nur der Segler, der die

Aufgeplankt und kurz vor dem „Zudeckeln":
Die RUBIN V – deutlich zu erkennen:
die Rahmenkonstruktion für Mast und Püttings.

Rechts daneben:
der Rumpf des Schwesterschiffes DUVA

Technik beherrscht, hat im Admiral's Cup eine Chance."

Zum ersten Härtetest der Qualifikationsregatten zur Nordsee-Woche vor Helgoland stellten sich auch die neue, ebenfalls bei Burmester gebaute DUVA III mit Dr. Peter Lubinus, ein nahezu identisches Schwesterschiff der RUBIN V. Willy Illbrucks neue PINTA III entstand ebenso wie die neue SAUDADE bei Huisman in Aluminium, beide natürlich auch wieder von Sparkman & Stephens. Inzwischen war ein neuer Stern am Konstrukteurshimmel aufgegangen: Doug Peterson aus den USA. Seine CHRISTINE, auf Rechnung von Dr. Flick bei Abeking & Rasmussen in Aluminium gebaut, war vierzehn Meter lang – der Neuling in der Szene. Relativ neu in der Szene auch eine kanadische Konstruktion von Cuthbertson & Cassian: die TINA-i-PUNKT von Thomas Friese aus Hamburg, Hans-Ottos Konkurrent aus dem Hamburger Segel-Club. Der in Finnland gebaute Zweitonner war mit dem fast gleich großen S & S-Neubau DOROTHEA von Wolfgang Petersen aus Hamburg das kleinste Schiff der neuen Serie. Die 14,30 Meter lange STRUNTJE von Dr. Günter Havemann und die RUBIN-Schwester JAN POTT von Norbert Lorck-Schierning waren beides Yachten aus dem Jahr 1974.

Die Neubauten waren erheblich billiger als ihre faszinierend schönen, unglaublich schnellen und teuren Vorgänger von 1973. Sportliche und wirtschaftliche Gründe hatten dabei gleichen Einfluß. Messe, Pantry und Naßzelle wurden auf der RUBIN ins

Die Rund-um-Skagen-Regatta 1975 entwickelte sich zu einer harten Mut- und Materialprobe. Rechts: SAUDADE und CHRISTINE

Achterschiff verlagert. „Die neuen Schiffe habe keine teuren Einrichtungen mehr", sagte Hans-Otto, „sondern nur noch tuchbespannte Hängekojen aus Aluminiumrahmen. Das spart Gewicht und - Geld." Ob er wohl insgeheim den schönen, luxuriösen Yachten früherer Jahre eine Träne nachgeweint hat? Doch er war Sportsmann genug und schöpfte aus seiner Erfahrung als Geschäftsmann: Nur wer sich ständig den Veränderungen anpaßt, hat Erfolg.

Helgolands Hafen war zum Bersten voll: Zweihundertzwanzig Touren- und einhundertdreißig Regattayachten lagen im Päckchen, eine Rekordbeteiligung. Die Steuermannsbesprechung für die wegen Nebels und Flaute ausgefallene Langstreckenregatta Rund um Helgoland in der legendären „Südkantine", einer Kneipe vornehmlich für hartgesottene dänische und isländische Fischer, blieb nicht ohne Folgen. Überhaupt war die personell unterbesetzte und technisch unzureichend ausgerüstete Wettfahrtleitung mit dem hohen Anspruch der Segler, besonders der Cupper-Segler, überfordert.

Die Ausscheidungswettfahrten brachten den erwarteten harten Kampf. In der Wertung war auch die Regatta Rund um Skagen nach Kiel über rund 520 Seemeilen. Windstärke 9, in Böen bis 10 Beaufort aus Nordwest, später über Nord auf Nordost drehend, lautete die Wetterprognose. 9 Windstärken auf der Nordsee und dann gegenan, härtere Regattabedingungen kann man sich kaum vorstellen. Die Admiral's-Cup-Bewerber mußten das auf Biegen und Brechen durchstehen, wollten sie in der Wertung bleiben, denn die Skagen-Regatta zählte doppelt.

Dann fing eine Yacht einen verstümmelten Funkspruch eines anderen Bootes mit Mastbruch auf, so daß die Wettfahrtleitung eine Suchaktion auslöste, an der sich auch Flugzeuge beteiligten. Es ging um die CHRISTINE mit Hannes Beilken an Bord. RUBIN-Navigator Arnd Noack trug ins Logbuch ein: „Donnerstag, 22.5.1975, 11.30 Uhr: Nordwest 8 bis 10. Thyborøn querab 3,5 Seemeilen. 18.00 Uhr: Hirtshals. Segelführung: Groß und Sturmklüver. 21.30 Uhr: Im Wetterbericht von DAN um 21.10 Uhr MEZ PAN-PAN-Meldung: CHRISTINE vermißt!

An Skagen Radio, Kanal 4: CHRISTINE okay, bitte an DAN geben. Skagen Radio bestätigt. Von Kiel Radio über Skagen Radio neues Rufzeichen DA 8196 erteilt, da DA 6145 bereits vergeben, Urkunde wird noch erteilt. Noack." Und weiter: „Freitag, 23.5. 1975, 00.10 Uhr: W 1, passieren unter Groß und Spinnaker SKAGEN REV-Feuerschiff an Steuerbord."

RUBIN passierte als erste Yacht das Feuerschiff vor PINTA und CHRISTINE, danach folgten SAUDADE, DUVA und STRUNTJE. Für die Admiral's-Cup-Yachten waren diesmal die Zieldurchgangszeiten am Feuerschiff zugleich die Startzeiten zum zweiten Teil des Rennens nach Kiel. Schiffe und Mannschaften waren aufs äußerste gefordert worden. In der Ostsee begann anschließend das Kontrastprogramm: Topfschlagen bei Totenflaute. Das war die Stunde der Leichtwetterspezialisten. TINA-i-PUNKT beispielsweise, die elf Stunden nach RUBIN das Feuerschiff gerundet hatte, kam unter diesen leichten Bedingungen bis nahe an die Spitzengruppe PINTA und RUBIN heran, wobei PINTA erstes Schiff im Ziel war. Der Halbtonner SISU II war letztlich Sieger über alles nach berechneter Zeit.

Wenn auch Schiffe und Segler Blessuren davontrugen, die mörderische Belastungsprobe hatten beide gut bestanden. Von

sechsunddreißig gestarteten Yachten erreichten nur zwölf das Ziel KIEL-Feuerschiff.

Der Protest gegen die Teilung der Skagen-Wettfahrt wurde vom Schiedsgericht abgelehnt mit der Begründung, es seien nicht zwei Wettfahrten, sondern eine Wettfahrt mit zwei Wertungen gesegelt worden. Ferner empfahl es, zur Kieler Woche eine vierte Qualifikation beim Senatspeis auszusegeln. Zur Halbzeit der Ausscheidungsregatten sah die Wertung RUBIN, PINTA, JAN POTT, DUVA, CHRISTINE, SAUDADE – im Admiral's Cup 1973 noch schnellstes Boot – und TINA-i-PUNKT auf den Plätzen.

Während der Kieler Woche wurde weitergekämpft bis aufs Messer, mit Wende- und Kreuz-Duellen und haarsträubenden Tonnenmanövern. Am Ende gewannen die stärksten Mannschaften mit den schnellsten Schiffen, denn RUBIN V und DUVA erwiesen sich als beste Allround-Schiffe. Und obwohl PINTA nie über einen zweiten Platz hinaus kam, segelte sie mit Skipper Berend Beilken sehr beständig und kam in der Gesamtwertung knapp vor der DUVA auf Platz zwei der Qualifikation. Damit hatte Deutschland drei fast gleich große Boote im Team. Bei dieser Ausscheidungsserie wurde mit harten Bandagen gekämpft, vor allem am grünen Tisch der Jury, die zahlreiche Proteste, auch Vermessungsproteste, verhandeln mußte, bis sie endlich das deutsche Admiral's-Cup-Team 1975 nominieren und nach England melden konnte.

Ausscheidungskämpfe auf der Ostsee (v.l.) SAUDADE, DUVA, RUBIN, STRUNTJE, JAN POTT und PINTA

ADMIRAL'S CUP 1975
RUBIN, PINTA UND DUVA

In England hatten sich die BATTLECRY und die NORYEMA, mit mehr als fünfzehn Meter Länge ziemlich große Boote, sowie die YEOMAN XX, ein Doug-Peterson-Zweitonner von dreizehn Meter Länge, qualifiziert. Während die BATTLECRY eine Weiterentwicklung des S & S-Entwurfs SAUDADE von 1973 war, stammte die NORYEMA vom Zeichenbrett des Argentiniers German Frers.

Die Amerikaner schickten die kleine ROBIN von Ted Hood ins Rennen und die Frers 49 TENACIOUS, dritte im Bunde war die CHARISMA von S & S. Sie wurden gesegelt von Ted Hood, Ted Turner und Dennis Conner, alle drei von legendärem Ruf beim America's Cup. Australiens Team bestand aus der großen BUMBLEBEE 3 von Frers, LOVE AND WAR von S & S, und MERCEDES IV von Ted Kaufman. Deutschland, England, Australien und die USA galten als Favoriten unter den neunzehn Nationen, die gemeldet hatten. Und dem Superlativ von 1973 konnte wieder einer hinzugefügt werden: So viele Nationen wie nie zuvor nahmen an der „battle of Solent" teil. Die Eigner und Mannschaften hatten viel Geld und Wochen ihrer Freizeit geopfert, sie kamen aus den entlegensten Gegenden der Welt, von der Westküste Kanadas wie aus Australien, ein unglaublicher Aufwand, wenn man bedenkt, daß die einzige greifbare Entlohnung für so viel Energie und Geld nichts weiter ist als ein Silberpokal und einige Trophäen.

Aber im Admiral's Cup kämpfte man

UNTER SPINNAKER UND BLOOPER GEGEN EINE STARKE TIDE BEI ABNEHMENDEM WIND - RUBIN

RUBIN

nicht wegen der Trophäen, sondern um die Mannschafts-Weltmeisterschaft im Hochseesegeln. Als etwas anrüchig nahm man außerhalb Englands die Meldungen von Hong Kong und der Schweiz zur Kenntnis, deren Besatzungen sich fast ausschließlich aus Engländern rekrutierten. Es sollte eine flaue, nervenaufreibende Serie werden.

Im Channel Race lag RUBIN mit NORYEMA über fast zweihundert Seemeilen nach berechneter Zeit in Führung, mußte aber kurz vor der letzten Bahnmarke vor Cowes, Nab Tower, durch eine leichte Rückdrehung des Windes auf Nordost noch mit zwei Schlägen gegen den Strom aufkreuzen. Die Konkurrenz dagegen konnte sich noch Reservehöhe holen und lief nur eine halbe Seemeile weiter östlich mit frischer Brise durch. Dadurch fiel der schon greifbare erste Platz an die NORYEMA, und die nachfolgende PINTA segelte auf diesem Schlag eine halbe Stunde gegen die RUBIN heraus. Unruhe aber stiftete das Abschneiden der DUVA, die schon ihren Start verpatzte und sich bis zum Ziel nicht mehr erholte: Fünfter Platz für die PINTA, achter Platz für RUBIN und Platz neunzehn für die DUVA. In der Gesamtwertung lag Deutschland hinter den führenden Amerikanern auf Platz zwei. Ein guter Auftakt.

Im ersten Inshore Race bei einigermaßen konstanten Windverhältnissen Stärke 3 bis 4 setzte sich die PINTA von Anfang an an die Spitze. RUBIN belegte den fünften Platz, nur die DUVA kam über den zweiundzwanzigsten Platz nicht hinaus. Dennoch reichte es dem deutschen Team zur Gesamtführung. Die Amerikaner waren abgefallen, die Engländer hatten durch gute Plazierungen ihrer drei Schiffe aufgeholt.

Das zweite Inshore Race war in den Augen aller Beteiligten eine Katastrophe vom Wind her und hätte überhaupt nicht gewertet werden dürfen. Die Bahn verlief vom Westteil des Solent mit leichten, drehenden, westlichen Winden durch ein völliges Flautenloch in der Mitte zum Ostteil, wo eine leichte östliche Brise wehte, und wieder zurück durchs Flautenloch. Bei der abschließenden Zielkreuz gegen den Strom schlief der Wind dann völlig ein, so daß der größte Teil der Flotte erst in der Dunkelheit nach Kenterung der Tide ins Ziel gedrückt wurde. Zu allem Überfluß reichte die neuseeländische GERONTIUS auch noch eine Klage wegen Verletzung der Vorfahrtsregel gegen RUBIN ein, die sie gewann, so daß Hans-Otto auch noch die Punkte verlor, die ihm für den siebzehnten Rang zustanden. Was war passiert? RUBIN hatte, auf Steuerbordbug liegend, der GERONTIUS nicht rechtzeitig Raum geben können. Als sie endlich, mit wenig Fahrt im Schiff, durch den Wind kam, war es zu spät. GERONTIUS berührte RUBIN am Heck und protestierte. Platz neunzehn für PINTA, Platz vierzig und einundvierzig für DUVA und RUBIN. Das war mehr als frustrierend.

Von einem fairen Verlauf der Regatta konnte keinesfalls die Rede sein. Amerikaner, Australier und Deutsche fühlten sich denn auch vom Royal Ocean Racing Club verschaukelt, daß für eine solche Wettfahrt kein Zeitlimit vorgesehen war. Natürlich nutzten die Engländer, die in ihrem eigenen Revier jeden Strudel kannten, diese Situation aus und fuhren so viele Punkte ein, daß sie die Gesamtführung vor den Amerikanern und Deutschen übernahmen.

Sollte auch diesmal wieder das Fastnet Race zu einer Flautenschieberei werden wie vor zwei Jahren? Es kam noch schlimmer. Hans-Otto: „Anfangs wehte eine gute mittlere

Brise. Mit Strom und gegen den Wind machten sich rund zweihundert Yachten auf die lange Reise. In der Nacht wurde es bei Lizard Point und Land's End flau. RUBIN hatte die Führung übernommen, doch leider mit einem kurzen Schlag in die Keltische See wieder verloren. Dennoch rundete RUBIN kurz hinter PINTA und BATTLECRY, aber noch vor der NORYEMA den Fastnet Rock. Auf der Rückreise briste es kurzzeitig auf und wir liefen unter Spinnaker. Doch dann setzte die Flaute ein, so daß die vier Hauptkonkurrenten in der Nacht für etwa acht Stunden bei den Scilly Isles bewegungslos in der Tidenströmung dümpelten."

Die Holländer hatten die besten Karten mit ihren Serienbooten GOODWIN und STANDFAST vom Typ Standfast 40, denn sie hatten einen weiten Bogen um die Scillies gemacht. „Eine sehr langsam von Süden einsetzende Brise brachte die beiden am südlichsten stehenden NORYEMA und PINTA wieder in Fahrt", erzählt Hans-Otto, „bis wir sie nur noch mit dem Glas am Horizont ausmachen konnten. Dann erwischte BATTLECRY eine Brise, und als letzte kamen auch wir langsam in Fahrt. In dieser Situation entschloß ich mich, trotz eines größeren Umweges extrem nach Süden zu gehen, auf ungefähr zehn Seemeilen Abstand von Lizard Point, da ich aus Erfahrung des letzten Admiral's Cup wußte, daß unter Land bei dieser Wetterlage meistens Flaute herrscht.

Wir bekamen auch die erhoffte Brise zu fassen und beobachteten, wie wir langsam aber sicher den unter Land liegenden Schiffen wieder aufkamen und dann das Ziel Plymouth in der Reihenfolge NORYEMA, RUBIN, PINTA und BATTLECRY innerhalb von zehn Minuten passierten." Nur die DUVA ließ auf sich warten. Erstes Schiff im Ziel war die größte amerikanische Yacht CHARISMA, doch insgesamt hatten die Amerikaner keine Chance mehr. Mit der kleiner vermessenen NORYEMA hatten die Engländer ihren Vorsprung weiter ausgebaut und somit klar den Admiral's Cup 1975 gewonnen. Damit war für das deutsche Team der Pokal zwar weg, aber immerhin hielten sie den zweiten Platz vor den Amerikanern. Überraschend landete Holland auf dem vierten, die Australier weit abgeschlagen auf dem neunten Platz.

Hans-Otto Schümann, 1975 zum stellvertretenden Vorsitzenden des Royal Ocean Racing Club gewählt, setzte sich bald darauf für bessere Bedingungen bei den Inshore-Rennen ein und schlug vor, drei statt zwei Dreiecke zu segeln mit der Möglichkeit eines Streichers. Außerdem plädierte er für die Verlegung der Bahnen in den Westteil des Solent, damit ein vernünftiger Am-Wind-Start möglich werde, sowie ein Zeitlimit. Ein Zeitlimit wurde eingeführt und zusätzlich auch noch ein drittes Inshore Race, aber leider kein Streicher.

Für das Jahr 1977 hatte der veranstaltende Royal Ocean Racing Club die Größe der Admiral's-Cup-Yachten auf 32 Fuß IOR im unteren Bereich, was den inzwischen sehr populär gewordenen Zweitonnern entsprach, und im oberen Bereich auf 42 Fuß IOR festgelegt. Die erste Möglichkeit für die Admiral's-Cup-Aspiranten, sich in Wettfahrten zu messen, bot die traditionelle MAIOR-Regatta vor Kiel. Alles sprach für eine spannende Qualifikationsserie der dreizehn Team-Bewerber. In Klasse I siegte die RUBIN, die wie gewohnt aus der zweiten Reihe Sicherheitsstarts fuhr. SAUDADE kam wegen eines fehlenden Meßbriefes nicht in die Wertung, DUVA wurde Dritte. In Klasse II siegte die neue MAGICA von Horst Schuldt vor der

VINETA von Felix Scheder-Bieschin und der neuen SISISI von Heiner Schneider. Sie galten ebenso als Favoriten wie die Leichtwetterschiffe PINTA und die neue CHAMPAGNE von Peter Westphal-Langloh mit Skipper Berend Beilken. Doch das Klima in der Dickschiffszene war deutlich rauher geworden. Es wehte ein scharfer Wind. Wo viel Konkurrenz ist, wird mit unkonventionellen Methoden gekämpft.

Zur Nordsee-Woche begann wieder der Cup-Reigen im Helgoländer Südhafen: RUBIN, DUVA, PINTA, TINA-i-PUNKT, DOROTHEA, MAGICA, JAN POTT, CARINA III, STRUNTJE, SUCA mit Willy Kuhrt aus Wedel bei Hamburg, WINDLIESE von Horst Evers, VINETA, SAUDADE und CHAMPAGNE.

Hans-Otto hatte seine RUBIN im Winter leicht modifiziert. Das Schiff bekam einen neuen Kiel, einen neuen, schmaleren Mast und ein neues Rigg, alles nach neuesten Gesichtspunkten. Von April an wurde eisern jedes Wochenende trainiert, mit Co-Skipper Hannes Beilken an Bord. Aber seine beiläufige Äußerung vorm ersten Start machte hellhörig. Er deutete an, er komme ja aus dem

SUCA in Trouble

Nordsee-Woche 1977, Qualifikationsregatten – RUBIN gewinnt den Luvkampf gegen Struntje

Fahrtensegeln und wolle das auch wieder mehr betreiben. „Vielleicht ab und zu nochmal eine Regatta." Nanu, war Hans-Otto regattamüde? An seiner realistischen Einschätzung der Situation schon vor zwei Jahren hatte sich nichts geändert: Die Formel sei bis ins letzte ausgereizt, die Schiffe könne man kaum noch besser machen, es komme aufs Wetter an, auf die Winddrehungen, auf die Zufälle, die Taktik und natürlich auf die Crew. Gewinnen werde das Team, das die wenigsten Fehler mache. Deshalb habe jeder eine Chance – er auch. Er hatte erfahren, daß die Amerikaner zwanzig Schiffe für ihre Ausscheidungsregatten neu gebaut hatten, Konstruktionen von Britton Chance, Doug Peterson, Ron Holland, German Frers und Gerry Mull.

Wie nicht anders zu erwarten, war RUBIN bei den fünf Regatten vor und rund um Helgoland immer ganz vorn dabei und sammelte Punkte. Überragend war die CHAMPAGNE, einen guten Eindruck hinterließen auch die PINTA, DUVA und SAUDADE mit Co-Skipper Willi Kuhweide an Bord. Der Kreis der Team-Bewerber war auf diese fünf Yachten zusammengeschrumpft, die nun versuchten, in der zweiten Hälfte des Ausscheidungszyklus in Kiel ihre Positionen zu halten beziehungsweise zu verbessern. CHAMPAGNE und PINTA hatten die Qualifikation klar geschafft. Jetzt ging es nur noch darum, ob das dritte Schiff im Team RUBIN oder DUVA hieß.

Die Entscheidung fiel in der Fehmarn-Langstrecken-Regatta zum Vorteil von RUBIN, die bei leichtem Wetter DUVA um einen entscheidenden Platz schlug. Dr. Peter Lubinus hätte also zu Hause in

PINTA (OBEN) UND CHAMPAGNE (UNTEN) SEGELTEN SICH INS ADMIRAL'S-CUP-TEAM

Kiel bleiben müssen, wenn er nicht auf die Idee mit dem Propeller gekommen wäre. Es hatte sich nämlich herausgestellt, daß die aussichtslos im Mittelfeld gelandete SUCA ohne Propeller gesegelt war, den das Reglement aber vorschrieb. Die SUCA wurde disqualifiziert, die DUVA gleichzeitig in der Punktzahl aufgewertet. Nun lag sie einen Viertelpunkt vor RUBIN.

ADMIRAL'S CUP 1977
DUVA UNFAIR

Hans-Otto erinnert sich: „Daraufhin habe ich nach der letzten Regatta einen Vermessungsprotest gegen die DUVA eingereicht mit der Begründung, daß der Stabilitätsfaktor nicht stimmen könne, weil sie viel aufrechter gesegelt sei, als sie es nach dem Faktor hätte tun können. Der Protest wurde abgelehnt, die DUVA in England als drittes deutsches Schiff gemeldet. Bei der Nachvermessung aufgrund der Meldung stellte sich heraus, daß tatsächlich der Faktor, wie ich gesagt hatte, falsch war. Er war höher. Es gab erneut ein Meeting. Dann hieß es, schön, laß uns das doch sportlich regeln. Ihr beiden segelt nochmal gegeneinander drei Regatten, und wer zwei gewinnt, fährt zum Admiral's Cup nach England. Falls die bereits gemeldete DUVA verlieren sollte, würde sie durch ihr Nicht-Erscheinen in England zeigen, daß sie nicht zur Verfügung stehe – not available. In diesem Falle würde RUBIN als Ersatzschiff nach England gemeldet. Die Regatten wurden gesegelt, RUBIN gewann die erste, gewann die zweite Wettfahrt. Und damit war es erledigt. Der

DUVA, Schwesterschiff der RUBIN, enttäuschte 1977

Deutsche Segler-Verband nominierte die RUBIN nachträglich als drittes Teamschiff.

Die DUVA hielt sich nicht an die schriftliche Vereinbarung, segelte nach England und machte in Cowes fest. Damit dokumentierte sie dem Veranstalter, daß sie doch verfügbar - available - war. Der akzeptierte die Nachmeldung der RUBIN nicht. So mußte DUVA im Admiral's Cup segeln.

Ich war natürlich sauer. Die Stimmung an Bord war gedrückt. Wir haben trotzdem die Regatten als normales Klasse-I-Schiff in der parallel laufenden Cowes Week mitgesegelt. Das Fastnet war ganz flau, auf halbem Weg zum Felsen sogar totenflau. Wir überlegten nicht lange und entschieden dann: Wir sind ja nicht im Cup, also Maschine an, Nationale gesetzt, wir fahren nach Hause."

Im Logbuch liest sich das so: „09.45 Uhr. Regatta aufgegeben, da kein Wind aufgrund der Wetterlage und Wettermeldungen zu erwarten war. Crew und Schiff mußten am Wochenende wieder in Deutschland sein. Bei den vorherrschenden Winden wäre die Regatta aber erst frühestens am Sonntag zu Ende gewesen. RUBIN lag in Führung der Klasse I, zusammen mit BAY BEA, RECLUTA und CHAMPAGNE. Kurs Scilly Isles unter Motor. 20.30 Uhr fest ›Hugh Town‹ zum Tanken. 00.15 Uhr mit Motor Kurs Plymouth. 06.30 Uhr Lizard Point rechtweisend. 14.30 Uhr Plymouth fest."

Hans-Otto weiter: „Wir besuchten zum ersten Mal die Scilly Isles. In einer traumhaften, klaren Mondnacht liefen wir an bizarren Felsen vorbei, die im fahlen Licht wie eine Mondlandschaft wirkten, und machten in dem Hafen fest. Haben schön Lobster gegessen und auf diese Weise im Pub das Fastnet abgewettert. Wir tankten nochmal nach und fuhren mitten in der Nacht mit Maschine in der Flaute nach Hause. Das war das einzige Fastnet, das ich aufgegeben habe.

DUVA hatte nicht besonders gut abgeschnitten. Peter Lubinus zog daraufhin die Konsequenz und sagte, gut, ich gebe das Regattasegeln erstmal auf. Dann haben wir beide uns wieder vertragen und sagten, okay, ist erledigt, laß uns Freunde bleiben. Er hatte also eingesehen, daß das nicht ganz in Ordnung war. Aber das war seine Crew, er hat sich nicht durchsetzen können gegen seine Crew. Ich bin mit Peter Lubinus nach wie vor befreundet und das ist längst erledigt."

Es war das längste Fastnet Race in seiner Geschichte. Den Admiral's Cup 1977 gewann von neunzehn teilnehmenden Nationen, darunter erstmals Polen und Japan, England mit YEOMAN XX, MARIONETTE und MOONSHINE vor den USA mit IMP, SCARAMOUCHE und BAY BEA, Hong Kong und Deutschland.

Ein Jahr später wurde Hans-Otto Schümann, Vizepräsident des Deutschen Segler-Verbandes, Obmann der Kreuzer-Abteilung des Deutschen Segler-Verbandes und Erster Vorsitzender des Hamburger Segel-Clubs, das Bundesverdienstkreuz „in Anerkennung seiner Erfolge im Hochseesegeln und der von ihm geschaffenen internationalen freundschaftlich-sportlichen Beziehungen" verliehen.

Unterdessen entstand auf der Burmester-Werft ein von Doug Peterson gezeichnetes Zweitonner-Modell für Schleppversuche. Ein zweites Modell hatte Hans-Otto bei Ron Holland in Auftrag gegeben, denn als Mitglied

Gute Miene zum bösen Spiel – nach unfairem Gerangel segelte Hans-Otto Schümann (links) die parallel zum Admiral's Cup laufende Cowes Week 1977

im Offshore Racing Council rechnete er zum nächsten Admiral's Cup mit einer Formeländerung im Hinblick auf das Gewicht der Schiffe. „Ich will mit den beiden Modellen in Schleppversuchen herausfinden, wie man wieder zu einer normalen Formel findet, die auch ältere IOR-Yachten begünstigt."

NEU: SARDINIA CUP 1978

1978 kam es während der Nordsee-Woche zur ersten Qualifikationsserie für den neuen Sardinia Cup. Die Italiener hatten also schnell reagiert und eine neue Mannschaftsserie vor Porto Cervo an der Costa Smeralda, der Edelsteinküste im Norden Sardiniens, aufgelegt. Aus Frust über den Heimvorteil der Engländer bei derart extremen Leichtwetterbedingungen wie beim letzten Admiral's Cup? Vom Image des Aga Khan umworben und von der Übernahme angeblich sämtlicher Kosten hochgespielt, bahnte sich hier eine Weltklasse-Regattaserie an, deren Verlauf mit großer Spannung erwartet wurde.

Die Ausschreibung sah pro teilnehmender Nation drei Yachten in der Größe zwischen 30 und 40 Fuß vor. Im Programm standen eine einhundertfünfzig Seemeilen lange Regatta durch die Straße von Bonifacius zwischen Sardinien und Korsika, eine dreihundertachtzig-Seemeilen-Regatta von Porto Cervo nach Hyères in Südfrankreich und zurück sowie zwei dazwischen liegende Kurzregatten von etwa je fünfunddreißig Seemeilen. Es gab interessante Preise zu gewinnen, und die Veranstaltung sollte jedes zweite Jahr wiederholt werden – eine getreue Kopie des Admiral's Cup im Mittelmeer mit Schönwetter- und Windsicherheit.

Auch der Ausscheidungsmodus war der gleiche wie zum Admiral's Cup: Die Aspiranten sollten sich in vier Wettfahrten anläßlich der Nordsee-Woche und in vier weiteren während der Kieler Woche messen. Sieben Yachten hatten daran teilgenommen, überragend schnitten dabei RUBIN und PINTA ab. Der Deutsche Segler-Verband nominierte schließlich als erstes deutsches Sardinia-Cup-Team die Yachten RUBIN, PINTA und SiSiSi.

Heiner Schneider war allerdings der Meinung, er müsse für das Mittelmeer ein leichteres Schiff haben, und charterte die CHAMPAGNE. Sie wurde nun unter dem Namen SiSiSi CHAMPAGNE zusammen mit der PINTA auf dem Landweg über Frankreich verladen. RUBIN segelte auf eigenem Kiel mit Skipper Jörg Heinritz und einer Überführungscrew nach Stops in Plymouth und Gibraltar nach Porto Cervo.

Der veranstaltende Yacht Club Costa Smeralda mit seinen Anlagen war ein Unternehmen, das seinesgleichen in Europa suchte. Eine supermoderne Marina mit rund sechshundert Liegeplätzen, alle mit Wasser-, Strom-, Telefon- und Fernseh-Anschluß und einer exakt funktionierenden Müllabfuhr. Am Ende des Hafens war eine Reparaturwerft angegliedert. Hier war das Reich von Gerhard Gilgenast, dem deutschen Leiter der Porto-Cervo-Werft. Er war der eigentliche geistige Vater des Cups. Das Clubhaus an der Hafeneinfahrt befriedigte die luxuriösesten Ansprüche.

Zur Regattacrew der RUBIN zählten neben Hans-Otto Schümann Hannes Beilken, Christian, Jan und Jörg Heinritz, Uli Tischendorf, Jochen Wiese, Peter und Horst Schütze. Uli berichtet: „Zur Zeit unserer Ankunft ging die Mediterranian Championship bei sehr leichten Winden gerade zu Ende, und unser Team konnte noch zwei Regatten außer Konkurrenz mitsegeln, um sich mit den dortigen Verhältnissen etwas vertrauter zu

machen. Unsere Befürchtung, der Wind wäre dort immer so flau, erwies sich aber als unbegründet."

Der Sardinia Cup begann recht verheißungsvoll. Alles, was in der Welt des Hochseesegelns Rang und Namen hatte, war vertreten, beispielsweise aus Amerika so bekannte und erfolgreiche Yachten wie ACADIA, WILLIWAW und MANDRAKE. Die Italiener waren mit den schnellen Peterson-Zweitonnern DIDA und YENA und der VANINA II von Scott Kaufmann am Start.

Uli erzählt: „Am 29. August, dem Start zum Asinara Race über einhundertfünfzig Seemeilen, kachelte es morgens mit 11 Windstärken, so daß der Start auf nachmittags verlegt werden mußte. Bei noch immer 7 Windstärken gingen die Boote der zwölf teilnehmenden Nationen auf die Reise. Leider brach auf der SiSiSi CHAMPAGNE, in guter Position liegend, in der Nacht der Mast. Das war für das deutsche Team sehr schmerzlich, denn es mußte nun die Regatta mit der doppelten Punktwertung mit nur zwei Schiffen segeln. Die PINTA blieb in der Flaute liegen, RUBIN belegte aber einen sehr guten vierten Platz.

Das erste Inshore Race verlief für das deutsche Team sehr gut. RUBIN sicherte sich den hervorragenden zweiten Platz, PINTA den fünften, und der sechzehnte für die angeschlagene SiSiSi CHAMPAGNE ließ alle wieder hoffen.

Doch die Hoffnungen waren schnell zunichte. Die Chancen wurden nur Sekunden nach dem Startschuß zur Hyères-Regatta begraben. Im Logbuch steht: „13.00 Uhr. Start am Startschiff geplant. Beim Startschuß – Entfernung zur Startlinie eine Schiffslänge – Kurs auf das Heck des Startschiffes. Die SAUDADE folgte nicht ihrer Verpflichtung, nach dem Startschuß auf richtigen Kurs zu gehen, sondern segelte hoch am Wind auf das Heck des Startschiffes zu, ohne die Startlinie zu passieren. Obwohl Raum von der RUBIN verlangt wurde, rammte sie die RUBIN von Lee und drückte sie gegen das Heck des Startschiffes. Wir informierten die SAUDADE nach der Kollision davon, daß wir Protest gegen sie einlegen würden und setzten etwa zwei Minuten nach der Kollision die Protestflagge. Durch die Kollision war ein offenes Loch an der Steuerbord-Außenhaut entstanden. Dieser Schaden war mit Bordmitteln nicht zu beheben und ließ nach seemännischen Gesichtspunkten eine Fortsetzung der Regatta nicht zu. Um 13.15 Uhr wurde die Nationale gesetzt und der Hafen angelaufen."

Wieder mußte das deutsche Team mit nur zwei Schiffen eine Regatta segeln, deren Punktwertung sogar mit drei multipliziert wurde.

Das Endergebnis allerdings sah besser aus, als nach diesen Havarien zu befürchten war: 1. Italien, 2. USA, 3. Belgien, 4. England und 5. Deutschland, gefolgt von Monaco, Kanada, Schweiz, Griechenland, Malta, Australien und Frankreich. In der Einzelwertung der sechsunddreißig Yachten erreichte die PINTA mit dem 6. Platz ein gutes Ergebnis.

Zusammenfassend war der Sardinia Cup 1978 ein hochwertiges sportliches Ereignis. Gute Windverhältnisse, ein navigatorisch interessantes Seegebiet und eine gute Organisation stellten alle Teilnehmer zufrieden. Die Veranstalter wollten sich damit aber nicht zufrieden geben, sondern sammelten in einer Besprechung mit allen Team-Chefs bereitwillig Anregungen für die nächste Veranstaltung in zwei Jahren. Vom gesellschaftlichen Standpunkt betrachtet boten die vielen verschiedenen Veranstaltungen, die vom ausgesprochen freundschaftlichen Geist des

Prinzen Aga Khan getragen wurden, etwas ganz Besonders. An den regattafreien Tagen ankerten die Yachten in einer der vielen zauberhaften Badebuchten in herrlich klarem Wasser, und die Besatzungen nutzten die Zeit in südlicher Wärme zum Baden, Schnorcheln und Tauchen.

Zur Preisverteilung am 9. September 1978 waren immerhin zwei Minister, Prinz Aga Khan und die Begum sowie der Präsident des Internationalen Segler-Verbandes, Beppe Croce, angereist, was deutlich machte, welches Gewicht man in Italien diesem Wettbewerb beimaß. „Auf unserer Seite gab es jedenfalls niemanden," so Uli, „der nicht gern in zwei Jahren wieder in Sardinien segeln wollte, Hans-Otto eingeschlossen." Er besaß inzwischen ein Haus in Marbella im Süden Spaniens. RUBIN V blieb also im Mittelmeer.

Erste Veränderungen für die Saison 1979 zeichneten sich schon auf dem traditionellen Hoochseesegler-Abend im Bremer Rathaus ab. Die Seesegler staunten nicht schlecht, als sie die neueste Nachricht hörten, daß es im kommenden Jahr noch zwei zusätzliche Qualifikationsregatten für den Admiral's Cup geben sollte. Dann stünden elf Wettfahrten statt acht oder neun auf dem Terminkalender, und schon wurde geunkt, daß sich Amateure diesen Sport bald nicht mehr werden leisten können, es sei denn, sie hätten zwölf Wochen Urlaub.

Nach den Vorstellungen der Arbeitsgruppe Seesegeln-Nord sollten die Selektionen diesmal in der Ostsee mit zwei Dreiecksregatten und einer Langstrecke beginnen. Fortsetzung wie üblich zur Nordsee-Woche mit vier Wettfahrten vor und rund um Helgoland. Das Skagen-Rennen wurde nicht mit einbezogen. Den Yachten blieb dann noch eine Woche Zeit zwischen Helgoland und der Kieler Woche mit den abschließenden vier Wettfahrten.

Später als erwartet wurde die neue RUBIN VI auf der Burmester-Werft fertig. Hans-Otto hatte sich für den Entwurf von Doug Peterson entschieden und ihn modifiziert. Der Rumpf aus formverleimtem Holz wurde durch einen Aluminiumrahmen ausgesteift. Das Schiff hatte ein Titanium-Ruder mit verstärktem Bolzen, war 12,66 Meter lang, 3,92 Meter breit, hatte einen Tiefgang von 2,31 Meter und ein Rating von 31.6 Fuß IOR. Die Segelfläche am Wind betrug fast vierundneunzig Quadratmeter.

„Aufgeslippt heute zur Taufe,
kaum der Schnee grad' aus der Traufe
übt die Crew gleich auf der Stelle
ihre erste Riesenwelle.
Seht, der Mann, dem ihr vertraut,
hat Euch einen Schwan gebaut!
Spantenlos, ohne Balkweger,
so bequem wie 'n Kranausleger.
Wartet ab, lernt sie erst lieben
- Turnmaschine - windgetrieben

hieß es in Roland Schützes Taufspruch Anfang März 1979. Roland, der segelnde Poet und Navigator an Bord der RUBIN von 1957 bis Ende 1973, nannte die neue Generation der Schiffe in Leichtbauweise „seegehendes Turngerät". Und weiter:

„Dir, Hans-Otto, und der Crew
rufen wir - die Alten - zu:
Dieses sei das Meisterstück,
seid stets vorne, habt viel Glück.
Gute Wachen, Harmonie,
alle Gegner in die Knie.
Viel Erfolg nun nach dem Motto:
I like Turnvater Hans-Otto."

RUBIN VI wurde nach dem Vermessen anschließend ans Mittelmeer nach Cannes zum Trimmen verladen. Erster Test sollten die Regatten in Alassio sein. „Das Schiff schwimmt etwas zu stark nach vorn und ist auch mit Gewichtsverlagerung und Crew nicht in den Längstrimm zu bringen, wie es nach den Schleppversuchen sein sollte", schrieb Hans-Otto und entschloß sich, „das Schiff schnellstens an die Werft zurückzugeben." Es wurden eine Reihe Änderungen durchgeführt und am Ende etwa 355 Kilogramm Gewicht eingespart. RUBIN wurde über die Nordsee nach Kiel überführt und dort neu vermessen. Vor Kiel wurde dann intensiv gesegelt und getrimmt und alle Einzelheiten wie Holepunkte abgehakt. Die Qualifikationsregatten für den Admiral's Cup konnten beginnen.

Nicht weniger als neunzehn Yachten rechneten sich Chancen auf einen Platz im deutschen Admiral's-Cup-Team 1979 aus. Es wurde spannender denn je. Der Ausgang blieb buchstäblich bis zur letzten Regatta offen, bis endlich das Team stand. JAN POTT, diesmal eine Konstruktion von German Frers, hatte sich als erstes Schiff qualifiziert. Zweitbestes Schiff war die TINA-i-PUNKT von Thomas Friese, die in nur sechs Wochen Bauzeit bei Dübbel & Jesse auf Norderney erst kurz vor Beginn des Ausscheidungsmarathons fertig geworden war. TINA sorgte aber auch sonst für Aufsehen: Ein Bremer Künstler hatte auf ihrem Rumpf ein Gemälde verewigt. Drittes Schiff war RUBIN VI, als echter Zweitonner kleinstes Boot im Team. Sie wurde in allen Regatten am beständigsten gesegelt. Mit Co-Skipper Hannes Beilken, Navigator Dr. Michael Iwand, Uli Tischendorf, Jochen Wiese, Jörg und Jan Heinritz, Heinzpeter Bense und Horst Schütze fuhr RUBIN nach Cowes.

ADMIRAL'S CUP 1979
RUBIN, JAN POTT UND TINA-i-PUNKT

Titelverteidiger England benannte nun auch sein Team für den Admiral's Cup. Es fiel jedoch anders aus als erwartet. Nominiert wurden neben der MORNING CLOUD des ehemaligen Premierministers Edward Heath die ECLIPSE, eine Contessa 39, mit Jeremy Rogers und die BLIZZARD, eine Frers 53, mit E. Juer. Überraschend nicht dabei war

Norbert Lorck-Schierning und seine JAN POTT

die YEOMAN XXI von Robin Aisher.

Ein gutes deutsches Team sollte den starken Engländern, Amerikanern und Australiern das Siegen schwer machen. Wieder zeigten neunzehn Nationen Flagge im Solent. Für das deutsche Team lief es nicht so gut. Starkwind wehte von Anfang an. Pech hatte auch die MORNING CLOUD im Channel Race, daß sie nach dem Ruderbruch das Rennen aufgeben mußte und England weit in der Wertung hinter das deutsche Team auf den achten Platz zurückfiel. RUBIN kam auf Platz zwölf, JAN POTT auf Platz vierundvierzig, und TINA mit dem Weltklassesegler Roy Candiff an Bord kam über einen neunundreißigsten Platz nicht hinaus.

Aber wie hatte sich die Szene verändert. Was war aus dem einst fairen Wettkampf unter weißen Segeln geworden? Es wurde mit Methoden gekämpft, die unter die Gürtellinie gingen und so gar nicht in das Klischee vom Gentlemen-Segeln passen wollten. In Cowes, dem Tummelplatz hochkarätiger Hochseesegler und Profis, ging es um Marktanteile im Geschäft mit Segeln, Ausrüstung, Masten und Booten. Eine Niederlage bedeutete womöglich geschäftliche Einbußen. Vorbei die Zeiten, als noch allabendlich Bordfeste gefeiert wurden. Dennoch: Das traditionelle Hummeressen ließ sich die RUBIN-Crew nicht nehmen.

Kollisionen, Proteste, ein Schwerverletzter auf der irischen INISHANIER, der den Großbaum an den Kopf bekommen hatte, ein weiterer Schwerverletzter auf der japanischen GEKKO IV, der ebenfalls vom Großbaum niedergestreckt worden war, ein nach einer Kollision bewußtlos von der aus-

Thomas Friese und seine TINA-i-PUNKT

tralischen POLICE CAR über Bord gegangener und wieder aufgefischter Segler warfen einen Schatten auf die Veranstaltung. Und als morgens um halb zwei das Festzelt in der Marina in Flammen aufging und ein zweites kurz danach, war das Maß voll. Es war Brandstiftung. Das war die Stimmung in Cowes 1979. Und über allem lag eine Schlechtwetterfront mit Sturmböen um 8 Beaufort. Doch es sollte noch viel schlimmer kommen.

RUBIN ÜBERSTEHT DAS FASTNET RACE UNBESCHADET

Als die dreihundertsechs Yachten, darunter vierundfünfzig Admiral's Cupper, sich zum sechshundertfünf Seemeilen langen Fastnet Race aufmachten, wehte es mit 3 bis 4 Beaufort aus Südwest, zunehmend. Die Wettervorhersage sprach von 5 bis 6, in Böen 8 Windstärken. Daß ein paar Stunden später ein Orkan mit voller Wucht über das Feld der Segler hinwegrasen und die größte Rettungs- und Suchaktion in der Geschichte der Sportschiffahrt auslösen sollte, darüber ist an anderer Stelle ausführlich berichtet worden und soll hier nicht wiederholt werden. Wie es aber an Bord der RUBIN, die als einzige deutsche Yacht das Unglück unbeschadet überstanden hatte, zuging, berichten Jochen Wiese und Uli Tischendorf:

„Wir starteten als vorletzte der insgesamt sieben Gruppen. Zehn Minuten nach uns gingen die IOR-Maxis von bis zu achtundzwanzig Meter Länge wie KIALOA und CONDOR OF BERMUDA auf die Reise. Bei Südwest 3 bis 4 kreuzten wir aus dem Solent hinaus Richtung Land's End. Faszinierend und sehr schwierig oben in den Shingles: In der Enge der harten Sandbänke trafen die Maxis, alle Admiral's Cupper und die Klasse III mit den schnellsten der Klassen IV und V zusammen. Es waren insgesamt dreihundertundsechs Yachten mit mehr als dreitausend Mann unterwegs. Dieser Start war wie immer ein Erlebnis, noch dazu die vielen Begleitfahrzeuge und Hubschrauber. Wir machten einen Schlag nach See raus, um nicht in die wahnsinnigen Stromverwirbelungen dichter unter Land zu kommen.

Das CHANNEL LIGHT Vessel, das die beiden Hauptschiffahrtsrouten im Ärmelkanal trennt, lag um Mitternacht am Sonnabend, dem 11. August 1979, an Steuerbord; so weit sind wir nach Frankreich hinübergegangen. Dadurch hatte unser Navigator Mike Iwand, ein Experte, einen sauberen Standort. Er koppelte alle Viertelstunde unsere Position mit. Der Wind kam aus West-Südwest mit 15 bis 20 Knoten. Nachts legten wir um auf Steuerbordbug, um uns wieder der englischen Küste zu nähern, und bekamen morgens pottendichten Nebel. Nach vierzig Seemeilen bekamen wir in der Bucht von Plymouth Richtung Lizard zum Glück die einzige Glockentonne, die eine Viertelmeile vor Land liegt und eine Einmeterachtzig-Klippenuntiefe anzeigt, zwanzig Meter Steuerbord voraus. Ein Getute von Nebelhörnern ringsum von Land und anderen Schiffen.

Im Luv- und Leekampf mit der amerikanischen IMP, bestes Schiff in der Einzelwertung im Admiral's Cup 1977, häkelten wir uns bis Lizard Point. Wir wußten aus den Positionsmeldungen, wo unsere Konkurrenten SUR aus Argentinien mit dem gleichen Rating wie RUBIN, die polnische HADAR und die VANGUARD aus Hong Kong standen. Zweimal täglich wurde unsere Position vom holländischen Zerstörer OVERIJSSEL oder vom englischen Begleitboot MORNING TOWN abgefordert. Sie riefen uns zu bestimmten Zeiten auf Kanal 72 nach dem Alpha-

bet, und wir antworteten: ›This is German RUBIN. We are now on position Kilo one Bravo four. Over. Please can you give me the sign wheather you have heard my call!‹

Nachts rundeten wir Lizard Point. Bis dahin war es eine lange Reise, es war flau und neblig, wir mußten immer kreuzen bei gewaltigem Strom. Bis Lizard haben wir nicht einmal Segel wechseln müssen. Jetzt konnten wir endlich abfallen, der Reacher kam an Deck. Dann wurde die gereffte Stagfock noch gesetzt. Windeinfall ungefähr 50 Grad. Fastnet Rock konnten wir genau anliegen, Kurs 309 Grad lag an. JAN POTT und TINA standen hinter uns.

Den ganzen Montag regnete es in Strömen bei Sichtweiten von zweihundert bis dreihundert Meter, bei Windgeschwindigkeiten zwischen 20 und 30 Knoten und einem Windeinfall von 60 bis 90 Grad. In der Nähe stand noch die argentinische MATRERO von 1971, eine große Swan. Zweihundert Meter in Lee standen die MORNING CLOUD mit Mr. Heath und die VANGUARD, beides größere Schiffe. Inzwischen wehte es mit 30 bis 35 Knoten.

Im Laufe des Montags kam Mike an Deck und las uns mehrere Wetterberichte vor, englische – sehr schwach ausgelegte – und französische, die sagten: ›Westerly stormy winds gale force 7 to 8 increasing perhaps. Windspeed from 35 to 42 knots.‹ Da es aus westlichen Richtungen wehen sollte und wir Kurs 309 Grad, also Nordwest, l aufen mußten, sahen wir dem mit ruhigem Gewissen entgegen. 35 bis 45 Knoten waren wir gewohnt.

Hans-Otto hatte darum gebeten, die Wache von 22.00 bis 02.00 Uhr morgens zu gehen, weil er Instrumentensegler ist und die dunkelste Zeit segeln wollte. Seine Wache war neben ihm besetzt mit Jörg und Jan Heinritz und Peter Bense. Unsere Wache mit Hannes Beilken und Uli Tischendorf, Horst Schütze und Jochen Wiese ging von 18.00 bis 22.00 Uhr, von morgens 02.00 bis 06.00 Uhr, von 10.00 bis 14.00 Uhr und dann wieder abends von 18.00 bis 22.00 Uhr. Mike Iwand als Navigator war wachfrei.

Während unserer Wache briste es gegen 21.00 Uhr innerhalb kürzester Zeit sehr stark auf. Mike hatte uns schon vorgewarnt. Der Barograph war innerhalb von sechs Stunden von 1007 Millibar auf 979 Millibar gefallen. Ein Druckabfall in so kurzer Zeit in dieser Größenordnung ist kaum vorstellbar – wurde aber von allen Meteorologischen Instituten später bestätigt.

Die Freiwache wurde also um 21.00 Uhr an Deck gerufen. Es wehte inzwischen mit 50 Knoten. Mit 90 Grad Windeinfall von Backbord segelten wir unter Genua IV und zweifach gerefftem Großsegel. Unser Ziel war: möglichst gerade und aufrecht segeln. Zu dieser Zeit standen wir zirka dreißig Seemeilen vorm Fastnet Rock.

Die See lief schon unverhältnismäßig hoch, was darauf schließen ließ, daß es in anderen Seegebieten heftig wehen mußte. Mit acht Mann schafften wir es gerade, die Genua IV zu bergen, wegzubringen, und das Großsegel voll zu bergen. Wir tuchten es am Großbaum so gut es ging auf und verpackten es mit Zeisingen und einer Leine. Jörg saß am Ruder. Plötzlich ein Schrei: ›Ich kann das Schiff nicht mehr halten!‹ Eine Hammerbö mit 60 Knoten war eingefallen, 110 bis 115

Noch unter Land: unter GENUA III, mit zwei Reffs im Gross, macht sich RUBIN VI auf den stürmischen Weg zum Fastnet Rock

G
1116

Stundenkilometer, volle 12 Windstärken, und dabei blieb es. Ein voller Orkan. Wir waren völlig perplex und überrascht. Es war stockdunkle Nacht, peitschender Regen. Man konnte es wunderbar unterscheiden, ob es Regen oder Gischt war. Die Gischt, das Salzwasser, war wesentlich härter als der Regen. Die Gischt kam waagerecht angeflogen.

Wir saßen mit dem Rücken zum Wind auf der Kante. Der Traveller und der Großbaum wurden nach Lee weggefiert, um eine Leitfläche zu haben. Zwei Stunden lenzten wir vor Topp und Takel und liefen praktisch mit dem Großbaum allein noch 3 bis 4 Knoten auf einem Kurs von 309 Grad. Der Wind kam immer aus 90 Grad Backbord. Vor Topp und Takel konnten wir Fastnet anliegen! Nach einer Weile hatten wir uns gefangen und überlegten, wie können wir das Schiff schneller machen? Wir lösten das Kopfbrett des Großsegels und zogen es in einem Streifen von zwei Meter Länge ins Cockpit. Zwei Mann stellten sich darauf und zwei weitere Mann hielten die Lieken und das Achterliek fest, um eine Segelfläche von zwei bis drei Quadratmeter zu bekommen. Mit dem Erfolg, daß das Schiff 5,5 und 6 Knoten lief. Wir waren so lustig, daß wir uns anflachsten: Die Anschnittskante ist noch nicht ganz sauber.

Inzwischen hatte sich eine riesige See aufgebaut. Brecher rauschten über uns hinweg, die das Cockpit zum Teil füllten. Wer nach unten oder oben wollte, mußte durchs Schiebeluk ein- oder aussteigen, denn längst waren die Steckschotten an ihrem Platz. Bevor jemand von unten an Deck wollte, wurde der Lifebelt rausgereicht und der Karabinerhaken eingepickt. Sicher ist sicher, denn bei einer solch gewaltigen See hat man keine Chance. Es ging ums Überleben. Andererseits lernten wir so auch das Schiff kennen.

Die ersten Seekranken verkrochen sich unter Deck. Alles war inzwischen nass, auch die Schlafsäcke. Hannes hatte sich gleich anfangs in Seestiefeln und Ölzeug in einen Schlafsack verholt und ihn über dem Kopf zugebunden. Er war nicht ansprechbar. Die Geräusche, der Lärm unter Deck hörten sich dramatisch an. Es stank nach Diesel und allen möglichen Ausdünstungen. Mike Iwand, der arme Hund, mußte in dieser feuchten, stinkenden Höhle da unten auch noch arbeiten. Alle fünfzehn Minuten wurden Kurs und Fahrt an den Navigator zum Mitkoppeln durchgegeben. Er hatte einen Eimer bei sich stehen, in den er sich immer wieder übergab. Uli saß mit dem Rücken im Niedergang und hielt diese Pütz auf seinen Schenkeln, die so schön warm war, ehe er sie nach draußen gab.

Der Orkan kreischte in den Wanten. Einige falsche Oktaven waren dabei. Der Alte und wir berieten uns, wir müssen mehr tun. Doch erstmal müssen wir, verdammt nochmal, zum Fastnet Rock. Das Schiff machte sich hervorragend, also wurde das Trysegel an Deck geholt. Das Kopfbrett war mit einer Liekleine versehen, die doppelt mit der Hand angenäht und deshalb zu dick war. Die Liekleine paßte nicht in die genormte Mastnut. Was für eine Katastrophe! Wir brauchten eine Stunde unter Deck mit Scheren, Segelmachernadeln und Flammen zum Verschweißen der Enden unter diesen unmöglichen Bedingungen, ehe wir das Trysegel setzen konnten, diesen Fetzen von zwanzig Quadratmetern. Dazu allein benötigten wir eine Viertelstunde im wild hin- und herrollenden Schiff.

So um Mitternacht fetzte der Wind die Wolken auseinander und die Yacht wurde in ein gleißendes Vollmondlicht getaucht.

Es war ein gespenstisches Bild. Der Mond schien direkt auf uns herab, links und rechts die wirklich hohen Wellen. Das ganze Schiff war bedeckt mit phosphoreszierenden Algen, die bis zur zweiten Saling hinaufgesprüht wurden. Es dauerte manchmal minutenlang, bis das Meeresleuchten erlosch.

Wir machten einen Speed von etwa 7 Knoten. Uns war klar, daß wir nur unter Trysegel den Felsen nicht runden konnten. Also setzten wir noch zusätzlich die Sturmfock. Sofort machten wir viel mehr Geschwindigkeit. Im fahlen Dämmerlicht überkam uns das Grauen beim Anblick der gigantischen Seen. Im Morgengrauen kam der Fastnet Rock acht Seemeilen voraus das erste Mal in Sicht. Auf einem Wellenkamm tauchte er kurz auf und verschwand dann wieder minutenlang im Wellental. Wegen der Grundseen auf dem ostwärts laufenden Riff segelten wir einen großen Sicherheitsabstand. Als der Felsen Backbord querab stand, luvten wir so hoch wir konnten und bolzten mit westlichem Kurs unter ständigem Fieren und Dichtholen des Trysegels schräg gegen die Wellen an. Das Schiff machte dabei 7 bis 8 Knoten Fahrt.

Zu diesem Zeitpunkt waren nur fünf Männer an Deck: Jan und Jörg Heinritz, Horst Schütze, Jochen Wiese und Uli Tischendorf. Uli mußte sich am Ruder des leegierigen Schiffes festklammern. Er war sehr unglücklich in dieser Position, denn irgendwo mußte er sich abstützen. Kniend hat er das Schiff um den Fastnet Rock gesteuert. Bei dieser Kreuzerei wurde das Schiff zweimal platt aufs Wasser gelegt, daß die Salinge die See berührten. Das war nicht so schön. Uli fuhr die Riesenberge hoch und auf der anderen Seite wieder runter. Als wir dann die Höhe hatten zum Schlagen, sagte er: ›Die Welle nehmen wir. Oben im Kamm lege ich um und dann rutschen wir auf der anderen Seite wieder runter.‹ Und als wir gerade oben waren, sah er, daß ihm jemand seinen Lifebelt in den Schlitten des Travellers eingepickt hatte. Er konnte gerade noch abbrechen, denn sonst wäre er mit dem Traveller auf die andere Seite geschleudert und wahrscheinlich über Bord gegangen. Der Lifebelt wurde schnell umgepickt und die nächste Welle angelaufen. Man konnte bis fünfzehn zählen, bis RUBIN auf dem Kamm der Welle stand, direkt im Wind mit hämmernden Schoten, dann wurde gewendet und es ging wieder runter. Wahnsinn! Wir hatten keine Zeit, uns Gedanken zu machen über den Ernst der Lage. Der verdammte Rock mußte endlich hinter uns liegen! Die ganze Zeit kreuzte mit uns der eineinhalb Fuß größere kanadische Cupper MAGISTRY. Um 06.00 Uhr Dienstag morgen hatten wir den Fastnet Rock endlich umrundet.

Während der Umrundung, die fast eine Stunde gedauert hatte, war der Windanzeiger ständig am Anschlag: 60 Knoten Wind, so daß wir über die Spitzengeschwindigkeiten gar nichts sagen können. Wir hatten soviel Reservehöhe geholt, daß bei eventuellem Bruch irgendeines Stages oder Backstages noch genug Leeraum blieb, um freizutreiben. Dadurch verloren wir natürlich eine Menge Zeit, aber wir segelten nur auf Sicherheit. Inzwischen hatte der Wind auf Nordwest gedreht. Wir fierten die Schoten auf.

Die Kaventsmänner rollten mit 35 Knoten auf uns zu. Nun lag es am Geschick des Rudergängers, in einem günstigen Winkel das Heck in die anlaufende See zu legen. Dabei war Gelegenheit, ein grandioses Schauspiel zu beobachten – es war mittlerweile hell geworden. Die Brecher rollten am hohen

Fastnet-Felsen hoch und bedeckten den etwa dreißig Meter hohen Leuchtturm fast vollständig mit Schaum und Gischt, nur die Kuppel war in dem Sprühnebel auszumachen. Kurs 140 Grad Bishop Rock lag an.

Um 09.00 Uhr übernahm Hans-Otto die Wache und setzte zum Trysegel noch die Genua IV, um mehr Geschwindigkeit zu machen. Der Rudergänger hatte Bedenken, daß RUBIN beim Surfen in die Wellentäler zu viel Speed hatte, unten mit der Nase eintauchte bis zum Mast, sich festbiß und in der nachfolgenden Welle koppheister ging. Aber der Alte sagte: ›Das passiert nicht. Wir brauchen hohe Geschwindigkeit, damit die Brecher von achtern uns nicht erreichen.‹ Der Wind hatte auf West gedreht. Die Seen, die von achtern anrollten, waren überwältigend, gigantisch. Oben auf einem Kamm wurde uns schwindelig, als wir vier Meter unter uns in ein gähnendes schwarzes Loch sahen. In einer Schräglage surften wir auf der Backbordseite runter mit bis zu 15 Knoten Speed, dann den nächsten Berg wieder langsamer hoch.

Von den anderen Yachten hatten

Unversehrt heimgekehrt: (v.l.) Dr. Mike Iwand, Hans-Otto Schümann, Uli Tischendorf, Heinzpeter Bense und Jochen Wiese

wir wenig Informationen, weil unsere Navigation ausgefallen war. Die ganze Zeit hing Mike unten an Ulis kleinem Transistorradio. Was er hörte, gab er dann nach oben durch: ...vier Tote, zwölf Yachten aufgegeben, und so weiter.

Nachmittags flaute es schnell ab. Die See war wunderschön in der Farbe, fast kupfern sah sie aus, lief immer noch sehr hoch. Aber die Weite, der glühende Sonnenuntergang, nachts der Sternenhimmel und der Sonnenaufgang, der Zug der Wolken, das Lichterspiel auf dem Wasser waren so versöhnlich. Es war wie im Traum. Auf den Wellenbergen ging es talwärts in Richtung Scilly Isles, die abends erreicht wurden. Die folgenden Flauten im Kanal mit der toten Altsee bis zum nächsten Mittag waren wie Hohn auf die durchlebte Hölle in den vergangenen zwölf Stunden. Erst nach dem Einlaufen in Plymouth um 23.00 Uhr erfuhren wir, was mit JAN POTT und TINA passiert war. Im Hotel riefen wir unsere Frauen an, fanden eine Pizzabude, die uns noch etwas zu essen machte, kehrten ins Hotel zurück, tranken drei Flaschen Whisky und übten Manöverkritik."

Wie war es den beiden anderen Teamyachten ergangen? TINA hatte in der Nähe vom Fastnet Rock Ruderbruch und lief Cork als Nothafen an, die Crew war unversehrt. JAN POTT lief unter Sturmfock morgens um 07.00 Uhr. Im Cockpit saßen Bernd Faber und Ulli Libor, der sich am Steuer festgeschnallt hatte. Eine Riesensee hob das Schiff an und warf es mit Wahnsinnsgeschwindigkeit um. Der Mast knallte aufs Wasser, zerbrach über dem Deck in drei Teile, das Schiff ging kopfüber. Ulli Libor kam nach einer langen Weile triefendnaß wieder zum Vorschein und rief: „Berni, Berni, wo bist du?" Sah seine Kapuze an der Bordwand auftauchen. Das Luk öffnete sich, Leute stürzten heraus, und die nächste See überrollte tosend das Schiff mit dem gesamten treibenden Geschirr – und spülte Bernd Faber, an seinem Lifebelt hängend, wieder zurück aufs Schiff. Beim Überschlagen hatte sich unter Deck ein Mann einen Kieferbruch zugezogen, einem anderen waren die Zähne eingeschlagen worden, es gab Verstauchungen und Prellungen. Zum Glück aber waren die Bodenbretter festgeschraubt, so daß der Bleiballast nicht durch die Gegend fliegen konnte. Mit einem Notrigg erreichten sie schließlich Plymouth.

Von dreihundertsechs gestarteten Yachten kamen nur einhundertsiebenundsiebzig in Plymouth an. Fünf Boote sanken, einundzwanzig waren aufgegeben worden, neunzehn Menschen starben. Die größte Katastrophe in der Geschichte der Sportschiffahrt.

RÜCKTRITT VOM REGATTASPORT

Hans-Otto Schümann lud am Ende der Saison zu einem großen Fest auf dem Süllberg in Hamburg ein. Alles, was Rang und Namen hatte in der Szene, war gekommen und vernahm Schümanns schon ein Jahr zuvor angekündigten Rücktritt vom Regattasport. Seine Freunde glaubten ihm das aber nicht. Hans-Otto: „Nicht aus Altersgründen. Der Grund war die Entwicklung im Regattasegeln, immer mehr Profis auf die Yachten zu holen, Leute aus dem America's Cup, das kostet eben. Ich weiß nicht, das geht mir contre cœr, das ist nicht meine Auffassung vom Sport – bis auf den heutigen Tag."

Hans-Otto Schümann verkaufte seine RUBIN VI an Ulrich Harms und widmete sich mit großer Freude dem Fahrtensegeln im Mittelmeer auf RUBIN V und auf der Ostsee mit RUBIN IV.

Der konstruktive Geist von Judel/Vrolijk

Der Winter war lang. Die alten RUBIN-Freunde trafen sich wie üblich bei Hans-Otto. Es wurde erzählt, gelacht, überlegt und wieder verworfen. Am Ende stand der Entschluß fest: Sie wollten noch einmal die schöne entspannende Gotland-runt-Wettfahrt segeln. So geschah es. 1980 nahm RUBIN IV als Tourenschiff an der Regatta Gotland-runt mit einer Altherren-Crew teil. „Aber das gefiel der Crew dann doch nicht so", sagt Hans-Otto, „für das Tourensegeln waren die Winschen stark genug, aber eben nicht fürs Regattasegeln." 1981 folgte eine herrliche Saison im Mittelmeer, unterbrochen durch eine Gastrolle als Team-Chef der deutschen Admiral's-Cup-Auswahl in Cowes, um im Jahr darauf, 1982, mit RUBIN V von Kiel nach Sandhamn und erneut Gotland-runt zu segeln.

Durch seine vielfältigen Aktivitäten im Deutschen Segler-Verband, in der Kreuzer-Abteilung und im Hamburger Segel-Club blieb Hans-Otto Schümann natürlich immer am Ball. Er war genau im Bilde, was in der Szene los war und verfolgte die Entwicklung sehr genau, aus persönlichem Interesse. Besonders die neuen Baustoffe, Kunststoffmaterialien aus Kohle- und Kevlar-Geweben, ausgeklügelt gewebt und mit Glasfasern kombiniert, die fester, leichter und haltbarer waren als die herkömmlichen Laminate aus

Jung-Konstrukteure Friedrich „Fietje" Judel (l.) und Rolf Vrolijk auf der DÜSSELBOOT

Polyesterharz und Glasfaser, brachten einen rasanten Fortschritt, kurz gesagt: Die neuen Rumpfbaumethoden in Waben-Sandwich und die Kohlefasertechnik aus dem Flugzeugbau reizten Hans-Otto ungemein. Und als das deutsche Team OUTSIDER, PINTA und SABINA 1983 zum zweiten Mal den Admiral's Cup gewann – ohne ihn – war klar: Hans-Otto Schümann stieg wieder ein.

Hans-Otto interessierte sich für das junge Konstrukteursteam Judel/Vrolijk, das sich mit der neuen DÜSSELBOOT, PINTA, SAUDADE und CONTAINER erfolgreich in die Szene eingeführt hatte. Der Bremer Friedrich Judel, seit 1973 im Deutschen Segler-Verband verantwortlich für Vermessung, Meßbriefe und die IOR-Formel, und sein aus Holland stammender Kollege Rolf Vrolijk arbeiteten seit 1978 zusammen. 1986 kam Torsten Conradi als dritter Partner hinzu.

Die Konstruktionen von Judel/Vrolijk haben sich inzwischen längst im Admiral's Cup etabliert und seit Mitte der neunziger Jahre, als die IOR-Formel abgelöst wurde, auch in den neuen IMS- und ILC-Klassen durch zahlreiche Siege in internationalen Regatten wie beispielsweise vor Key West/ USA, dem Copa del Rey vor Mallorca und dem Sardinia Cup. Neben Regatta-, Cruising- und Serienyachten – zum Beispiel für Najad – entwickelten und konstruierten sie aber auch Projekte für die kommerzielle Schiffahrt.

Bis heute haben mehr als dreihundertfünfzig Konstruktionen in der Größenordnung vom Dinghy bis zum vierundfünfzig Meter langen Schoner das Büro Judel/Vrolijk verlassen. Alle Konstruktionen basieren auf individuellen Kundenwünschen. Judel/ Vrolijk & Co ist eines der wenigen Yacht-Design-Büros der Welt, das sich nach wie vor

Für AC-Teamchef Hans-Otto Schümann keine Frage: Die DÜSSELBOOT war das schnellste Schiff 1981

durch seine erfolgreichen Regatta-Yachten auszeichnet und im Entwurf von Cruising-Yachten führend ist. Jedes Projekt wird vom ersten Bleistiftstrich bis zur Taufe begleitet, sofern es der Kunde wünscht. Das war genau das richtige für Hans-Otto Schümann.

„Als Hans-Otto uns im September 1983 zum Kaffeetrinken zu sich nach Hause einlud", erinnert sich Friedrich Judel, den alle Welt nur Fietje nennt, „und uns eröffnete, wir mögen uns doch mal Gedanken machen, wie wir unseren CONTAINER-/PINTA-Entwurf noch optimieren können, war uns klar: Jetzt haben wir es geschafft, jetzt nimmt uns auch ein Hans-Otto Schümann ernst.

Uns war aber nicht klar, daß wir es nun mit einer anderen Art Eigner zu tun bekamen als bisher gewohnt.

Hans-Otto nahm uns jedenfalls an diesem ersten Treffen ganz schön auseinander. Jeden unserer Vorschläge wollte er genau begründet sehen und mit möglichen Alternativen abgeglichen. Zu allem hatte er eine eigene Meinung, manchmal gegensätzlich zu dem, was wir vorschlugen. Wir mußten sehr schnell erkennen, daß wir in Hans-Otto einen Partner hatten, der uns forderte und dem wir kein X für ein U vormachen konnten. Jedenfalls endete das Gespräch mit dem Wink, wir sollten doch noch etwas Schularbeiten machen und uns in einer Woche wiedertreffen.

Gesagt, getan. Das September-Kaffeetrinken findet bis heute im jährlichen Rhythmus statt. Entweder weil eine neue RUBIN fällig war oder Änderungen der bestehenden für die nächste Saison besprochen werden mußten. Mit Hans-Otto Schümann und seinen Schiffen namens RUBIN ist es ähnlich wie mit dem Modell-Eisenbahn-Bauer: Am interessantesten ist das Zusammenbauen. Wenn alles fertig ist, wird's langweilig.

Dem Analytiker Hans-Otto Schümann reichten Zeichnungen und Berechnungen häufig nicht aus. Immer dann, wenn Fragen offen blieben oder wir mehrere Optionen für eine verbesserte Rumpf- oder Kielform auf den Tisch legten, ging es in den Schlepptank der Hamburgischen Schiffbau-Versuchsanstalt. Hans-Otto begleitete diese Versuche immer persönlich. Auch wenn ihn seine Firma voll in Anspruch nahm, fand er immer noch Zeit, zwischen zwei Geschäftsterminen ein oder zwei Stunden auf dem Schleppwagen zu verbringen. Die Mitarbeiter der HSVA wußten schon: Wenn Hans-Otto Schümann angemeldet war, mußten Ergebnisse sofort auf den Tisch. Kaum war eine Schleppfahrt zu Ende, stand Hans-Otto schon ungeduldig neben dem Drucker, aus dem endlose Tabellen mit den Widerstandsmessungen herauskamen.

Richtig quakig konnte er werden, wenn irgendeine Messung nicht das Ergebnis brachte, das er erwartet hatte. Dann mußte nochmal nachgefahren werden, bis es am Ergebnis nichts zu rütteln gab.

Bei den Vermessungen seiner Boote lief Hans-Otto immer zur Hochform auf. Das hat sich erst geändert, seitdem die Rümpfe mit einer Vermessungsmaschine vermessen werden und eine sofortige Kontrolle der Vermessung nicht mehr möglich ist. Als die Boote für die International Offshore Rule noch mit Lot, Wasserwaage und Maßband vermessen wurden, mußten die Vermesser ihren Zeitplan mit einem Hans-Otto-Schümann-Zuschlag versehen. Mit einer Testrechnung in der Hand wurde jedes einzelne Maß abgeglichen und jeder Millimeter Abweichung mußte nochmal nachgecheckt werden – jedenfalls dann, wenn es zur schlech-

ten Seite war. Werftseitig war immer jemand mit Spachtel und Schleifpapier parat, um noch fehlende Millimeter aufzuspachteln oder abzuschleifen. Diebisch freuen konnte er sich aber, wenn ein Maß besser vermessen wurde als vorausberechnet.

Hans-Otto Schümanns Perfektionismus, sein ausgeprägter Wille zur ständigen Optimierung und seine konstruktiv kritische Beurteilung unserer Arbeit hat unserem Büro viel gegeben und uns dabei geholfen, unsere Konstruktionsarbeit zu verbessern und Untersuchungen durchzuführen, die ohne seine Unterstützung nicht möglich gewesen wären. Anläßlich der Taufe seiner RUBIN X ernannten wir ihn deshalb hochoffiziell zum Konstrukteur ehrenhalber. Während andere Eigner schnell bereit sind, dem Konstrukteur die Schuld in die Schuhe zu schieben, wenn es mal nicht so gut läuft, hat es so etwas bei Hans-Otto Schümann nie gegeben. Als Mitkonstrukteur weiß er, wie schwierig es ist, immer das Optimum zu finden. Doch er wäre nicht Hans-Otto Schümann, wenn ihm nichts einfiele, um das Optimum zu erreichen."

WIEDEREINSTIEG IN DIE SZENE SARDINIA CUP 1984 GEWONNEN

Nun folgte jedes Jahr ein neues Schiff, fast jedes Jahr. Und alle stammten aus dem Konstruktionsbüro Judel/Vrolijk, von der RUBIN VII aus dem Jahr 1984 bis zur RUBIN XV von heute. Hans-Otto: „Die Konstruktionen wurden jedes Jahr besser an die IOR-Formel angepaßt." Die RUBIN VII entstand in der aktualisierten Form von PINTA und CONTAINER nach der neuen Methode im Backofen der Schütz-Werke in Selters. Auf der Yachtwerft Wedel von Michael Schmidt wurde sie ausgebaut. Im Gegensatz zu ihren Schwesterschiffen erhielt RUBIN VII jedoch eine Topptakelung. RUBIN VII kam auch gleich gut in Fahrt bei der Qualifikation für den Sardinia Cup, um den sich weitere sechs Yachten bewarben. Das Sardinia-Cup-Team 1984 setzte sich aus PINTA, CONTAINER und RUBIN zusammen. Hans-Otto stieg nach fünf Jahren Pause in den Cup-Wettbewerben in eine neue RUBIN ein und zeigte allen, daß er das Segeln noch nicht verlernt hatte.

Sechzehn Länderteams trafen bei diesem vierten Wettbewerb im Mittelmeer auf Bedingungen, die für jeden Geschmack etwas boten: leichte und mittlere Winde und Sturm. Neu war die Festlegung der Eintonner-Größe auf 30.5 Fuß IOR. Das deutsche Team war nicht zu schlagen, wobei sich PINTA und CONTAINER mit ihrem 7/8-Rigg als herausragende Boote bei allen Wetterbedingungen erwiesen. Nach der dritten Wettfahrt erreichten die deutschen Yachten einen Tagessieg und führten damit in der Gesamtwertung vor Italien und Irland. Der Ausgang nach fünf Wettfahrten blieb bis zum Schluß spannend, weil PINTA an der Raumtonne eine Kollision mit der britischen PANDA hatte und dafür mit einer zwanzigprozentigen Zeitstrafe belegt wurde. Aber die Topptakelung der RUBIN hatte wohl nicht ganz die Erwartungen erfüllt, denn die beiden 7/8-getakelten Schwesterschiffe waren stets schneller als RUBIN. Das änderte jedoch nichts am Gesamtergebnis: Deutschland gewann den Sardinia Cup 1984. Welch ein Erfolg! Nun konnten sie auch in England loslegen. Die deutschen Segler waren für den Admiral's Cup 1985 gewappnet.

Hans-Otto verkaufte seine erst eine Saison alte RUBIN VII und orderte bei Judel/Vrolijk ein neues Schiff. Es sollte das erste Exemplar der neuen Eintonner-Generation werden. Mit einem 7/8-Rigg und einem

G
3317
G-33

Rating von 30.2 Fuß IOR gehörte sie zu den kleinsten Admiral's Cuppern. Rumpf und Deck der RUBIN VIII wurden im Winter bei Udo Schütz fertiggestellt und zeitig im Frühjahr 1985 auf der Yachtwerft Wedel ausgebaut. Gleich nach der Taufe am 9. März 1985 lief RUBIN zu ersten Trimmschlägen aus. Zur Crew zählten neben Hans-Otto Schümann, Jochen Wiese, Uli Tischendorf und Jörg und Christian Heinritz die „Neuen" Andreas Rohde, Christian Rau, Bootsmann Dirk Neumann, Skipper Michael Schmidt, Taktiker Rudi Magg und Segeleinsteller Hein Kersken.

Aber nun gab es in der Szene etwas gänzlich anderes, über das sich die Köpfe heißgeredet wurde, einen regelrechten Farbtupfer in die Domäne der Männerwelt setzte: Mit dem Eintonner RODEO unter Steuerfrau Kirsten Tamm aus dem Hamburger Segel-Club bewarb sich erstmals eine reine Frauen-Crew unter den elf Team-Aspiranten um einen Platz. Die Mädels hatten im Jahr zuvor Dickschiff-Erfahrungen auf der RUBIN VON HELGOLAND, der alten RUBIN VI, gesammelt und wollten nun in dem Konzert der hochgezüchteten Rennziegen mitspielen.

Mutig gingen sie in den Kampf, verschafften sich mit ihrem neunten Platz in der Endabrechnung einen Achtungserfolg, aber es fehlte ihnen einfach an Erfahrung. Dennoch ließen sie sich nicht davon abbringen, die Cowes Week mitzusegeln, wenn sie auch auf die Langstrecke zum Fastnet-Felsen verzichteten. Qualifiziert hatten sich OUTSIDER, RUBIN VIII und DIVA. Die bei Denninger & Maile gebaute OUTSIDER hatte das gleiche Rating wie RUBIN und wurde von dem Silbermedaillen-Gewinner im Starboot, Achim Griese aus Hamburg, gesteuert. Die poppig aufgemachte DIVA war mit dem Rating 33.6 Fuß IOR das größte Boot im deutschen Team, wurde ebenfalls bei Denninger & Maile gebaut und von Berend Beilken gesteuert. Alle drei waren Konstruktionen von Judel/Vrolijk.

MIT RUBIN VII (LINKS) STIEG HANS-OTTO SCHÜMANN WIEDER EIN UND GEWANN DEN SARDINIA CUP. ALS ERSTER FRAUENCUPPER DER WELT MACHTEN DIE MÄDCHEN DER RUBIN VON HELGOLAND/RODEO FURORE (UNTEN).

ADMIRAL'S CUP 1985 GEWONNEN OUTSIDER, RUBIN UND DIVA

In England, wo inzwischen alle vierundfünfzig teilnehmenden Yachten auf den ersten Startschuß warteten, antwortete Hans-Otto Schümann, inzwischen zum Präsidenten des Deutschen Segler-Verbandes gewählt, auf die Frage, welcher Aspekt ihn beim Admiral's Cup am meisten interessiere, der seglerische oder der technische: „Wohl zu sechzig Prozent der technische Sektor. Der ist eine wirkliche Herausforderung. Noch vor wenigen Jahren mochte niemand glauben, daß kleine Boote, wie RUBIN oder OUTSIDER, überhaupt in der Lage wären, mit höhervermessenen Yachten bei mittleren und starken Winden mitzuhalten. Heute können sie das. Extrem leichte Konstruktionen aus extrem festen Materialien machen es möglich. In

dieser Technologie sind die Deutschen Weltspitze." Und auf die Frage, warum er die Haifischflosse am Kiel seines Schiffes wieder abgebaut habe, antwortete er: „Die sogenannte Haifischflosse hatte auf der Ostsee ihre Vorteile. Hier auf dem Solent mit seinen anderen Wind- und Wellenverhältnissen verspreche ich mir von dem jetzigen ellipsenförmigen Kiel hydrodynamisch mehr."

Die deutschen Mannschaften waren sich bewußt, was auf sie zukommen würde und sprachen sich ab, sich aus allen unnötigen Protestsituationen herauszuhalten. Auf Teamgeist wurde großer Wert gelegt, Teamgeist, der den deutschen Booten in den siebziger Jahren noch fehlte. Oft genug segelte jeder für sich, mit dem Ziel vor Augen, das eigene Schiff später möglichst gewinnbringend zu verkaufen. Sie starteten im ersten Küstenrennen bei 3 bis 4 Windstärken sehr verhalten, segelten sich auch während der Wettfahrt nach vorn, waren aber im Ziel nicht überglücklich. Sie lagen in der Gesamtwertung hinter dem führenden starken britischen Team mit PHOENIX, JADE und PANDA und dem Team aus Neuseeland mit EXADOR, EPIC und CANTERBURY auf Platz drei, gefolgt von Australien und Dänemark.

Im zweiten Inshore-Rennen bei auffrischenden Südwestwinden Stärke 5 bis 6 wurden die Dänen mit ihren Serien-Eintonnern souveräner Tagessieger. Die Neuseeländer waren in Proteste verwickelt. Nutznießer war das deutsche Team, denn während der nächtlichen Protestverhandlungen gewann es Punkte hinzu und schob sich mit dem

Rauschefahrt unter Spinnaker im zweiten Inshore Race – Peter Westphal-Langlohs DIVA

CONTAINER

Tagesergebnis des zweiten Inshores in der Gesamtwertung nach vorn. Neuseeland kam auf Platz zwei, Dänemark auf Platz drei und England auf Platz vier.

Die Wettervorhersagen für das Channel Race über zweihundertzehn Seemeilen sprachen von 6 bis 7, auffrischend auf 8 bis 9 Beaufort. Team-Chef Dr. Michael Iwand und Fietje Judel sowie das gesamte deutsche Team sahen dem vertrauensvoll entgegen.

Gut eine halbe Stunde vorm Start zum Channel Race: Wir saßen im kleinen schnellen Motorboot von BMW, das Mike Iwand ausschließlich für die deutschen Journalisten organisiert hatte. Mit an Bord: Hans-Otto Schümann. Er hatte für dieses Rennen den kürzeren gezogen und mußte nun Ersatzmann spielen. „Na, na", äußerte er sich mehrfach besorgt, „die Jungs haben noch zu viel Segelfläche, heil ankommen heißt die Devise. Hoffentlich legen sie noch ein Reff mehr ein." Sie legten.

Einhundertachtzig Boote waren am Start vor der Royal Yacht Squadron. Die Cupper gingen als Letzte auf die Reise bei ruppiger See, Südwestwind Stärke 9, fünf bis sieben Meter hohen Wellen und Regenschauern. Die deutschen Yachten segelten ganz auf Sicherheit mit zwei Reffs im Groß und Genua IV. DIVA zerriß gleich nach dem Start das Großsegel und hatte Probleme, das Segel zu bergen. Irgendwas war verklemmt. Beppo Michaelsen mußte in den Mast. Der arme Kerl war weiß Gott nicht zu beneiden. Mit einem Hammer löste er das Problem, ein neues Segel konnte vorgeheißt werden getreu der Devise: In jedem Falle durchhalten, weitersegeln für das Team! Die ganze Aktion dauerte etwas länger als eine halbe Stunde. Für die moralische Unterstützung sorgten Mike Iwand und Fietje Judel. Sie begleiteten die DIVA mit dem Teamboot bis zu den Needles am Ausgang des Solent. Reichlich zerzaust zurückgekehrt ins Pressezelt schilderte Fietje Judel die Situation: „Das war ja unheimlich, was sich dort für eine See aufgebaut hatte. Furchterregend. Wir sind ja nur noch U-Boot gefahren. Ich dachte, das packen wir nicht. Es

Das Scoreboard in Cowes: Nach jeder Regatta versammeln sich die Mannschaften davor (links).
RUBIN (rechts) beim stürmischsten Channel Race in der Geschichte des Admiral's Cup

G-3388
RUBIN

wurde höchste Zeit, umzudrehen. Vor Kälte hatte ich gar kein Gefühl mehr in den Fingern." Worte eines besonnenen Mannes, der ganz und gar nicht zu Übertreibungen neigt.

Mehr als dreiundsechzig Yachten, darunter zwölf Cupper und das gesamte portugiesische Team, gaben auf und kehrten mit gebrochenen Masten, Ruderbrüchen oder anderen Havarien nach Cowes zurück. Für die anderen wurde es eine schnelle Reise bei nur kurzzeitig abflauendem und wieder auffrischendem Wind. Die JADE passierte als erster Cupper am nächsten Tag bei Gilkicker Point um 17.30 Uhr die Ziellinie. Hans-Otto und Frau Engelke Schümann standen an der Pier und ließen beim Einlaufen der erschöpften, aber glücklichen RUBIN-Crew die Champagner-Korken knallen. Es war das stürmischste Channel Race in der Geschichte des Admiral's Cup. Doch es war gering im Vergleich zum Schicksals-Fastnet des Jahres 1979.

Das Ergebnis sah im Ziel dann so aus: OUTSIDER Platz drei, RUBIN Platz sechs und DIVA Platz siebenundzwanzig. Deutschland führte weiterhin vor den Engländern. Mike Iwand hatte nach dem Rennen ein tolles deutsches Teamfest veranstaltet. Gemeinsam mit den Dänen wurde bis spät in die Nacht hinein in den Zelten in der Marina bei Groves & Guttridge gefeiert.

Im dritten Tagesrennen bei 4 bis 5 Windstärken siegte die englische PHOENIX, und ihr Steuermann Rodney Pattison wurde mit seinen fünfundziebzig Kilo Körpergewicht – als Gag – in Champagner aufgewogen. Ein bescheidener Gewinn, wenn man an

In der Einzelwertung bestes Boot im deutschen Admiral's-Cup-Team 1985: die OUTSIDER

OUTSIDER

das Schwergewicht Dennis Conner aus den USA zwei Jahre zuvor dachte. Deutschland konnte seine Gesamtführung vor England und Neuseeland halten.

Neue Tiefausläufer näherten sich drohend vom Nordatlantik. Zum fünffach zählenden Fastnet Race hatten sich Sonnabend nachmittag vierundfünfzig Cupper in einer Flotte von zweihundertsechsunddreißig Yachten aufgemacht. Es wehte mit 5 bis 6 Beaufort aus Süd. Doch schon ein paar Stunden später frischte der Wind auf volle 9 Windstärken aus Südwest auf und stand fast den ganzen Sonntag durch. In der Nacht von Sonntag auf Montag erreichten die Eintonner Lizard Point und konnten von hier aus den rund einhundertneunzig Seemeilen langen Kurs bis zum Fastnet Rock, auf Steuerbord-Bug segelnd, anliegen. Eintrag ins Logbuch der RUBIN: „Sonntag, 11.8.1985, Fastnet Race. 16.45 Uhr, Südwest 7. Treibendes Schiff kieloben gesichtet auf 50°08,9' Nord und 4°54,5' West. Darauf vom Kurs abgewichen zwecks Hilfeleistung. Keine Menschen mehr an Bord. Coast Guard verständigt über Kanal 16. Alle Leute sind geborgen. Zeitverlust sechs Minuten. Schiffsname ORUM. Sonntag, 17.58 Uhr, Südwest 5. EPIC dismasted, changed course about. EPIC

entmastet, Kurs geändert auf 360°. Frage nach Hilfeleistung wird abgelehnt, Crew und Boot okay. Leiten Vorfall an HMS YARMOUTH weiter. Zeitverlust vier Minuten.

Montag, 12.08.1985, 21.23 Uhr: Fastnet Rock gerundet. Dienstag, 13.08.1985, 16.55 Uhr: Rundung Bishop Rock."

Das Umrunden des Fastnet-Felsens am Montag abend im letzten Büchsenlicht war für Hans-Otto und einige Mitglieder seiner Altcrew ein ungewöhnliches Erlebnis, denn bisher hatten sie den Felsen meist nur in stockdunkler Nacht erlebt. Der Wind verließ die Segler auch die nächsten Tage nicht, wenn es auch nur noch mit 6 bis 7 Beaufort wehte, und stand bis zum Zieldurchgang in Plymouth am Mittwoch morgen durch. Die Reise zurück vom Fastnet Rock wurde hoch am Wind auf Backbord-Bug mit einem Anlieger abgeritten. Vier Nächte und drei Tage hatten die Yachten ununterbrochen schweres Wetter, die Männer wenig Schlaf, wenig zu essen und ständig nasse Kleidung.

Die stärksten Konkurrenten England und Neuseeland fielen durch Mastbrüche auf JADE und EPIC zurück. Damit hatte Deutschland den Admiral's Cup eigentlich in der Tasche. Beinahe wäre jedoch ein Strich durch diese Rechnung gemacht worden. Hans-Otto: „Wir liefen Mittwoch morgen um 02.00 Uhr bei schönem, starkem Wind so mit 8, 9 Knoten nach Plymouth rein. Da sagte ich dem Dicken am Ruder, Rudi Magg: ›Rudi, paß auf da an der Ecke von dem Breakwater. Ich weiß, daß unter Wasser noch Betonfundamente rausgehen. Halt genügend Abstand!‹ Die Ziellinie war dahinter. Er wollte nun scharf um die Ecke die letzten Sekunden noch mitnehmen und ist mit voller Fahrt auf die Steine. Wir haben unten gleich geguckt, kommt Wasser rein? Nein. War nur der Kiel verbogen. Die Crew trimmte die Segel nach Lee, so daß wir wieder in tieferes Wasser rutschen und abfallen konnten. Dann ging es im Bogen herum ins Ziel, eine Zitterpartie." – Deutschland hatte den Admiral's Cup 1985 gewonnen. RUBIN wurde fünfte Yacht nach berechneter Zeit.

Die englische PANDA gewann die Fastnet-Regatta, OUTSIDER folgte nach berechneter Zeit auf Platz zwei und DIVA auf Platz acht der Einzelwertung. Nur sieben-

RUBIN VIII beim Zieleinlauf

undzwanzig Admiral's-Cup-Yachten beendeten das Rennen, und nur drei Nationen gelang es, alle drei Teamboote durchs Ziel zu bringen: Australien, Irland und Deutschland. Die deutschen Mannschaften wurden beim Einlaufen in den Hafen von Plymouth von Mike Iwand, den Ehefrauen, Freundinnen, Journalisten und Schlachtenbummlern mit rotem Teppich, Dixieland-Musik und viel Mumm-Champagner vom Sponsor begrüßt.

„RUBIN wurde verladen," sagt Hans-Otto. „Ich konnte die Jungs damit nicht nach Hause schicken über See, das wollte ich nicht. Es war ein Versicherungsschaden, und deshalb kam gleich die RUBIN IX hinterher." RUBIN VIII wurde nach Holland verkauft und segelte später unter dem Namen MEAN MACHINE. In einer Riesensause im Hamburger Segel-Club, in dem nun mit dem Sardinia Cup die beiden begehrtesten Segel-Trophäen standen, machte der immer wieder neu mit Schampus gefüllte Admirals-Pokal bis in die frühen Morgenstunden die Runde.

Anfang April 1986 lief die neue RUBIN IX vom Stapel, ein wenig länger als die alte, ein wenig schlanker und um dreihundert Kilo leichter. Der Rumpf wurde wieder im Schlepptank der Hamburgischen Schiffbau-Versuchsanstalt optimiert. Es ging um wenige Zehntel Knoten höheres Geschwindigkeitspotential. Rumpf und Deck kamen aus dem Backofen von Udo Schütz, und Michael Schmidt sorgt wieder für den Ausbau. Die Eintonner-Weltmeisterschaft und der Sardinia Cup standen in diesem Jahr auf Schümanns Regattakalender. Auch im Mittelmeer ging es um eine Titelverteidigung, nämlich die des Sardinia Cup.

RUBIN IX vorm Wind

SARDINIA CUP 1986

Von den sechs Bewerbern RUBIN IX, i-PUNKT, CONTAINER, DIVA, RODEO und PINTA machten RUBIN, PINTA und DIVA das Rennen. Nach Porto Cervo hatten zwölf Nationen ihre besten Boote geschickt. Der Sardinia Cup hatte nun fast den gleichen Stellenwert wie der Admiral's Cup. Die erste Dreiecksregatta verlief für die deutschen Yachten sehr erfolgreich und brachte sie hinter England auf den zweiten Platz. RUBIN rangierte an vierter, PINTA an achter Stelle.

Nach der Langstrecke über vierhundert Seemeilen fiel die deutsche Mannschaft auf den dritten Platz hinter England und Spanien zurück. Bei der Wettfahrt von der Nordost-Küste Sardiniens zur französischen Küste und zurück nach Porto Cervo segelte die RUBIN als beste deutsche Yacht auf den neunten Rang. Die PINTA mit Willi Illbruck und die DIVA von Peter Westphal-Langloh belegten bei der von Flaute beeinträchtigten Regatta die Plätze achtundzwanzig und einunddreißig. Nach der Aufholjagd bei 4 Windstärken in der letzten Dreiecksregatta hieß das Gesamtergebnis: England gewann den Sardinia Cup, Deutschland kam auf Rang zwei und Spanien auf den dritten Rang.

Hans-Otto Schümann verkaufte seine RUBIN IX an Albert Büll, der sie in SAUDADE umtaufte – und damit im nächsten Jahr die Qualifikation für den Admiral's Cup schaffte. Die neue RUBIN X des Jahres 1987 zählte als Zweitonner zu den großen Schiffen in den Cup-Ausscheidungsregatten. Aber so richtig in Schwung kam der neue Edelstein jedoch nicht. Ständig wurde getrimmt, unentwegt an Stabilität und Segeleigenschaften herumgebastelt, mal war die Yacht zu rank, mal war sie zu steif, demzufolge wurde sie häufig modifiziert. Eigentliche Konkurrentin war diesmal die neue DIVA.

ADMIRAL'S CUP 1987 RUBIN NICHT QUALIFIZIERT

Bis zum letzten Tag der langen Ausscheidungsserie vor Kiel und Helgoland blieb offen, wer als drittes Boot nach England

Mit rotem Sekt von Ehefrau Engelke „Angie" Schümann getauft: die RUBIN X

fährt. Diese Frage brauchte sich die Mannschaft der CONTAINER unter Gerd Eiermann nicht zu stellen, für sie war die Reise nach Cowes klar entschieden. Es lieferten sich noch OUTSIDER und SAUDADE und bei den großen Yachten RUBIN und DIVA äußerst harte Duelle. Am Ende stand fest: CONTAINER, SAUDADE und DIVA zogen aus, den Admiral's Cup zu verteidigen. Leider nicht erfolgreich, wie sich zeigen sollte, denn Neuseeland gewann überlegen, das deutsche Team enttäuschte mit einem fünften Platz.

RUBIN war zwar in der Qualifikation gescheitert, segelte dafür aber in der Wettfahrt von Kiel nach Sandhamn auf Platz eins und schaffte im nervenschonenden Rennen Gotland-runt den zweiten Platz über alles. Den Saisonabschluß versilberte sich RUBIN bei der Flensburger Fördewoche mit einem Sieg sowohl in Klasse I R als auch über alles.

In diesem Jahr wurde nach einem uralten Ritual mit weißen und schwarzen Kugeln Hans-Otto Schümann einstimmig in die altehrwürdige Royal Yacht Squadron gewählt. Schwarze Kugeln gelten als Gegenstimmen; die Engländer sagen zu jemandem, der nicht einstimmig und somit nicht gewählt wurde, „he is blackballed".

Die Kreuzer-Abteilung des Deutschen Segler-Verbandes ernannte Schümann 1987 zu ihrem Kommodore. – Hans-Otto Schümann stiftete RUBIN X dem Kieler Segel-Club.

Mit dem Jahr 1988 zog ein neues Cupper-Jahr herauf. Diesmal tummelten sich die Crews im warmen Mittelmeer. Es ging schon los beim Copa del Rey, dem Königs-Cup des Real Club Nautico Palma de Mallorca. Sechzehn IOR-Yachten und fünfzehn meist nagelneue Dreivierteltonner kämpften um Plazierungen. CONTAINER, ein neuer Eintonner von Judel/Vrolijk, gewann mit dem Hamburger Steuermann Achim Griese über alles und setzte sich an die Spitze der deutschen Ausscheidungswettfahrten für den Sardinia Cup.

Die Crew auf der Kante von RUBIN X von 1987

SARDINIA CUP 1988 GEWONNEN RUBIN, CONTAINER UND SAUDADE

Die neue RUBIN XI sorgte dabei für eine handfeste Überraschung. Mit einem zweiten Platz im Gesamtklassement segelte sie sich noch an den Konkurrentinnen DIVA und PINTA vorbei auf einen Teamplatz. Hans-Otto hatte sein neues Schiff wieder im Schlepptank optimiert und deshalb die erste Ausscheidungsserie verpaßt. CONTAINER, RUBIN XI und SAUDADE vertraten die deutschen Farben von insgesamt sieben Nationenteams beim Sardinia Cup 1988. Er begann stürmisch mit 7 bis 8 Beaufort und viel Bruch auf den Yachten, auf denen viele Segelstars aus Amerika angeheuert hatten.

Hans-Ottos neuer Edelstein sollte sich als überragendes Boot erweisen. Taktisch von den favorisierten Italienern, die nach 1978 und 1982 unbedingt den dritten Sieg wollten, in die Zange genommen, meisterte die Mannschaft jede Attacke. Besonders bei Leichtwetter war die neue Judel/Vrolijk-Konstruktion nicht zu schlagen. Sie gewann die Zweihundertdreißig-Seemeilen-Langstrecke und das letzte von vier Dreiecken unbedrängt über alles. „Bei Leichtwind ist sie schnell durch wenig Widerstand", sagte Hans-Otto damals, „und bei Wind schnell durch die Wasserlinie." Die abschließende Langstrecke über einhundert Seemeilen ging bei flauer Brise über den tiefblauen Parcour. In den frühen Morgenstunden stand es aber fest: Am zweiten Sardinia-Cup-Sieg des deutschen Teams war nicht mehr zu rütteln. Die Schümann-Fan-Gemeinde im Flughafen Hamburg stürmte auf ihr Idol zu und setzte ihm einen Lorbeerkranz auf.

Mit der RUBIN XI hatte es jedoch eine besondere Bewandtnis. Schon im Mittelmeer delaminierte der Rumpf, die Schale löste sich vom Kern. Kurzerhand wurde der Rumpf zersägt und an die Crew verteilt, sozusagen als Erinnerung an ein Boot, mit dem sogar noch eine wichtige Trophäe gewonnen worden war. Beschläge, das Rigg und der Motor wurden für die neue RUBIN XI b verwendet, die 1989 in Fahrt kam.

Deutschlands High-Tech-Flotte 1989 bestand aus zwölf Yachten, die sich um drei freie Plätze im Admiral's-Cup-Team bewarben. Nach einer Serie in der Nordsee und einer von leichten Winden und Flauten bestimmten in der Ostsee nominierte der Deutsche Segler-Verband die punktbeste RUBIN XI, die PINTA und BECK'S DIVA, alle drei fast gleich große Schiffe zwischen vierunddreißig und fünfunddreißig Fuß IOR. Im März begann das Training auf der Nord- und Ostsee. Dänemark, Schweden, England und Frankreich hatten ihre Cupper zur Kieler Woche geschickt und sahen sich mit einem Klassefeld von deutschen Yachten konfrontiert. Auf ihnen waren unter anderen Weltklasse- und Olympiasegler wie Wolfgang Hunger, Alexander Hagen, Thomas Jungblut und Jörg Diesch als Taktiker eingestiegen. Das Team brach zeitig nach England auf, um noch drei Vorbereitungsregatten zu segeln. Als Favorit ging Neuseeland ins Rennen. Die Neuseeländer waren schon vier Wochen vor der ersten Wettfahrt in Cowes und trainierten jeden Tag mit ihren Yachten. Hans-Otto damals: „Da wurden Millionen investiert, an Bord sind Profis. Wir sind reine Amateure, und ich würde es bedauern, wenn das Geld die größte Rolle spielen würde."

Aufholjagd zur PINTA, die eine Welle vor der RUBIN XI liegt

RYS
HSC

ADMIRAL'S CUP 1989
RUBIN, PINTA UND BECK'S DIVA

Doch diesmal kam alles anders. Es lief nicht so wie erhofft, vielleicht hatte sich das deutsche Team auch zu sehr unter Druck gesetzt. Eine Plastikfolie in der Schraube bremste RUBIN sieben Stunden lang, ehe sie bemerkt wurde. „Eine Pechsträhne ohnegleichen", wie Hans-Otto sagte, „gegen plötzlich auftretende Windlöcher ist kein Team gefeit." Es unterliefen ihnen aber auch handwerkliche und taktische Fehler, es gab Personalprobleme. Und es fehlte ihnen an Fortune, das man zum Siegen braucht. Lediglich im neugeschaffenen langen Inshore Race über knapp vierzig Seemeilen segelten BECK'S DIVA auf Platz sieben, RUBIN XI auf Platz acht und PINTA auf Platz dreizehn, und im abschließenden Fastnet Race kam BECK'S DIVA auf den zweiten Rang, PINTA auf den dreizehnten und RUBIN auf den siebzehnten Rang von insgesamt neununddreißig Booten. Am Bootsmaterial hatte es sicher nicht gelegen, denn das war verglichen mit dem der anderen dreizehn Nationen weit über dem Durchschnitt. England gewann den Admiral's Cup 1989, Dänemark wurde Zweiter, Deutschland belegte einen enttäuschenden achten Platz.

Ende des Jahres verkündete das Offshore Racing Council, im Weltseglerverband für Hochseeregatten und deren Formeln zuständig, auf der Jahreshauptversammlung in London: Die IOR-Formel wird für die nächsten sechs Jahre eingefroren und ab 1990 wird es eine Liste verbotener Baumaterialien geben. Hochseeregatten sollen zukünftig weltweit nicht mehr nach dem Zeitfaktor gesegelt werden, sondern, wie schon beim Sardinia Cup im Mittelmeer und in den USA üblich, nach der aus dem Rennwert vorberechneten Zeit pro Seemeile, Zeit auf Distanz. Auch das neue Vergütungssystem International Measurement System, IMS, wurde überarbeitet. Zum Beispiel wurden Mindestwerte für positive Stabilität je nach Seerevier und Sicherheitskategorie festgelegt, und das im Meßbrief erlaubte maximale Crewgewicht um fünfzehn Prozent reduziert.

Die Saison 1990 verbrachte RUBIN XI überwiegend im Mittelmeer, unter anderem bei der Settimana delle Bocche in Italien. Bei der Copa del Rey vor Palma de Mallorca segelte RUBIN mit den deutschen Yachten in der Spitzengruppe mit. Unter siebenundsechzig Teilnehmern errang Hans-Ottos Edelstein einen hervorragenden dritten Platz, die PINTA von Willi Illbruck wurde Fünfte. BECK'S DIVA landete auf Rang fünfundzwanzig, der jedoch nicht zur Nominierung für das A-Team im Sardinia Cup reichte. Durch diese Plazierungen gewannen die deutschen Yachten den Team-Preis sowohl vor Spanien als auch Italien. Im Sardinia Cup, bei dem auf der SAUDADE der Mast brach, wurde RUBIN Dritte in ihrer Klasse.

Hans-Otto Schümann ist nun nicht mehr bei allen wichtigen Regatten im Cockpit seiner Yacht zu finden. Aber seine unbezahlbare Erfahrung wirft er schon noch in die Waagschale. Wollte auch genau wissen, warum es Schwierigkeiten auf den Vormwindkursen bei der Generalprobe zur Weltmeisterschaft der Zweitonner vor Kiel gab. Bei der Fehlersuche schonte er weder sich noch die Mannschaft, klärte Probleme wie immer auf seine Weise intern. Acht Yachten aus sechs Nationen starteten Ende Mai 1991 zur Zweitonner-Weltmeisterschaft vor Kiel, die neue RUBIN XII mit Steuermann Reemt Reemtsma und Taktiker Harold Cudmore, die

PINTA mit Steuermann Christof Becker und Taktiker Helmar Nauck sowie die LANCIA aus Kiel mit Steuermann Uwe Mares und Taktiker Tom Ross. Gewonnen hatte LAROUGE aus Italien, UNIBANK aus Dänemark mit Jens Christensen wurde Vizeweltmeister und RUBIN XII wurde Dritte.

Im Vorfeld der Schlacht im Solent 1991 gab es in Cowes mächtig Rabatz. Segler aus Neuseeland und England hatten sich eine handfeste Massenkeilerei in dem verträumten Zwanzigtausend-Einwohner-Ort im Norden der Insel geliefert. Die Deutschen hielten sich heraus, für so etwas hatten sie keine Zeit. Hans-Otto bezog mit seiner kompletten Mannschaft Quartier im Haus des englischen Taktikers Harold Cudmore in der Queen's Road Nummer 9 – das fördert den Teamgeist, wie er sagte. Nach den Startschüssen aus den zweiundzwanzig Messingkanonen der Royal Yacht Squadron in der Nachbarschaft würde sich schon zeigen, was die Vorbereitungen wert waren.

ADMIRAL'S CUP 1991
RUBIN, ABAP/4 UND CONTAINER

Zum ersten Mal hatte der Deutsche Segler-Verband auf Ausscheidungsregatten verzichtet und sich auf die Eintonner ABAP/4 von Hasso Plattner mit Steuermann Jens-Peter Wrede, die Fünfzig-Fuß-Yacht CONTAINER von Udo Schütz und den Zweitonner RUBIN XII mit Steuermann Reemt Reemtsma und Navigator Karl-Wiegand Braun, von seinen Kameraden „Charly" gerufen, geeinigt. In diesem Jahr nahmen nur acht Nationen am

Mit der RUBIN XI segelten 1989 (von oben) PINTA und BECK'S DIVA, und 1991 ABAP/4 und CONTAINER um den Admiral's Cup

Admiral's Cup teil. Die Veranstaltung hatte gegenüber den vergangenen Jahren quantitativ stark abgebaut, jedoch nicht qualitativ. Im deutschen Team hoffte man jedenfalls auf ein Ende der Flaute nach den beiden letzten verpatzten Serien in England.

Aber auch dieser Admiral's Cup war nicht die Veranstaltung der Deutschen, sie segelten hinterher. Das Zwischenergebnis vorm Start zum Fastnet Race wies dem deutschen Team einen sechsten Platz zu, nicht berauschend. Die Italiener MANDRAKE, LAROUGE und BRAVA hatten sich in die Favoritenrolle mit dem Profi Rod Davis, einem erfahrenen America's-Cup-Skipper aus Neuseeland, der die Zügel fest in der Hand hielt, emporgesegelt. In der Endabrechnung gab es dann lange Gesichter im italienischen Lager. Erst auf den letzten Seemeilen des Fastnet Race zogen die Franzosen sensationell an den von der ersten Wettfahrt an führenden Italienern vorbei und gewannen überraschend den Admiral's Cup 1991. Eine große Enttäuschung für Hans-Otto Schümann war der fünfte Platz des deutschen Teams, wobei RUBIN immerhin einmal Klassensiegerin wurde, im vierten Rennen auf Platz drei kam und im Fastnet-Rennen zwar ihre zwischenzeitliche Führung wieder verlor, aber dennoch Vierte wurde.

Auffallend bei den MAIOR-Regatten auf dem Stollergrund vor Kiel, der Saisoneröffnung für die Hochseesegler 1992, war die Teilnahme von nur fünfzehn nach der IOR-Formel vermessenen Yachten, so daß Schümanns RUBIN XII mangels Konkurrenz in einer Ausgleichsklasse starten mußte. Einen sehr guten Eindruck machte der neue, in Neuseeland nach dem letzten Stand der Kohlefasertechnik gebaute Eintonner PINTA von Willi Illbruck. Für die RUBIN standen in diesem Jahr ferner die Klassiker Nordsee-Woche, Kiel-Eckernförde-Kiel, der Kiel Cup, der Senatspreis und die Fehmarn-Regatta an, die sie alle gewann sowie nach der Fehmarn-Langstrecke den Henry-Rasmussen-Gedächtnispreis endgültig. RUBIN segelte auch wieder einmal die Cowes Week mit und brachte nach ihrem Sieg in Klasse I etwas Silbernes mit nach Hause. – RUBIN XI b wurde nach Irland verkauft.

ADMIRAL'S CUP 1993 GEWONNEN PINTA, RUBIN UND CONTAINER

Das Jahr 1993 sollte für Hans-Otto und das deutsche Admiral's-Cup-Team wieder ein besonderes werden. Der Deutsche Segler-Verband hatte auch diesmal auf Qualifikationsregatten verzichtet und nominierte das Trio PINTA, den neuen Zweitonner RUBIN XII und den Fünfzig-Füßer CONTAINER aus Selters im Westerwald für England. Aber der Niedergang der IOR-Formel zeichnete sich durch kleine Felder bei den traditionellen Wettfahrten zum Saisonauftakt vor Kiel ab, wohingegen den größten Auftrieb die IMS-Klasse I verzeichnete.

Zum letzten Mal traten denn auch in Cowes Eintonner, Zweitonner und Fünfzig-Füßer gegeneinander an. Acht Nationen bewarben sich wieder nur um den Admiral's Cup, und um die Traditionsveranstaltung vor der Bedeutungslosigkeit zu retten, sollte die IOR-Formel 1995 kostengünstigeren Formeln weichen. Es war der Anfang vom Ende einer Ära. Die Entscheidung, nur die beiden besten Schiffe pro Nation und Wettfahrt in die Teamwertung zu nehmen, verdeutlichte den Versuch, zusätzliche Nationen, die nur zwei Klassen besetzen konnten, zu gewinnen. Außer bei den Holländern ging das Konzept auch auf. Hans-Otto Schümann hatte sich anfangs

sehr um ein drittes Schiff neben dem Eintonner PINTA und seinem Zweitonner RUBIN XII bemüht. Letztlich hatte auch Udo Schütz, der sich nach dem enttäuschenden Abschneiden vor zwei Jahren zurückgezogen hatte, zugesagt.

Zur RUBIN-Crew zählten Skipper Thomas Jungblut, Navigator Charly Braun, Steuermann und Taktiker Jörg Heinritz, Uli Tischendorf, Jens Rüter, Andreas Höh, Ralph Wiezorrek, Steffen Müller, Eberhard Magg, Jan Themlitz, Dietrich Tauber und Götz Göppert. Willi Illbruck hatte sich Jörg Diesch aus Kiel ans Steuer und Russell Coutts aus Neuseeland als Taktiker an Bord seiner PINTA geholt. Und auf der CONTAINER war die Neuentdeckung der Saison als Skipper eingestiegen: der einunddreißg Jahre alte gebürtige Pole Karol Jablonski aus Steinhude, Taktiker war der Däne Jens Christensen.

Die Italiener waren mit America's-Cup-Stars angetreten, zum Beispiel Rod Davis als Coach und Paul Cayard am Ruder der BRAVA Q8. Mit dem Zweitonner LAROUGE und dem Fünfzig-Füßer MANDRAKE galt das italienische Team als absoluter Favorit. Aber auch die australische RAGAMUFFIN und die britische INDULGENCE wurden hoch gehandelt.

Während sich „seine Jungs" auf das Fastnet Race vorbereiteten, feierte Team-Chef Hans-Otto Schümann Abschied vom prestigeträchtigen Admiral's Cup. Mit siebenundsiebzig Jahren wolle er seine Erfahrungen an die jüngere Generation weitergeben. „Wenn sich auch die Form der Yachten verändert, an der See, am Wind hat sich nichts geändert. Flauten und Stürme, drehende Winde und Ströme, wo die richtige Seite mit dem Wind war und wo nicht, all das versuche ich, den Jungs mit auf den Weg zu geben", sagte er in Cowes.

Beim ersten Rennen fiel die Entscheidung schon am Start. Wer gut wegkam, gab die Führung auch nicht mehr ab. INDULGENCE ging als erste vor MANDRAKE über die Ziellinie. Das deutsche Team hatte schlecht gesegelt und kam in der Gesamtwertung auf Platz sieben. Ernüchterung im deutschen Lager. Heftig schlug auch die Nachricht ein, daß der Lokalmatador Harold Cudmore die irische JAMESON direkt vor der Küste versenkt hatte. Aber auch Willi Illbruck konnte es nicht fassen: Seine PINTA war auf steinigen Grund aufgelaufen und am Kiel beschädigt. Von acht Eintonnern blieb nur einer verschont.

Beim Start zum Channel Race mit anderthalbfachem Faktor kamen die deutschen Yachten gut weg. Bei leichten Winden lief die RUBIN ein gutes Rennen und wurde Dritte im Ziel, CONTAINER Siebte und PINTA Zehnte über alles. Dennoch gingen die beiden punktbesten Boote in die Wertung, diesmal hieß der Streicher PINTA. Die Aufholjagd hatte sich gelohnt, Deutschland lag auf Platz drei hinter den führenden Italienern und Australien. Dann fiel Italiens MANDRAKE nach einer Kollision mit der holländischen PROMOTION aus, und ein Crewmitglied eines japanischen Cuppers flog von Bord und wurde in letzter Minute gerettet.

Aber das deutsche Trio war noch intakt, als es bei Gegenstrom dicht unter Land auf die Reise zum Fastnet Rock ging. Der Spruch „the fight goes on" auf dem Spinnaker der PINTA sollte sich noch bewahrheiten. Der frischgebackene Eintonner-Weltmeister steuerte entscheidend dazu bei, daß Deutschland zum vierten Mal Mannschafts-Weltmeister wurde, RUBIN das dritte Mal. In einem nervenaufreibenden Krimi galt es

beim Fastnet-Felsen, den Vorsprung der Italiener von nur noch vierdreiviertel Punkten aufzuholen. RUBIN lag die ganze Zeit auf zweiter Position. Willi Illbruck und Hans-Otto Schümann checkten an Land in Plymouth alle Positionen. Hans-Otto: „Zum Schluß war Flaute vor dem Ziel, wie so oft, da sind sie vom zweiten auf den vierten Platz abgesackt. Die anderen kriegten irgendwie 'ne Brise. RUBIN war auf der falschen Seite. Daraufhin war das eigentlich verloren."

Nachts erreichte als erste die CONTAINER, das größte Boot im Team, das Ziel Plymouth. Sechseinhalb Stunden später kam RUBIN, vierter Platz bei den Zweitonnern. Dann kam PINTA als drittes Schiff, das klein-

Fuhren den vierten deutschen Admiral's-Cup-Sieg 1993 ein: PINTA, CONTAINER und RUBIN XII

G-3312

ste, herein. Weit dahinter kam die australische NINJA ins Ziel, die Achillesferse des australischen Teams. Erst dann stand fest: Deutschland hatte den Admiral's Cup gewonnen, mit einem Viertelpunkt! Große Überraschung nicht nur bei der Konkurrenz, sondern unter den Akteuren selbst. Vier Tage und vier Nächte ackern für den Teamgeist hatten sich gelohnt. Alle waren überglücklich.

Aber die Traditionsserie hatte viel von ihrem Glanz verloren. Hochseesegeln muß billiger werden, forderte der Hauptsponsor, damit 1995 wieder mehr Nationen nach Cowes kommen. Die drei neuen Klassen hießen Mumm 36, ILC 40 und ILC 50 nach der International Level Class, die auf dem International Measurement System, IMS, basiert. Willi Illbruck skeptisch über die kleine Mumm 36: „Wer kauft schon ein Boot, mit dem er nur beim Admiral's Cup konkurrenzfähig ist." Und die Mannschaften unkten: Das Fastnet Race wird dann fünf Tage zu einer noch größeren Qual.

Im Oktober des Jahres 1993 gab es beim Deutschen Segler-Verband einen Wachwechsel. Hans-Joachim Fritze wurde von mehr als fünfhundert Delegierten auf dem Seglertag in Hamburg als Nachfolger von Hans-Otto Schümann zum Präsidenten gewählt. Hans-Otto: „Ich habe rechtzeitig nach zwei Perioden das Präsidium abgegeben. Wollte nicht so lange warten, bis man sagt, wann geht er endlich. Es haben zwar alle vehement widersprochen, aber ich habe dann trotzdem abgegeben." Mit einer langanhaltenden „standing ovation" dankte die Versammlung dem scheidenden Präsidenten und ernannte Hans-Otto Schümann zum Ehrenpräsidenten des Deutschen Segler-Verbandes.

Der Deutsche Hochseesportverband „Hansa" e. V. verlieh Hans-Otto Schümann den Bernhard-Rogge-Pokal für „seine mit großem persönlichen Engagement geförderte Ausbildung besonders junger Segler zum Hochseesegeln, für die Verbesserungen in unserer sich wandelnden Welt durch seine Kenntnis, Erfahrung und Leistung und seine materielle Hilfe für das Jugendsegeln". Mit den Worten „seine Siege als Skipper und Team-Chef sind erstrebenswertes Vorbild für alle Hochseesegler geworden", schloß die Laudatio.

DER NEUE COMMODORES' CUP 1992 VOR COWES

Im Royal Ocean Racing Club war man unterdessen nicht untätig gewesen. Zur Wiederbelebung der Szene hatte man sich etwas einfallen lassen und 1992 eine neue Regattaserie kreiert. Sie hieß Commodores' Cup und war für Hochseerenner nach der IMS-Formel für Cruiser/Racer für Amateure und Familien-Freizeit-Segler ausgeschrieben. Doch wer tummelte sich bald im Solent? Die Boote der neuen Admiral's-Cup-Generation. Neun Teams mit je drei Booten hatten 1994 gemeldet, Argentinien, Holland, England, Wales und Jersey, mit jeweils zwei Teams waren die USA und Deutschland vertreten. RUBIN XII mit einer umgewandelten IOR-Formel in Klasse 1 und Skipper Thomas Jungblut nahm zusammen mit der AEROSAIL ASTRO und Soling-Goldmedaillengewinner Jochen Schümann in Klasse 2 sowie der Mumm 36 THOMAS-i-PUNKT in Klasse 3 im Team Germany „Green" teil.

An Bord der in Neuseeland gebauten AEROSAIL ASTRO von Judel/Vrolijk hatten unter anderem Taktiker Eddie Warden Owen und Tim Kröger von der Whitbread Round-

the-World-Yacht INTRUM JUSTITIA angeheuert. Thomas Friese hatte auf seiner Mumm 36 mehrere Profis aus Neuseeland engagiert, darunter auch Skipper Tom Dodson und Wachführer Robbie Naismith von der japanischen Whitbread-Yacht YAMAHA.

Das Team Germany „Red" bestand aus dem Trio ANTIBODY mit Skipper Thorsten Dmoch, OMEN von Thomas Friese mit Steuermann Francesco di Angelis aus Italien und AEROSAIL[3] vom Daimler-Benz-Projekt, dessen Ziel die Teilnahme am America's Cup war, mit Steuermann Achim Griese und Taktiker Harold Cudmore.

Bei leichten bis mittleren Winden und Sonnenschein testete sich die Konkurrenz in den sieben Regatten. Immer wieder mußte sich Hans-Otto Schümann den Überredungskünsten der Team- und Clubkameraden erwehren, ebenfalls Profis für seine RUBIN anzuheuern, denn die seien ja schließlich eine Garantie für Erfolge, und nur mit ihnen könne man heutzutage noch den Admiral's Cup gewinnen. Doch Hans-Otto blieb standhaft als Verfechter des Amateurstatus. Mit einem Tagessieg verhalf RUBIN XII dem Team Germany „Green" im Endstand zum zweiten Platz hinter den USA, Deutschland „Red" wurde Dritter.

ADMIRAL'S CUP 1995 QUALIFIKATION GEGEN DIE NEUE PINTA VERLOREN

Zur Neuauflage des Admiral's Cup 1995 gab es auch eine neue RUBIN XIV – die Nummer XII hatte Schümann nach Mallorca verkauft. Das neue Schiff war die erste IMS-Konstruktion von Judel/Vrolijk für Hans-Otto Schümann und segelte in der mittleren ILC-44-Klasse. RUBIN XIV verlor jedoch die Qualifikation gegen die neue große PINTA – und erwies sich als Retter in großer Not. England nämlich drohte nur ein Zuschauerplatz, weil es zum ersten Mal keine Boote in der mittleren und größten Klasse hatte aufstellen können. In der Klasse ILC 40 half AeroSail mit der ASTRO aus, und Hans-Otto stellte dem Royal Ocean Racing Club seine ILC-44-Yacht zur Verfügung. Nur sollte niemals eine RUBIN gegen Deutschland segeln, war sein Wunsch. So ließ seine Yacht als GROUP 4 das Heckwasser achteraus, an Bord blieben von der Stammcrew Sören Sörensen, Uli Tischendorf, Christian Müller und Steffen Müller. Skipper Robin Aisher, dreimaliger Cup-Gewinner, holte sich ansonsten nur Landsleute ins Boot.

Nach einem sehr langen, sehr heißen Fastnet Race, währenddessen besonders die Acht-Mann-Crews auf den kleinen, elf Meter langen Mumm-36-Yachten endlose Qualen litten, gewann Italien den Admiral's Cup 1995, USA wurde Zweiter und Deutschland Dritter mit ANEMOS, PINTA und THOMAS-i-PUNKT. England hielt als Letzter auf dem achten Platz die rote Laterne, obgleich GROUP 4 bestes Schiff in Klasse I im Fastnet war.

Der Deutsche Segler-Verband schrieb 1996 zum ersten Mal eine Deutsche Meisterschaft im Seesegeln zur Kieler Woche aus. Das Vermessungssystem IMS machte es möglich. Als neuer Deutscher Meister zeigte RUBIN XIV Flagge und sah diese Serie als Training für den anstehenden Commodores' Cup in England und den Sardinia Cup an.

Beim Commodores' Cup 1996 vor Cowes waren immerhin fünfundvierzig Yachten am Start. Von den fünfzehn gemeldeten Nationenteams kamen allein sieben aus dem Land des Ausrichters. Deutschland und Holland hatten je ein Team „Red" und „Green" geschickt, Australien, Belgien, Irland

und Argentinien jeweils eins. Doch schon im Vorfeld gab es Unmut wegen der Regel, nach der Profis als Steuerleute verboten sein sollten, auf dem englischen Cupper ARBITRATOR aber einer ausfindig gemacht wurde, und wegen des Zeitvergütungssystems IMS, das niemand mehr verstand.

Team Germany „Red" mit RUBIN, ANTIBODY und BAGATELLE gewann die Seahorse Trophy für das beste Ergebnis aller Inshore-Rennen. In der Gesamtwertung kam Germany „Green" auf Rang vier und Germany „Red" auf Rang fünf. Der Cruiser/Racer RUBIN XIV wurde drittbestes Schiff in Klasse I seines Teams. Für den Gewinn zweier Inshore-Rennen erhielt RUBIN den Sonderpreis der Gemeinde Cowes, eine kleine Messingkanone mit Lafette.

Beim Sardinia Cup 1996 ging aus dem Zweikampf zwischen PINTA und RUBIN XIV in den ersten beiden Up-and-Down-Regatten die PINTA als Siegerin hervor. Die Siebzig-Seemeilen-Langstrecke wurde dann wegen Mistral-Warnung auf fünfunddreißig Seemeilen verkürzt, der Start erfolgte zunächst aber bei 3 Beaufort. Zwischen den Inseln blieb RUBIN in der Flaute hängen. Plötzlich donnerte das Schiff bei unmittelbar einsetzendem Wind Stärke 6 unter Spinnaker los, der dem Druck nicht standhielt und bald darauf regelrecht platzte. Als Ersatz ging die Genua hoch, machte dem Schiff Beine. Bei inzwischen auf 7 bis 8 Beaufort aufgefrischtem Wind lief RUBIN 17 Knoten, mit dem Resultat: zweiter Platz in der Flotte. PINTA wurde wegen Frühstarts disqualifiziert. Die mittlere Langstrecke gewann RUBIN gegen PINTA, und die folgenden zwei up-and-downs gewann wieder PINTA. Auch in diesem Wettbewerb wurde RUBIN XIV drittbestes Schiff in der IMS-Einzelwertung.

ADMIRAL'S CUP 1997
RUBIN, THOMAS-i-PUNKT UND PINTA

Bei der zwanzigsten Auflage des Admiral's Cup 1997 zeigte das deutsche Trio RUBIN XIV, THOMAS-i-PUNKT und PINTA ein Musterbeispiel an Teamarbeit. Sie wurden Vize-Weltmeister bei einer Beteiligung von sieben Nationen. Die Amerikaner mit ihren Yachten FLASH GORDON 3, MK CAFÉ und JAMESON hatten im Fastnet Race alles riskiert, um die knappe Führung vor Neuseeland, Italien und Deutschland zu halten. Gewonnen haben die USA, Italien wurde Dritter. Hans-Otto hatte sich den dreifachen Soling-Goldmedaillen-Gewinner, Weltsegler des Jahres 1996 und Namensvetter Jochen Schümann als Steuermann ins Boot geholt und als Taktiker Jens Christensen aus Dänemark. Er hatte auch alle deutschen Segler vor dem Start der ersten Regatta zum Kennenlernen zu einer Grillparty in sein Team-Haus eingeladen. Schließlich stimmte der Empfang der Mannschaften auf dem Rasen der Royal Yacht Squadron die Segler auf die bevorstehenden neun Wettfahrten ein. Beim Smalltalk beobachtet: Hans-Otto Schümann und König Harald V. von Norwegen, die in Erinnerungen an gemeinsame Rennen Gotlant-runt schwelgten.

Nach bravourösem Einstand des deutschen Teams mit Tagessiegen von RUBIN und PINTA und einem dritten Platz von Thomas Frieses THOMAS-i-PUNKT rutschte es nach dem verpatzten Channel Race in der Gesamtwertung auf Rang drei ab. Diese Position konnte das Team auch nach den folgenden Wettfahrten halten, bis die Zwischenwertung nach der mittleren Langstrecke, dem Kenwood Cup, den fünften Platz auswies. Fast wäre der Herdentrieb der Mumm-Klasse in der zweiten Wettfahrt zum Verhängnis geworden. Alle sieben Boote nahmen die Tonne an

Hans-Otto Schümann 1998 auf RUBIN XV vor Sardinien. Im Hintergrund Yachten im Swan World Cup

der falschen Seite, nachdem die führende Yacht sich versegelt hatte. Nur die italienische BREEZE segelte nach dem Zieldurchgang noch einmal zurück. Die Jury unter Mary Pera belegte jede Yacht mit einem Strafplatz. Am Ruhetag gab es lustige Gewinne für die Eigner Thomas Friese, den siebzigjährigen Australier Syd Fischer und den italienischen Grandseigneur Pasquale Landolfi: Sie wurden in Champagner aufgewogen.

Das vierfach zählende, anfangs von Flauten bestimmte Fastnet Race wurde auch diesmal wieder zur Geduldsprobe. Ankern hieß es schon in der ersten Nacht, um nicht vom Strom zurückgetrieben zu werden. Am Fastnet Rock hatten die Italiener den Cup eigentlich in der Tasche. Doch der Ausgang des Rennens entschied sich einmal mehr zwischen Lizard und Plymouth. Nachdem die drei ersten Cupper bereits im Ziel waren, quälten sich in nächtlicher Flaute – so manchem Cup-Veteranen war diese Situation aus der Vergangenheit nur zu gut bekannt – sieben ILC-40-Yachten, um endlich in einem Pulk im Sekundenabstand die Ziellinie zu passieren. Darunter war die PINTA als erste ILC-40-Yacht, der es noch in letzter Sekunde gelang, den Bug nach vorn zu schieben. Amerika gewann den Admiral's Cup, Deutschland wurde Zweiter. Erneut konnten die deutschen Segler einen wunderbaren Erfolg verbuchen.

Hans-Otto Schümann verkaufte sein Schiff an Dr. Wolfgang Schäfer, Obmann Seesegeln im Deutschen Segler-Verband. Er segelt die in STRUNTJE LIGHT umgetaufte Yacht seitdem sehr erfolgreich. Und noch einmal baute Schümann neu. RUBIN XV von Judel/Vrolijk entstand auch diesmal bei Marten Marine in Neuseeland. Der Rumpf ist aus Kevlar, die Inneneinrichtung aus Sandwichplatten mit Kirschefurnier, der Mast aus Carbon. Bootsmann Steffen Müller hatte in Auckland die Bauaufsicht übernommen und die Fertigung der Yacht überwacht. Ende März 1998 kam das Schiff huckepack auf einem Frachter via Panama-Kanal in Antwerpen an und machte mit Skipper Jochen Schümann, Taktiker Jens Christensen und Navigator Charly Braun bei den MAIOR-Regatten vor Kiel erste Trimmschläge.

ADMIRAL'S CUP 1999
RUBIN, THOMAS-i-PUNKT UND MK CAFÉ

Mit diesem Schiff ging Schümann ins Mittelmeer, ersegelte sich von einhundertsechzehn Yachten einen guten neunten Platz bei der Copa del Rey und wurde mit dem deutschen Team Zweiter beim Sardinia Cup 1998, an dem sich elf Teams beteiligten. Im Frühjahr 1999 segelte Schümann die Serie in Key West in Florida und zum ersten Mal das SORC vor Miami, „weil mich die Konkurrenz aus den USA und Italien reizte". Mit RUBIN XV ist er auch 1999 wieder in der „Straßenschlacht im Solent", wie die englische Presse titelte, dabei. Alle drei deutschen Yachten, RUBIN, THOMAS-i-PUNKT und MK CAFÉ, fuhren unter dem Stander des Hamburger Segel-Clubs. Die RUBIN-Crew 1999 hieß: Steuermann und Skipper Jochen Schümann, Jens Christensen, Andreas Föh, Hendrik Scheel, Sönke Dorn, Bootsmann Dieter Tauber, Sören Sörensen, Stefan Matschuk, Steffen Müller, Sönke Köhler und Navigator Karl-Wiegand „Charly" Braun. Zehn Meldungen aus England, Commonwealth, Europa, Frankreich, Deutschland, Italien, Holland und den USA lagen dem Royal Ocean Racing Club vor.

Deutschland segelte wie seit langem nicht mehr von Beginn an dicht an der Spitze. Hans-Otto: „Ich habe Jens und Jochen gesagt – wir waren das relativ kleinste Schiff

M 4

in der großen Klasse –, sie sollen immer versuchen, dicht an der Spitzengruppe zu bleiben. Wir waren auch bei Wind fast gleich schnell, also nicht viel langsamer als die Größeren. Das hat funktioniert." Eine umstrittene Jury-Entscheidung der Vorsitzenden Mary Pera überschattete jedoch diese Veranstaltung. Thomas Frieses Sydney 40 MK CAFÉ wurde in der Mittelstrecken-Wettfahrt disqualifiziert. Was war geschehen? Hans-Otto Schümann: „Die australische Sydney 40 SLEDGEHAMMER hatte sich in der Nacht beim Aufkreuzen unter der Küste in einem Fischernetz verfangen. Die Crew der MK CAFÉ glaubte wohl, sie könne da vorbei. In dem Moment, wo MK CAFÉ hoch am Wind direkt vor der australischen Yacht herumging, kam die SLEDGEHAMMER frei und schoß auf die deutsche Yacht zu. Es wäre beinahe zu einer Kollision gekommen. Die Australier protestierten und präsentierten den Zeugen Chris Law von der britischen ARBITRATOR, der dreihundert Meter entfernt in tiefschwarzer Nacht alles gesehen haben wollte.

Die Australier begründeten ihren Protest mit dem Verstoß gegen die Regel ›zu dicht über Stag zu gehen, ich darf nicht so dicht unterwenden, sondern ich muß rechtzeitig unterwenden‹, und behaupteten, MK CAFÉ habe keinen Raum gegeben. Diese Regel gilt aber nur am Tage. Nachts gelten die Ausweichregeln auf See. Das war sehr faul, sehr tricky, schade." Auch ein Antrag auf Neueröffnung konnte an dem Juryspruch nicht rütteln, es blieb dabei, MK CAFÉ disqualifiziert. Hans-Otto weiter: „Ich habe der Mary Pera noch einen Brief geschrieben, daß ich das nicht verstehen würde und für ungerecht hielte, aber sie war unbeugsam. Wir hätten mit Sicherheit einen zweiten Platz gehabt." Deutschland rutschte vom dritten

Die RUBIN XV – Schümanns derzeitiges Schiff auf Siegeskurs Rund Helgoland 2000

auf den vierten Platz ab hinter die USA.

Noch etwas anderes war neu in Cowes: Zum ersten Mal in der langen Geschichte wurde der Klassiker Fastnet Race gestrichen, nicht ersatzlos, sondern eine kürzere Langstrecke über rund vierhundert Seemeilen zum Wolf Rock, Scilly Isles und zurück nach Cowes anstatt nach Plymouth ausgeschrieben. „Auf dem Weg zum Wolf Rock, auf der Höhe von Plymouth", sagt Hans-Otto, „haben sie verloren. Nach der Wettervorhersage war eine starke Rechtsdrehung des Windes zu erwarten und Charly sagte, wir können jetzt schon rumgehen. Die Spitzengruppe ist aber weitergefahren, später über Stag gegangen. Da oben hat sie dann irgendeinen Vorteil gehabt, entweder frühere Winddrehung oder mehr Strom, oder weniger Seegang, irgend sowas. Jedenfalls ist da die Spitzengruppe weggefahren. RUBIN war eine halbe Stunde dahinter und dann konntest du es vergessen, dann war es aus. Na schön, das gehört zum Sport. Man kann ihnen nicht mal einen Vorwurf machen, denn die Entscheidung war nicht verkehrt. Die Winddrehung kam, und sie konnten dann hochziehen, aber sie hatten eben die See gegenan und waren dadurch wahrscheinlich langsamer als die anderen. Man muß dranbleiben. Mit einem guten Abschneiden der RUBIN hätten wir den Cup gehabt. Ohne den Protest. Aber der hat uns um fünfundzwanzig Punkte zurückgeworfen, dagegen konntest du nicht mehr an." – Holland gewann den Admiral's Cup 1999.

Die Saison 2000 begann für RUBIN wie immer mit den Wettfahrten zum MAIOR auf dem Stollergrund, bei der Nordsee-Woche und der Flensburger Frühjahrswoche. Die Regatten auf der Förde waren gleichzeitig die Qualifikation zum neuen Baltic Offshore Nations Cup, einer Mannschafts-Europameisterschaft mit drei unterschiedlich großen Booten im Team vor Greifswald. Die letzte Ausscheidungsregatta zu dieser Serie, eine mittlere Langstrecke, wurde am Eröffnungstag der Kieler Woche draußen am Leuchtturm gestartet und hatte Eckernförde als Ziel.

NEUE MANNSCHAFTS-SERIE VOR GREIFSWALD 2000

Mit dieser neuen Serie für IMS-vermessene Yachten konterten die Veranstalter um Michael Schmidt den zur gleichen Zeit laufenden Commodores' Cup. Der Grund: England hatte eine neue Bauformel IRM kreiert, in die die Schiffe hineingebaut waren. Der Rest der Welt hatte wenig Aussichten, dabei als IMS-Yacht vorne mitzusegeln. Hans-Otto Schümann damals: „Mit dem Commodores' Cup haben wir alle nichts am Hut. Das wird wahrscheinlich ein Reinfall. Die Engländer waren von Anfang an irgendwie gegen das IMS und haben es bei sich praktisch gar nicht eingeführt." Die Veranstaltung in Greifswald wurde mit acht teilnehmenden Teams aus vier Nationen ein großer Erfolg. Fünf Kurzstrecken-, eine Mittelstrecken- und eine Langstreckenregatta mußten gesegelt werden. Deutschland „Rot" gewann, Team Greifswald mit RUBIN XV wurde Vierter.

Rückblickend betrachtet ist seit dem Neubeginn des Regattasegelsports nach dem Zweiten Weltkrieg heute eigentlich nichts mehr so, wie es einmal war. Nur der Wind und die See, Sonnenaufgang und Sonnenuntergang, das Sternenzelt, das ewige Auf und Ab von Ebbe und Flut, die Unendlichkeit der Kimm und der Weg der weißen Wolken sind geblieben, was sie immer waren, eine grandiose Natur, in der wir Segler unseren Frieden finden.

Die Crew

„Erfolge sind auf Dauer nur mit einer gut organisierten Crew möglich", sagt Hans-Otto Schümann. „Da heißt es nur, sein Handwerk zu verstehen und sich in das Team einfügen zu können, egal, ob man Student oder Unternehmer, Angestellter, Handwerker oder Lehrling ist, ob man 20 oder 60 Jahre alt ist."

Hans-Otto Schümann bezog seine Mannschaft bei wichtigen Entscheidungen immer mit ein. So entstand und wuchs Vertrauen. Jeder einzelne setzte sich hundertprozentig ein. Nach einer Wettfahrt gab es eine Aussprache im Salon, und dann war die Sache erledigt. Dieses „band of brothers" war Schümanns Erfolgsrezept.

Es waren Karl Clausen, Bernard Hinst, Hermann Splieth, Rolf Förster, John Jäger, Prof. Dr. Horst Brune, Karl-Heinz und Heinzpeter Bense, Roland Schütze, Dr. Johannes Halben, Heinz Behrens, Bruno Sauer, Heinrich Riensch, Carl-Hermann Gewers, Eggert Schmielau, Jochen Wiese und Hans-Ulrich Tischendorf, die lange Zeit, zum Teil Jahrzehnte, zusammen blieben. Uli Tischendorf, 1969 zur RUBIN gekommen, ist heute noch dabei, als Teammanager. Sie tragen stolz ihre RUBIN-Nadel aus weißer Emaille mit einem echten Rubin – eine Auszeichnung von Hans-Otto nach zehn großen Seerennen oder für besondere Verdienste.

Hans-Otto und Crew Mitte der 1980er Jahre

Uli Tischendorf: „Traditionell gibt es ein privates Teamtreffen im Januar, entweder bei ihm im Hause, in seiner Kajüte oder in einem Restaurant. Dazu werden alle Mitsegler des letzten Jahres geladen. Alle Preise, die wir innerhalb des Jahres gewonnen haben, werden dann unter der Crew verteilt, so daß jeder eine Erinnerung an die Saison mit nach Hause nimmt. Das ist sehr fair, darüber freut sich jeder. Das macht er seit Jahrzehnten. Deshalb hängen auch bei mir im Arbeitszimmer diese vielen Preise, alle aus Spezial-Regatten, in denen man was geleistet hat, in denen etwas besonders aufgefallen ist, wo man zum Teil Notsituationen gelöst hat durch Geschick oder Intuition. Das wurde dann hinterher großartig belohnt durch die Weitergabe eines solchen phantastischen Preises."

„Jeder war eine eigene Persönlichkeit, aber mit gleichen Interessen und gleichem Bildungsniveau", sagt Hans-Otto, „die meisten selbständig oder in einer leitenden Funktion und segelerfahren." Von 1975 an gehörten auch Jörg, Jan und Christian Heinritz, Kay Michaelsen, Ulrich Drews, Manfred Seithe, Dr. Jan Wulf, Christian Kutscha, Karl-Heinz Gohlke, Arend Noack und Steffen Müller dazu, und in den letzten Jahren Karl-Wiegand „Charly" Braun, Dieter Tauber und Arnd Howar.

Wenn auch Hans-Otto seit einiger Zeit bei den großen Regatten nicht mehr selbst an Bord ist, hält er an Land doch in dem beruhigenden Bewußtsein, daß in seinem Sinne gesegelt wird und alles in seinem Geiste weiterläuft, die Stellung.

HERMANN SPLIETH

Hermann Splieth zum Beispiel, der von 1957 bis 1963 Bootsmann auf der RUBIN war und seit 1972 Vormann auf den Seenotrettungsbooten ASMUS BREMER und ELTJE der Deutschen Gesellschaft zur Rettung Schiffbrüchiger in Kiel-Schilksee ist, antwortete auf meine Frage nach dem Geheimnis des Erfolgs: „Reibungslose Manöver, die Aufstellung der Mannschaft und Hans-Otto, die Ruhe selbst. Er sah sich alles immer ganz ruhig an, dann war die Sache gelaufen. Ich habe nicht einmal an seinen Anordnungen gezweifelt."

Bei einem Crew-Treffen im Hamburger Segel-Club ging es munter zu. Jeder hatte eine andere Story, an die er sich lebhaft erinnerte:

HEINZ BEHRENS

Heinz Behrens (69), Stammcrew 1958 bis 1973: Hans-Otto hat uns oft überrascht. Ein Beispiel: Wir waren bei der Kieler Woche sehr gut, und in England lief das Schiff auf einmal nicht mehr an der Kreuz. Da hatte er heimlich den Kiel verändert. Und wir wunderten uns, daß wir nicht mehr die Höhe laufen konnten. Nachher hat er es dann gestanden.

Carl-Hermann Gewers (74), 1964 bis 1976: Am 5. Juli 1969, meinem Geburtstag, sind wir von Sandhamn nach Glücksburg gesegelt. Als wir ausliefen, wehte es schon mit 8 Windstärken aus Südwest. Von fünf gestarteten Booten sind nur drei in Glücksburg angekommen. Die GABRIELLA aus Finnland und die HOBBY aus Hamburg hatten vorher aufgegeben. Das war eine ganz harte Sache. Hans-Otto ist die ganze Zeit Ruder gegangen. Die ganze Nacht durch. Wir hatten eine ungeheuer schlechte Sicht. Plötzlich kam uns einer quer – ohne Licht – von Backbord. Eben am Heck ging der mitten auf der Ostsee an uns vorbei. Vielleicht ein DDR-Flüchtling?

Nachher wehte der Wind aus dem östlichen Sektor. Kurz vor Mitternacht am 7. Juli stand die RUBIN auf 54°56' N und 13° E und damit rund fünfzehn Seemeilen vor Møns Klint. Eine knüpplige See stand gegenan, die Segelei wurde eine harte und feuchte Angelegenheit. Wir machten ungefähr 8 bis 9 Knoten Fahrt. Ich lag auf der Seite an Steuerbord auf der Bank. Wir hatten eine enorme Schräglage. Da sind wir derartig in ein Loch hineingefallen, daß mir die Rippen eingedrückt sind. Ich kriegte keine Luft mehr. Es war also richtig schlimm.

CARL-HERMANN GEWERS

Als wir am 8. Juli gegen 2.20 Uhr südlich von Møns Klint standen, wehte es mit 8 bis 9, teilweise 10 aus Südwest. Gegen 5.25 Uhr war der Druck im Groß so stark, daß das gereffte Großsegel an der Mastschiene riß. Nur mit der Sturmfock war das Schiff leegierig, nicht zu steuern. Da sagte Hans-Otto: „Wir brauchen eine Düse. Setzt Klüver und Fock." Und tatsächlich ging das sehr gut. Die Fock ganz dicht und der

Klüver etwas offen als Düse. Wir liefen wieder Kurs mit 7 Knoten Speed.

Da die Mastschiene mehrfach verbogen war, also kein Großsegel gesetzt werden konnte, riskierten wir ein gewagtes Manöver: Wir hüserten Bruno Sauer mit einem Hammer in der Hand in den Mast hoch, damit er die Schiene wieder gerade kloppt. Bei hoher Fahrt und Seegang erforderte dieses Manöver viel Geschick und Mut. Der Bootsmannstuhl wurde mittschiffs nach vorn und achtern mit Leinen gesichert, die beim Vorheißen gleichmäßig bedient werden mußten. Mit dem Lifebelt um den Mast gesichert, wurde Bruno nach oben gehievt. Dieses Manöver mußte in Lee des Mastes ausgeführt werden! Eine hervorragende seemännische Leistung, daß Bruno die Reparatur ohne Schaden gut durchgeführt hat und wieder heil an Deck kam.

Man hatte uns schon ziemlich auf der Verlustliste stehen. Und dann kam der Rumkönig Norbert Lorck-Schierning vom mitveranstaltenden Flensburger Segel-Club mit dem Flugzeug. Er hat uns gefunden, noch ein paar Runden über uns gedreht und den Familienangehörigen mitgeteilt, daß wir noch leben. Ich habe fünfzig Jahre gesegelt, wo auch immer, aber das war für mich die härteste Regatta.

Bruno Sauer

Bruno Sauer (60), Bootsmann 1964 bis 1974: Wir wurden schon von einem fahrenden Rettungskreuzer gestartet, weil der wegen des Sturms nicht vor Anker gehen konnte. Als wir vor Møn waren, zeigte die Uhr 60 Knoten Wind, 12 Windstärken. Beim Ausreißen des Großsegels waren die Rutscher in der verbogenen Schiene hängengeblieben. Bei 40 Knoten Wind hing ich im Bootsmannsstuhl und habe die Schiene Meter für Meter wieder gerade geklopft. Es hat geklappt. Nun konnten wir bei abflauendem Wind ein neues Großsegel setzten. Auch das Trysegel haben wir wieder hochgekriegt und sind weitergefahren. Das war auch für mich die härteste Regatta, die ich je mitgemacht habe. Es waren ungefähr fünfhundert Seemeilen. Die nächste Yacht, die nach uns in Glücksburg ankam, war die größer vermessene DIANA III mit Hans-Peter und Harald Baum an Bord. Sie lief fast elf Stunden später ein als wir, und die NORSEMAN aus Norwegen sogar fünfzehn Stunden später. Damit hatten wir den Ostsee-Preis, die silberne PASSAT, endgültig gewonnen.

Roland Schütze

Roland Schütze (77), Navigator 1957 bis 1974: Fünfmal außer der Reihe, dreimal hintereinander, dann war er endgültig bei uns. DIANA-Eigner Henry S. Thomas hat das Silbermodell der Viermastbark PASSAT damals gespendet. Das war für alle die härteste Wettfahrt. Im Verhältnis zu anderen Regatten wie Gotland-runt, wo es sehr oft zwischendurch flau war, auch in England, war dies durchgehend das Härteste. Ich weiß noch, wie ich damals ins Logbuch eintrug: Schwerster Sommersturm seit 1956.

Carl-Hermann Gewers: Das war eine Superregatta. Aber auch die Überführung nach Sandhamn war nicht glücklich gewesen. Als wir bei Karlshamn in die Schären unter Spinnaker einliefen, war der Wind auf einmal weg. Wir bargen den Spinnaker, schossen in den Wind und nahmen wie

die anderen das Großsegel runter. Nun hieß es: Wo geht es eigentlich weiter? Wir wußten nicht, wo wir waren. Es war jedenfalls der verkehrte Kurs, der anlag. Rumms, saßen wir auf den Steinen. Das war uns allen sehr unangenehm. Hans-Otto war nämlich in Karlshamn ausgestiegen, er hatte geschäftlich zu tun. Auf jeden Fall hatten wir ein faustgroßes Loch im Kiel.

DR. JOHANNES HALBEN

Dr. Johannes Halben (76), 1958 bis 1973: Ja, der Bleikiel war vorne zur Seite gebogen. Gott sei Dank war das ein Bleikiel. Beim Eisenkiel hätte ich für die Bolzen nicht garantiert.

Bruno Sauer: Wir haben das Ding zurechtgekloppt, soweit es ging unter Wasser. Ich mußte das wieder zusammenspachteln. Das war für mich auch eine große Lehre. Man soll nicht glauben, daß man die Schären kennt. Die sehen alle gleich aus. Wir hatten einen Leuchtturm übersehen, und rumms! saßen wir drauf. Das geht ganz schnell. Roland, da kann ich noch einen draufsetzen: Marstrand.

Roland Schütze: Was war in Marstrand?

Bruno Sauer: Weil es so langweilig war, hatten wir in den Schären geangelt. Und wie es der Teufel will, waren wir mitten in einem Makrelenschwarm. Wir konnten gar nicht so schnell die Angel rausholen, wie die Makrelen bissen. Kein Mensch hat sich mehr ums Segeln gekümmert. Auf einmal machte es rumms! Und Hans-Otto lag unten in der Koje. Da kam er hoch: „Alle Angeln weg, ihr seid wohl verrückt!" Und dann sah er unsere Makrelen an Deck liegen. Die wurden dann doch zum Abendessen serviert – Wenn Hans-Otto an Bord kam, konnte ich immer sehen, wie die Stimmung in der Firma war. Entweder hat er mich überhaupt nicht begrüßt, dann habe ich ihn auch in Ruhe gelassen. Das dauerte manchmal zwanzig Minuten, manchmal vierzig, manchmal sogar eine Stunde. Und dann sagte er: „Bruno, wo bleibt mein Gin Tonic?" Dann wußte ich, jetzt ist er soweit.

Dr. Halben: Dann funktionierte wieder die berühmte H-Anlage im Werk nicht so richtig. Über Jahre war was damit. Eines Tages ließ er sich die Konstruktionspläne geben, nahm sie mit nach Hause. Nach Stunden stellte er fest: Da muß die Störung liegen! „Meine Herren Ingenieure, sehen Sie bitte da nach." Und es stimmte. Unwahrscheinlich. Er kannte sein Werk in- und auswendig.

Heinz Behrens: Während einer Überführung von England sind wir einmal im Regen fast ertrunken. In der Nordsee hatte es grausam mit 9 gegenan geweht. Unser Beiboot wurde dabei zerschlagen, bei IJmuiden auf Legerwall. In der Elbmündung draußen bei Feuerschiff ELBE I kämpften wir immer mit einem Dampfer. Mal war er schneller, mal wir. Es war ja damals allerhand, 10, 11 Meilen zu laufen. Vor Cuxhaven hörte der Wind auf. Es regnete unaufhörlich. Wir sind Tag und Nacht nicht aus dem Ölzeug rausgekommen, die Füße kochten in den Gummistiefeln. Schließlich warfen wir die Maschine an. Da geht die Klappe auf, Hans-Otto: „Warum kreuzt ihr nicht das letzte Stück, die 2 Meilen?" Es war so typisch, er mochte nicht unter Maschine laufen.

Bruno Sauer: Wir haben mindestens fünf

Mal im Frühjahr neu vermessen, eine Riesenarbeit, denn das Schiff mußte ja völlig leergeräumt sein. Hans-Otto dachte immer in der Formel mit. Er hat immer gewußt, wie er das Letzte herausholen konnte, um in einen niedrigeren Wert zu kommen, und wenn es um drei Millimeter an der Segellatte ging.

Dr. Halben: Hans-Otto war sehr empfindlich in bezug auf Gewicht. Spaßeshalber sagten wir: Hartgeld von Bord und die Batterien müssen leer sein.

Roland Schütze: Ja, später. Es fing in der Szene an: leicht, leichter, am leichtesten. Im nächsten Jahr segeln wir mit einem Deck aus Japan-Papier, unkten wir. Einmal hatten wir nach Schweden sechshundert Dosen Bier mit. Das war wohl nichts. Wir schleppten Seesäcke mit Proviant und Getränken von Bord, Werkzeugkisten wurden reduziert. Aber Bruno hatte immer einen Whisky versteckt, und für ihn Schokolade und Schwarzbrot.

Bruno Sauer: Das war Notproviant. Das mit dem Gewicht stimmt trotzdem. Er hat auch seine eigenen Winden gebaut, in einer Schlosserei. Sie waren aus Aluminium mit ganz normalen Kugellagern. Ich hatte immer einen Schwung Kugellager an Bord, denn die fingen im Seewasser an zu rosten. Ich mußte sie fünf bis sechs Mal im Jahr auswechseln.

Heinz Behrens: Die Winden hatten zwei Gänge. Die Kurbel mußte man umstecken. Darauf fuhren wir verzinkte Drahtvorläufer, was damals auch keiner machte, obwohl die Taue viel mehr Reck hatten als heute. War nicht so ganz ungefährlich. Der Draht rutschte ja nicht so auf dem Aluminium. Wer nicht aufpaßte, hatte seine Finger drin.

Carl-Hermann Gewers: An der Tonne wurde Spinnaker in Spinnaker gesetzt, um nach der Tonne mit dem Starcut höher rangehen zu können.

Roland Schütze: Ich weiß noch, einmal kam in der Kieler Woche der Stephens rüber. Er hatte so einen dunkelrotbraunen Overall, wie die Cowes-Hosen, und kroch um den Mast herum. Da sagte der alte Burmester: „Kiek mol, de Indianer is wedder dor!" Das war was Neues, als da einer am Mast rumkroch und das Rigg überprüfte. Da begann es, Ernst zu werden. Wir hatten erst Holzmasten, dann Alu, dann verleimte Kunststoffmasten. Vielleicht auch interessant: Hans-Otto wollte nicht protestieren, ist dem weitestgehend aus dem Weg gegangen. Bis auf ein paar Mal, auch in England, wo es zu Protesten des deutschen Teams kam, die zum Teil nicht gut ausgingen. Ich habe eine ganze Zeit Wettfahrtleiter gemacht und muß sagen, das gibt es überhaupt nicht, was da zusammengelogen wurde und wird. Unmöglich. Ein Beispiel: Wir lagen in der Flaute, hatten ab und zu mal ein paar Meter Vortrieb, die Segel flatterten. Plötzlich kam der Amerikaner, die CARINA, mit laufender Maschine an uns vorbei. „Er lädt nur Strom auf", hieß es.

Heinz Behrens: Einmal haben wir uns auf der Weser das Schiff regelrecht aufgesegelt. Im Winter lagen wir mit der KÖNIGIN immer im Weser Yacht-Club. Die Überführung stand an. Fiel sie auf einen Freitag, gingen wir erstmal Seezunge essen, weil man freitags nicht auslief – ein alter Seemannsbrauch. Die KÖNIGIN konnte eine irre Höhe laufen. Wir wollten nun mithalten, und jedesmal, wenn wir über Stag gingen, was ziemlich oft war, sagte Hans-Otto: „Segel steht

noch nicht, ihr müßt die Wanten auf Lee dichtholen." Nochmal wieder drei, vier Umdrehungen mit der Winsch. „Hol die Lose, noch mehr!" Wir haben gekurbelt wie die Weltmeister. Wenn der Rumpf einsetzte, öffnete sich ein winziger Spalt. Auf einmal hieß es von unten: „Wasser im Schiff!" „Gibt's nicht!" war seine erste Reaktion. „Habt ihr den Wassertank nicht zugedreht? Habt ihr geschmeckt, ob das salzig ist?" Es war tatsächlich salzig. Da hatten wir wohl die Wanten zu dicht angeknallt. Es ging zurück zur Werft und eine Verstärkung wurde eingebaut.

HEINZPETER BENSE

Heinzpeter Bense (61), 1956 bis 1983: Das war nachher der Grund, weshalb er sich bei Sommerfeld in Wentorf einen formverleimten Sperrholzrumpf bauen ließ, der so steif war, daß er nicht mehr kaputt gehen konnte. Hans-Otto: „Sowas passiert mir nicht nochmal."

Bruno Sauer: Die eine Regatta mit RUBIN III 1967 sollte man auch nicht vergessen. Wir fuhren Skagen-rund, hatten sehr viel Wind, 8 bis 9 aus Westsüdwest, und zu viel Tuch drauf. Wollten weiter unter Landschutz verkleinern, aber der volle Sturm verhinderte das. Wir hatten Schwierigkeiten, weil das Schiff nicht genug abfiel. Großsegelfieren nützte nichts. Heinz saß am Steuer. Plötzlich sagte er: „Ich kann nicht mehr steuern!" Das Ruder klemmte. Der Ruderschaft war verklemmt und ließ sich nur schwer bewegen. Er hatte sich durch Seeschlag verbogen. Wir machten die Rettungsinsel klar, übrigens das einzige Mal in meinen zehn Jahren auf RUBIN. Nahmen das Großsegel weg und segelten nur mit einer Sturmfock von Skagen runter ins Kattegat, das klemmende Ruder immer um wenige Zentimeter korrigiert, um den Kurs zu halten. Die DIANA ging hinter uns durch. Unter kleinster Besegelung ging es weiter. Der Wind nahm ab, wir wollten schon den Motor anwerfen, da sagte er: „Nö, dann lass uns man weitersegeln, es geht doch ganz gut mit dem Ruder."
Wir sind an Grenå vorbeigegangen und hinter GERMANIA und DIANA durchs Ziel am KIEL-Feuerschiff, haben so noch den ersten Platz in Klasse I gemacht und wurden auch Gesamtsieger Rund um Skagen!

Dr. Halben: Ich kann mich erinnern, an dem Abend habt ihr mich ans Ruder gesetzt, als nur das Vorsegel stand. Und es war relativ schwierig, das Schiff nur unter Vorsegel am Wind zu halten. Ihr seid alle unter Deck gegangen. Es goß in Strömen. Meine Knie wurden immer kälter.

Heinz Behrens: Wir haben Glück gehabt, daß wir rumgekommen sind. Nach uns ging es richtig los, Windstärke 10. Wir liefen also schon etwas ab, mit leicht geschrickten Schoten. Sonst wäre das noch härter geworden da oben.

Heinzpeter Bense: Einmal waren doch auch Ruderseile abgebrochen, als Hannes Beilken an Bord war. Mit zwei Tampen im Cockpit stehend fuhren wir nach Helgoland hinein. Wir hatten unten am Quadranten zwei Tampen befestigt, so daß wir durch Ziehen steuern konnten. Hannes Beilken zog einen und Manfred Seithe den anderen. Damit haben wir immerhin noch den Zieldurchgang geschafft.

Heinz Behrens: Damals war das Leben

An Bord der RUBIN V 1975

mit der Crew ein bißchen netter. Wir hockten immer alle zusammen, wohnten auch alle an Bord. Wenn Burmesters ASCHANTI mitsegelte, war sie unser Duschdampfer. Nach einer Wettfahrt gab es eine Aussprache im Salon, dann war die Sache erledigt und es wurde gefeiert. Dieser Zusammenhalt hat die RUBIN über Jahre ausgezeichnet. Die Leute heute kennen sich ja zum Teil gar nicht, weil sie sofort nach der Wettfahrt auseinanderlaufen, jeder in sein Hotel.

Heinzpeter Bense: Wir haben uns alle von dieser Art der Segelei distanziert. Anfang der 80er Jahre kam der erste an Bord, der Salär forderte. Wenn das jetzt losgeht, dann lieber nicht mehr, war unsere einhellige Meinung. Wir sagen noch „Danke" und freuen uns, wenn uns ein Preis übergeben wird und wenn wir ein schönes Essen haben. Aber der fing ja gleich an: „Wenn ich einsteigen soll, dann gib' erstmal Kohle her!"

WAR HANS-OTTO AUCH MAL RICHTIG SAUER?

Roland Schütze: Der größte Ausdruck seiner Unzufriedenheit war, wenn er am Ruder stand und mit dem Fuß aufstampfte: „Was macht ihr denn da? Wie lange dauert das denn!"

Heinz Behrens: Die schlimmste Steigerung war: „So'n Mist!", mehr sagte er nicht. Das andere Wort nahm er nicht in den Mund.

Heinzpeter Bense: Er hat alles ziemlich alleine mit sich abgemacht. Auch wenn er wahnsinnig enttäuscht war wie oben in Marstrand mit dem Halbtonner TOPAS, hat er alles allein abgearbeitet. Meistens verhielt er sich dann ganz ruhig und ging in die Koje. Am nächsten Morgen versuchte er dann, weise Entscheidungen zu treffen, damit es nicht mehr wehtat, damit es weiterging. Einiges hat er wirklich in sich hineingefressen.

Dr. Halben: Hans-Otto am Ruder: „Geh' mal einer nach vorn und hol' den Anker hoch!" Wir hatten in Marstrand ein Elektrokabel zu fassen gekriegt und bekamen den Anker nicht raus. „Soll ich das mal machen?" Also kurzerhand die Ankerleine gekappt und ohne Anker gesegelt. Immerhin markierten wir durch einen Fender den Ort, so daß später ein Schlepper den Anker hievte und rausholen konnte.

Heinz Behrens: Es kann 1960 gewesen sein. Onkel Ernst (Burmester) und Tante Berta (Burmester) wollten in Marstrand zur Jubiläumsfeier des Yachtclubs und standen im Hotelfahrstuhl, Onkel Ernst im NRV-Affenjäckchen. Die Tür ging auf, ein Amerikaner trat ein und sagte: „Downstairs please." Der Ami dachte wohl, er sei der Fahrstuhlführer. Da war er so wütend, daß er nicht zum Empfang gegangen ist.

Bruno Sauer: Ein anderes Mal in Marstrand, als sie den Wehowsky abgeführt haben. 1966? Die Schwarze Gang hatte alle Schiffe gefilzt, weil wir nachts so fürchterlich gefeiert hatten, daß die Frauen schon die Leinen losschneiden wollten. Bei uns fanden sie nichts, aber eben bei Max Wehowsky.

Roland Schütze: Wir hatten kein Telefon an Bord und konnten auch nicht erreicht werden. Sobald wir die Leinen gelöst hatten und ablegten, fiel alles Geschäftliche von uns ab und die Sorgen. Du warst frei und konntest deine Seele baumeln lassen. Der Alltag war

achteraus hinter dem Horizont versunken, und du spürtest die Freiheit auf hoher See. Besonders gute Erinnerungen habe ich an die Gotland-Regatta. Wir sind ja nur zweimal nach Visby reingegangen, mußten dann nach Sandhamn, weil Visby Fährhafen wurde. Horst hatte ein opulentes Krebsessen veranstaltet, als Heini Riensch Geburtstag hatte und ich Hochzeitstag. So wie wir in England nach dem Channel Race oder zwischen den Dreiecken zu den Fischern im Solent rausgefahren sind und Hummer gekauft haben, die Horst an Bord gekocht hat. Aber Gotland frühmorgens, es war so hell, die Baumstämme rochen nach Harz, wie bei uns zu Hause in den Baltischen Staaten, die Stille, es war unbegreiflich schön. Es gab Dinner bei untergehender Sonne in Visby. Da haben wir in der Bar den Löwen geklaut.

Dr. Halben: Dieter Gutmann, er war nur kurz an Bord, schüttete drei große Dosen Pfifferlinge in den Topf. Nach kurzem Erhitzen sollten die gegessen werden. Hans-Otto bekam auch eine Portion in die Hand, probierte kurz und sagte dann ganz trocken: „Kann das mal einer unauffällig über Bord kippen?"

Heinzpeter Bense: Ein anderer, der auch nur kurz an Bord war, sollte mal elf Gin Tonics machen. „Kannst du das denn wenigstens?" Er baute sie alle schön auf. Normal an Bord ist doch, du machst einen, gibst ihn nach oben und machst den nächsten. Es muß nur ein bißchen schneller gehen. Er hatte alles schön vorbereitet, drei Tonic-Flaschen und den Gin geöffnet, dann kam eine See und – rumms, alles lag unten. Hans-Otto achtern: „Passiert da eigentlich langsam was?"

Carl-Hermann Gewers: Eines werde ich auch nicht vergessen. Es war Totenflaute in der Regatta. Wir lagen alle beim Startschiff und dödelten so hin und her. Da kam einer längsseits und volle Pulle die Pütz hinein. Klaus Behrmann war am Ruder. Der ist wie ein Irrer mit 5 bis 6 Knoten durch das ganze Feld gefahren. Eine Angstpartie. Wir näherten uns einem dänischen Schiff. Dort saßen sie alle stur und steif im Cockpit. Wir da ran, alle Pützen voll und wollten gerade fieren, als alle aufstanden. Die waren splitternackt und machten „Ohhhhh!" Das war in Kiel. Die berühmten Wasserschlachten der Kieler Woche bis Mitte der 70er Jahre.

Heinz Behrens: Berühmt war auch immer das Herbst-Absegeln in Helgoland mit Hans-Otto am extra aufgebauten Klavier hinten im Cockpit. Wenn der Startschuß fiel, gingen die Segel runter und dergleichen Scherze mehr. Was haben wir immer für einen Spaß gehabt.

Hermann Splieth: 1962 hatten wir das Skaw Race gewonnen, knapp. Start und Ziel war Skagen. Harro Rösing mit der PAMPERO von der Marine war auch dabei. Da haben wir einen gezischt hinterher, und Hummer gegessen. Bestecke dafür hatten wir nicht, also habe ich alle Wasserpumpenzangen ausgegeben. Das war ein Fest, das konnte Hans-Otto. Er hat nicht viel gefeiert, aber wenn, dann mit Stil.

Roland Schützes Fazit seines aktiven Seglerlebens drückt gleichsam das Lebensgefühl der gesamten Generation der Rubin-Crew aus:
„Es war schön, lohnend und bereichernd. Es waren für mich goldene Zeiten."

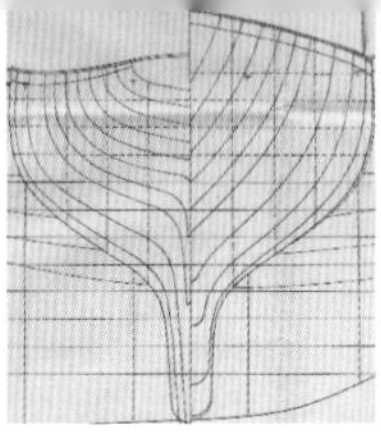

ANHANG I
RUBIN I - XV

STRIETZ, 60 qm Seekreuzer
Konstrukteur und Bauwerft: Hans Heidtmann, Hamburg, Baujahr 1924

Technische Daten
LWL 9,13 m, L-Deck 12,30 m, Breite WL 2,54 m, Größte Breite 2,77 m, Verdrängung 6,9 t
Ballastkiel aus Eisen, Hilfsmotor 7 PS, Segelfläche am Wind 57,59 qm, Klasse 8,2 KR

RUBIN I (11/1)
Baujahr 1951, Konstruktion: Henry Rasmussen, Werft: Abeking & Rasmussen

Technische Daten
11 KR-Yacht. Takelung Yawl. LüA 16,18 m, Breite 3,45 m, Tiefgang 2,28 m, Verdrängung 14,4 t,
Segelfläche am Wind 100 qm
Außenhaut Lärchenholz, Teakdeck, Langkieler, Baumwollsegel Mako, Masten aus Holz, zwei Toiletten, Vorhänge, gut ausgestattete Pantry

1956 zum ersten Mal an der Cowes Week teilgenommen. Verkauft an die Marine in Wilhelmshaven 1957, lief dort viele Jahre als TAIFUN. Segelt heute auf der Ostsee

RUBIN II (11/12)
Baujahr 1957
Konstruktion: Henry Rasmussen
Werft: Abeking & Rasmussen

Technische Daten
11 KR-Yacht. Takelung Yawl. LüA 16,70 m, CWL 11,50 m, Breite 3,80 m, Tiefgang 2,24 m, Verdrängung 16,8 t,
Segelfläche am Wind 112 qm

Sehr viele Touren/Urlaubstörns damit gesegelt
1963 Teilnahme im ersten deutschen Admiral's-Cup-Team

Verkauft an Henry Wallenberg, Schweden

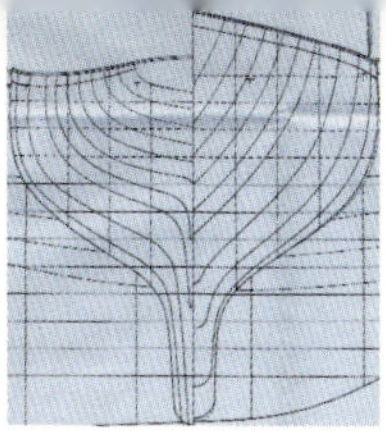

RUBIN III (G161)
Baujahr 1967, Konstruktion: Sparkman & Stephens
Werft: Sommerfeld, Ausbau bei Abeking & Rasmussen

Technische Daten
Typ: Sloop, Leichtbau, getrennter Lateralplan
LüA 15,88 m, LWL 11,28 m, Breite 3,86 m, Tiefgang 2,40 m, Verdrängung 16,7 t, Segelfläche am Wind 124 qm. Vermessung: KR 10,5296, 1971 IOR 39,2 Fuß. Formverleimtes Sperrholz: Rumpf und Deck aus Sperrholzbahnen unter Vakuumdruck über einer Form verleimt. Dreimal Teilnahme am Admiral's Cup 1967, 1969 und 1971. Gestiftet dem Hamburgischen Verein Seefahrt, lief von 1972 bis 1989 unter dem Namen STÖRTEBEKER

RUBIN IV (G 114) *Schwesterschiff JAN POTT*
Baujahr 1973
Konstruktion: Sparkman & Stephens
1972 Schlepptankversuche bei der HSVA
Werft: Burmester-Werft

Technische Daten
Takelung: Sloop, LüA 14,99 m, LWL 11,36 m, Breite 4,22 m, Tiefgang 2,59 m, Verdrängung 13,75 t, Segelfläche am Wind 117 qm. Baustoff: Sperrholz/formverleimt. Rating: IOR 36.4'.

1973 erstmals Qualifikationsregatten gesegelt. Gewinn des Admiral's Cup mit SAUDADE (Albert Büll) und CARINA III (Dieter Monheim).
1983 gestiftet an die Hanseatische Yachtschule Glücksburg, lief dort bis 1997 als FLENSBURG

RUBIN V (G 15) *Schwesterschiff DUVA*
Baujahr 1975, Konstruktion: Sparkman & Stephens und Hans Jeglinski, Konstrukteur der Burmester-Werft. Aus den gleichen Linien wie RUBIN IV heraus konstruiert

Technische Daten
Takelung: Sloop, LüA 15,36 m, LWL 11,50 m, Breite 4,32 m, Tiefgang 2,31 m, Verdrängung 13 t, Segelfläche am Wind 121 qm, Baustoff Sperrholz/formverleimt, Rating IOR I 34,9'.

Admiral's Cup 2. Platz
1983 gestiftet an die Hanseatische Yachtschule Glücksburg, lief dort bis 1999 als HANSEAT

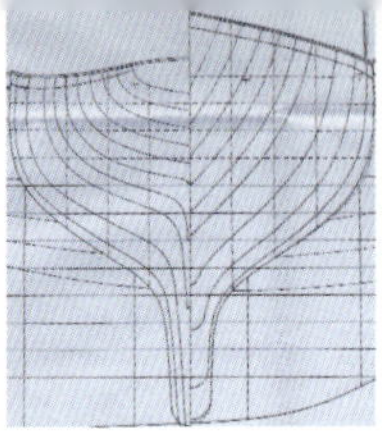

RUBIN VI (G 1116)
Baujahr 1979, Konstruktion: Doug Petersen, modifiziert von Hans-Otto Schümann
Werft: Burmester-Werft

Technische Daten

Zweitonner, LüA 12,66 m, Breite 3,92 m, Tiefgang 2,32 m, Verdrängung 7,6 cbm, Segelfläche am Wind 93,99 qm, 6 Kojen, Rating IOR 31,6'.
Formverleimtes Holz, Konstruktion durch Aluminiumrahmen ausgesteift, der alle entscheidenden Kräfte des Riggs aufnahm und in den Kiel leitete. Inzwischen zeigte sich, daß die kleineren Schiffe bei Leichtwetter durch die Formel im Vorteil waren.

1980 verkauft an Ulrich Harms
Rücktritt vom Regattasport bis 1983

RUBIN VII (G 3317)
Baujahr 1984, Konstruktion: Judel/Vrolijk
Werft: Schütz-Werke, Selters, Ausbau Yachtwerft Wedel

Technische Daten

LüA 12,99 m, Breite 4,26 m, Tiefgang 2,38 m, Verdrängung 7750 kg, Segelfläche am Wind 110,60 qm, Typ 42,5 ft. IOR-Yacht, Rating 32,5'.

Neue Rumpfbaumethoden: Waben-Sandwich und die Kohlefasertechnik aus dem Flugzeugbau. Dieselbe aktualisierte Form von PINTA und CONTAINER bei Udo Schütz, Selters/Westerwald, gebaut. Sieg der drei Schiffe im Sardinia Cup; verkauft, segelt heute in Kiel

RUBIN VIII (G 3388)
Baujahr 1985
Konstruktion: Judel/Vrolijk, Werft: Schütz/Yachtwerft Wedel

Technische Daten

Typ 40 ft. IOR-Yacht. LüA 11,97 m, Breite 3,93 m, Tiefgang 2,15 m, Verdrängung 5,8 t, Segelfläche am Wind 84 qm. Mit 30,2 ft. kleinstes Admiral's Cup Rating.

Gewann erneut Admiral's Cup. Kielschaden in Plymouth
Verkauft nach Holland. Wurde MEAN MACHINE

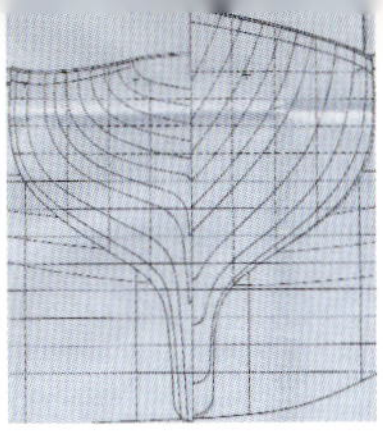

RUBIN IX (G 1919)
Baujahr 1986. Konstruktion: Judel/Vrolijk
Werft: Schütz/Yachtwerft Wedel

Technische Daten
Eintonner. LüA 12,09 m, Breite 3,86 m, Tiefgang 2,15 m, Verdrängung 5,57 t, Segelfläche am Wind 82,20 qm. Rumpf im Schlepptank der HSVA optimiert - es ging um wenige Zehntel Knoten höheres Geschwindigkeitspotential.

Zweite im Sardinia Cup. Verkauft an Albert Büll, wurde SAUDADE

RUBIN X (G 3510)
Baujahr 1987. Konstruktion: Judel/Vrolijk, Werft: Yachtwerft Wedel

Technische Daten
Zweitonner. 44 ft. IOR-Yacht. LüA 13,34 m, Breite 4,10 m, Tiefgang 2,46 m, Verdrängung 7660 kg, Segelfläche am Wind 105,70 qm, Rating IOR 34,7 ft.

Admiral's-Cup-Ausscheidungen verpatzt, nicht qualifiziert, Entscheidung im letzten Dreieck für DIVA; gestiftet an den Kieler Segel-Club 1988

RUBIN XIa (G 1711)
Baujahr 1988
Konstruktion: Judel/Vrolijk. Werft: Schütz/Yachtwerft Wedel

Technische Daten
43 ft. IOR-Yacht, LüA 13,28 m, B 4,03 m, T 2,45 m, Verdrängung 7450 kg, Segelfläche am Wind 96,90 qm, Rating 35 ft.

Delaminierte (die Schale trennte sich vom Kern) 1988 im Mittelmeer. 2. Sieg Sardinia Cup. Rumpf zersägt und an die Crew verteilt.

RUBIN XIb (G 1711)
Konstruktion: 1989 Judel/Vrolijk. Werft: Schütz/Yachtwerft Wedel. Rumpf nach gleichen Linien wie RUBIN XIa gebaut. Beschläge, Rigg und Motor von XIa verwendet.
Baumaterial: Kohlefaser/Honeycomb-Sandwich, Rating 34,32 ft.

Verkauft nach Irland 1993

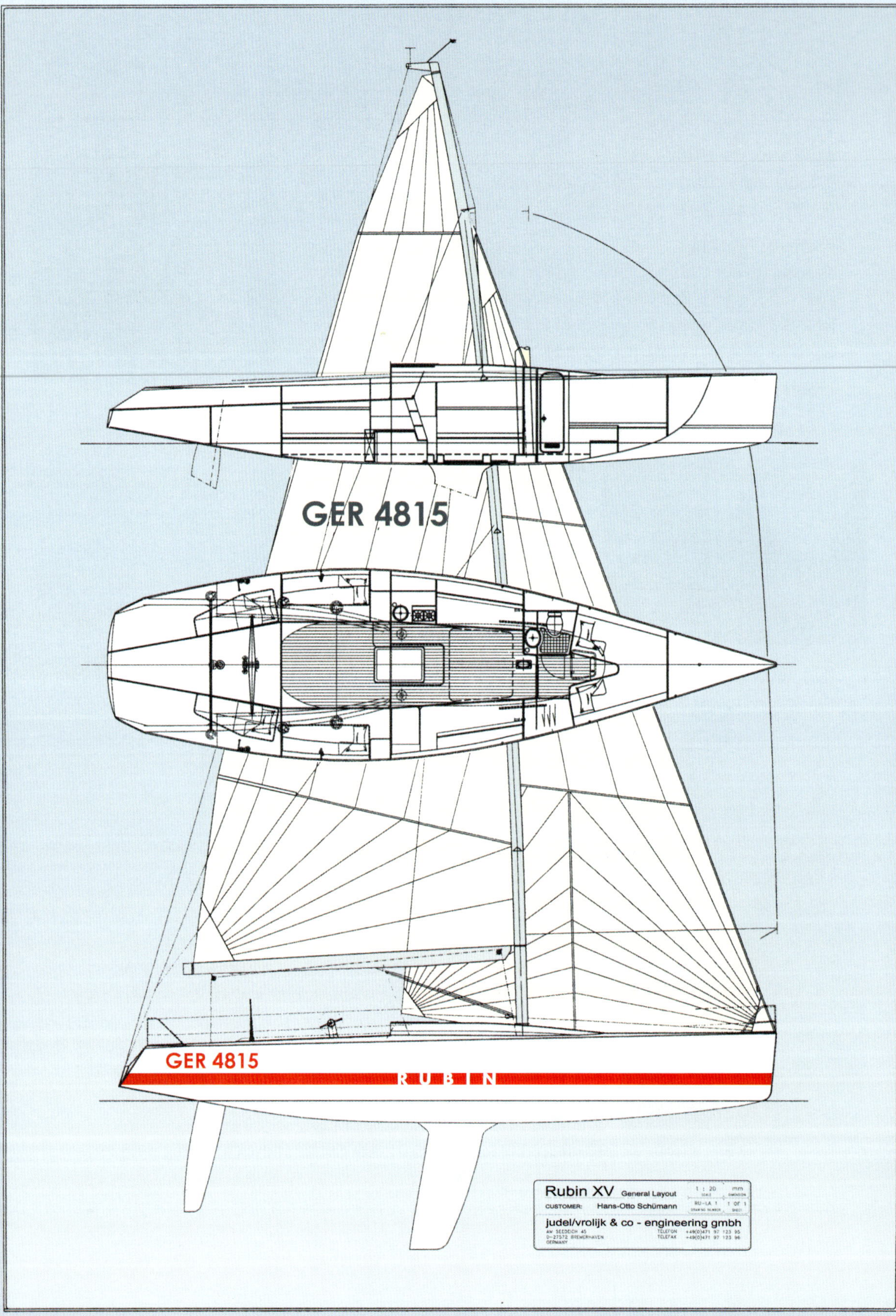
GER 4815
GER 4815
RUBIN
Rubin XV General Layout
CUSTOMER: Hans-Otto Schümann
1 : 20
SCALE
mm
DIMENSION
RU-LA 1
DRAWING NUMBER
1 OF 1
SHEET
judel/vrolijk & co - engineering gmbh
AM SEEDEICH 45
D-27572 BREMERHAVEN
GERMANY
TELEFON +49(0)471 97 123 95
TELEFAX +49(0)471 97 123 96

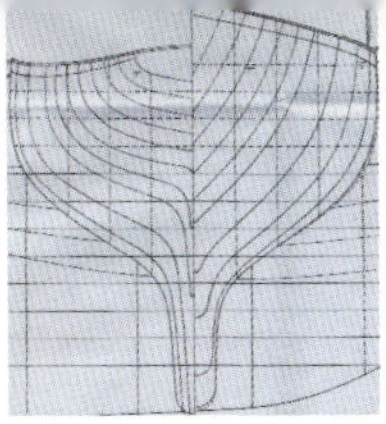

RUBIN XII (G 3312)
Baujahr 1991
Konstruktion: Judel/Vrolijk
Werft: Schütz/Yachtwerft Wedel

Technische Daten
Zweitonner. 44 ft. IOR-Yacht. LüA 13,45 m, Breite 4,12 m, T 2,65 m, Verdrängung 7950 kg, Segelfläche am Wind 99,01 qm, Rating 35 ft.

1993 Sieg Admiral's Cup, der dritte für Schümann. Verkauft nach Mallorca 1995

RUBIN XIV (GER 4414)
Baujahr 1995
Konstruktion: Judel/Vrolijk
Werft: Marten Marine, Neuseeland

Technische Daten
Schümanns erste Konstruktion nach IMS, International Measurement System. 44 ft LüA. GPH 548 sec/m, mittlere AC-Klasse, LüA 13,54 m, Breite 4,17 m, T 2,62 m, Verdrängung 6800 kg, Segelfläche am Wind 105 qm.
Kevlar-Rumpf mit Inneneinrichtung aus Sandwichplatten mit Kirschefurnier. Drei-Salings-Rigg aus Carbon.

Kann als Racer und Cruiser/Racer segeln. Verkauft an Dr. Wolfgang Schäfer 1997.
Heute STRUNTJE LIGHT

RUBIN XV (GER 4815)
Baujahr 1998
Konstruktion: Judel/Vrolijk.
Werft: Marten Marine, Neuseeland

Technische Daten
Typ IMS 49, mit GPH = 525 sec/m in der größten AC-Klasse am oberen Limit, Kevlar-Rumpf mit Inneneinrichtung aus Sandwichplatten mit Kirschefurnier. LüA 14,99 m, B 4,30 m, T 3,49 m, Verdrängung 8850 kg, Segelfläche am Wind 136,50 qm, Mast aus Carbon.

Kann als Racer und Cruiser/Racer gesegelt werden

ANHANG II
REISEN DER 15 RUBINE

1938, STRIETZ
Kiel-Mommark-Svendborg-Vordingborg-Kopenhagen-Travemünde-Kiel-Hamburg
1950, STRIETZ
Kiel-Malmö-Göteborg, Urlaubsfahrt im Seegebiet Göteborg

1951, RUBIN I
Rund um Skagen 550 sm
Kieler Woche: Rund um Fehmarn, 3 erste Preise
Schweden-Törn Laboe-Trelleborg-Schärenweg-Götakanal-Trollhättan-Kanal-Göteborg-Malmö-Klintholm-Travemünde mit REGINA und KÖNIGIN
Cuxhaven-Hörnum-Cuxhaven
Überführung ins Winterlager Bremerhaven

1952 Helgoland wieder frei
Nordsee-Wettfahrt Cuxhaven-ELBE I-Cuxhaven
Rund um Fehmarn
Kiel-Visby
Gotland-runt
Urlaubstörn im Stockholmer Schärengarten mit SENTA und KÖNIGIN
Cuxhaven-Helgoland
Helgoland-Borkum-WESER-Feuerschiff-Cuxhaven

1953
Nordsee-Woche, 1. nach dem Krieg, mit Zubringerregatten Hamburg-Cuxhaven-Helgoland
Rund um Helgoland
Helgoland-Rund Skagen-Marstrand-Kiel
Rund um Fehmarn
Sommerurlaubstörn Kiel-dänische Südsee-Göteborg-Marstrand-Oslo-Kiel
Helgoland-Borkum-WESER-Feuerschiff-Cuxhaven

1954
Nordsee-Woche mit Zubringerwettfahrten
Sommerreise Cuxhaven-Cowes-Plymouth-Biskaya-La Coruña-San Sebastian-St. Jean de Luz-Les Sables d'Olonne-Isle of Wight-Cuxhaven
Cuxhaven-Helgoland
Helgoland-Borkum-Regatta

1955
Nordsee-Woche mit Zubringerwettfahrten/schnellste Yacht
Kieler Woche: Kiel-Eckernförde-Kiel/Rund um Fehmarn – Klassenpreise, Rasmussen-Pokal
Kiel-Visby
Gotland-runt, Jubiläumswettfahrt 125 Jahre KSSS 1830–1955/1. und 3. Preis
Sandhamn-Kiel
Cuxhaven-Helgoland-Borkum-Wettfahrten – 2 I. Klassenpreise, 5 Sonderpreise

1956
Nordsee-Woche mit Zubringerwettfahrten
Kieler Woche: Kiel-Eckernförde-Kiel/Rund um Fehmarn
Kiel-Marstrand

Borkum-Regatta
Cowes Week, 1. Mal, in der Nordsee bei Borkum Südsüdwest 10–11 Beaufort
Verkauft an die Marine in Wilhelmshaven 1957, wurde TAIFUN

1957, RUBIN II
Nordsee-Woche mit Zubringerwettfahrten
Rund um Skagen, sehr stürmisch
Kieler Woche: 75 Jahre/Rund um Fehmarn
Kiel-Visby
Gotland-runt

1958
Nordsee-Woche mit Zubringerwettfahrten
Kieler Woche: Kiel-Eckernförde-Kiel/Rund um Fehmarn
Skaw Race Norwegen abgesagt wg. Krupp persona non grata, stattdessen
Kiel-Læsø Nord-Göteborg-Smögen-Frederikshavn-Kiel. Klassensieg
Cuxhaven-Cowes Week-Hamburg
Hamburg-Helgoland-Lemwerder

1959
Nordsee-Woche mit Zubringerwettfahrten
Rund um Skagen, 2. Platz nach GERMANIA, berechnet 1. Platz
Kieler Woche
Kiel-Visby-Sandhamn/Saltsjöbaden
Gotland-runt, 1. Sieg einer ausländischen Yacht über alles,
King's Cup, Rolf-von-Heidenstams-Erinnerungspreis und Baltic Cup gewonnen

---

1960
Hamburg-Glückstadt-Regatta, 1. Preis
Glückstadt-Hamburg
Nordsee-Woche mit Zubringerwettfahrten
Kieler Woche: Kiel-Eckernförde-Kiel/Rund um Fehmarn/Senatspreis
Ostsee-Regatta, Silbermodell der Viermastbark PASSAT
Waasa-Rennen Travemünde-Marstrand, neuer Zubringer zum anschließenden
Skaw Race, Start/Ziel Marstrand, wg. 100 Jahre Göteborgs KSS 1860–1960, 1. Preis Klasse B
Marstrand-Skagen-Smögen-Kopenhagen-Travemünde
Travemünde-Gedser-Travemünde, 2. Schiff im Ziel, berechnet 1. Preis

---

1961
Blaues Band der Niederelbe Hamburg-Cuxhaven, 1. Preis
Nordsee-Woche mit Zubringerwettfahrten
Rund um Skagen, bisher schnellstes Rennen in 67:17 Stunden
Kieler Woche: Kiel-Eckernförde-Kiel/Rund um Fehmarn/Senatspreis, 1. Anrecht
Kiel-Visby-Helsinki
Offshore Race vor Helsinki, 1. Preis, 2. VAGABONDE, 3. GERMANIA
Helsinki-Saltsjöbaden, Sommerreise

1962
Nordsee-Woche mit Zubringerregatten
Kieler Woche: Kiel-Eckernförde-Kiel/Rund um Fehmarn/Senatspreis
Kiel-Skagen
Skaw Race, Start/Ziel Skagen (Skagen–Uttre Hausene Buoy–Hesnes-Bregen–Persgrunden Buoy–Rakke-Boene

(vor Larvik, N)–SKAGEN-Feuerschiff-Skagen) 1. Preis
Urlaubsfahrt Smögen, Marstrand
Travemünder Woche: Travemünde-GEDSER-Feuerschiff-Travemünde
Blaues Band der Niederelbe Hamburg-Cuxhaven
Cuxhaven-Helgoland-Hamburg

1963
Nordsee-Woche
Kieler Woche
Admiral's Cup, erstes Mal, Überführungsfahrt Hochzeitsreise v. Heinz und Jutta Behrens, mit Channel Race/ Britannia Cup/New York Yacht Club Challenge Cup/Fastnet Race; Vier-Gänge-Manü in chines. Porzellan mit Sherry, Weißwein, Rotwein und Portwein, Koch Dr. Horst Brune wichtigster Mann an Bord

1964
Nordsee-Woche mit Zubringerwettfahrten
Kieler Woche: Kiel-Eckernförde-Kiel/Rund um Fehmarn/ Senatspreis
Kiel-Kopenhagen
Kopenhagen-Helsingör-Rund Anholt-Großer Belt-Kiel, PASSAT-Regatta, 1. Schiff im Ziel
Kiel-Marstrand, 1. Schiff im Ziel
Skaw Race, Start/Ziel Marstrand, Feuerschiffsregatta/Nebelregatta Christiansand
Travemünder Woche: Travemünde-Gedser

1965
Nordsee-Woche mit Zubringerwettfahrten
Rund um Helgoland
Kiel-Karlshamn
Karlshamn-Kiel, PASSAT-Regatta
Rund um Fehmarn, 2. Preis
Senatspreis
Kiel-Sandhamn-Regatta, berechnet schnellstes Schiff, Krupp-Preis, Stülcken-Preis
Gotland-runt
Travemünde–Gedser, 1. Schiff im Ziel

1966
Nordsee-Woche mit Zubringerwettfahrten
Kieler Woche: Kiel-Eckernförde-Kiel/Rund um Fehmarn/Senatspreis
Kiel-Karlshamn
Karlshamn-Travemünde-Kopenhagen, PASSAT-Regatta
Verkauft an Henry Wallenberg, Schweden, wurde RENDEZ-VOUS; später ins Mittelmeer

1967, RUBIN III
Nordsee-Woche
Helgoland-Rund um Skagen, Weststurm 8–9, Ruderschaft verbogen, Sieg über alles und in Kl. I
Kieler Woche: Kiel-Eckernförde-Kiel/Rund um Fehmarn/Senatspreis, 1. Preis Kl. I , 2. Anrecht
Admiral's Cup: Channel, berechnet 2. über alles; Britannia Cup/New York Challenge Cup/Fastnet Race

1968
Hamburg-Glückstadt-Hamburg
Nordsee-Woche mit Zubringerwettfahrten, 1. Schiff im Ziel Rund um Helgoland
Helgoland-Rund um Skagen, 1. Schiff im Ziel, 1. Preis
Kieler Woche: Kiel-Eckernförde-Kiel/Rund um Fehmarn/Senatspreis endgültig gewonnen
Kiel-Kopenhagen-Karlshamn
Karlshamn-Travemünde, PASSAT-Regatta
Travemünde-Gedser-Kiel-Regatta

Kiel-Glücksburg-Ærøskøbing-Kiel-Hamburg
Blaues Band der Niederelbe, 1. Preis

1969
Nordsee-Woche mit Zubringerwettfahrten
Rund um Skagen
Kieler Woche: Kiel-Eckernförde-Kiel/Rund um Fehmarn/Senatspreis
Kiel-Sandhamn
Sandhamn-Glücksburg, schwerster Sommersturm seit 1956, PASSAT-Preis endgültig gewonnen
Admiral's Cup: Channel/Britannia Cup/New York Challenge Trophy/Fastnet Race

1970
Trimmfahrt Hamburg-Kiel-Flensburg-Sonderburg-Hamburg
Nordsee-Woche mit Zubringerwettfahrten
Rund um Skagen, 1. Schiff im Ziel
Kieler Woche: Kiel-Eckernförde-Kiel/Rund um Fehmarn/Senatspreis
Kiel-Sandhamn
Gotland-runt, 1. Preis über alles, 1. Preis ihrer Klasse, neuer Rekord: 378 sm in 52 Stunden

1971
Nordsee-Woche mit Zubringerwettfahrten und Rund um Helgoland
Rund um Skagen
Kieler Woche: Kiel-Eckernförde-Kiel/Rund um Fehmarn, 1. Preis Kl. Ib; Senatspreis
Überführung nach England
Half Ton Cup mit TOPAS, Portsmouth
Admiral's Cup: Channel Race/2 Dreiecke/Fastnet Race

1972
Kiel-Glücksburg-Kiel, Trimmregatta
Nordsee-Woche mit Zubringerwettfahrten und Rund um Helgoland
Kieler Woche: Kiel-Eckernförde-Kiel/Rund um Fehmarn/Senatspreis
Travemünde-Sandhamn
Gotland-runt
Half Ton Cup mit TOPAS, Marstrand
Eröffnungsfeier Olympische Spiele in Kiel (28.8.72), Begleitfahrten mit Bundespräsident Gustav Heinemann an Bord
1973 gestiftet an den Hamburgischen Verein Seefahrt, lief bis 1989 als STÖRTEBEKER

1973, RUBIN IV „My Motto: Hans-Otto"
Überführung Kiel-Lesum
Nordsee-Woche mit Zubringerwettfahrten, 1973-1989 Ausscheidungsregatten Admiral's Cup
Rund um Helgoland, 1. Schiff Große Bahn, 5 Preise
Kieler Woche: Kiel-Eckernförde-Kiel/Stollergrundregatta I, II/Rund um Fehmarn/Senatspreis, mit Rod Stephens
Admiral's Cup: RUBIN (G 114), SAUDADE (G 33) und CARINA III (G 55) gewinnen den Cup für Deutschland
Channel Race/1. Inshore/2. Inshore/Fastnet Race, Flautenregatta, erster deutscher Sieg
Flensburger Fördewoche: 1 Langstrecke, 2 Dreiecke
Überführung ins Winterlager Hamburg-Bremen-Burg/Burmester-Werft

1974
Überführung Bremen-Helgoland-Brunsbüttel-Kiel
Kiel-Sonderburg-Glücksburg
Gravenstein-Glücksburg-Regatta, 1. Schiff
Nordsee-Woche mit Zubringerwettfahrten und Rund um Helgoland, Dreiecke
Kieler Woche: Kiel-Eckernförde-Kiel/Stollergrund I/Stollergrund II/Rund um Fehmarn/Senatspreis

Kiel-Sandhamn, 1. Preis
Gotland-runt, 1. Preis über alles gegen ORM mit König Carl XVI. Gustaf
Kiel-Ærø mit Familie und Freunden
Flensburger Fördewoche
Überführung ins Winterlager Bremen-Burg/Burmester-Werft
Gestiftet 1983 an die Hanseatische Yachtschule Glücksburg, lief bis 1997 als FLENSBURG

1975, RUBIN V
MAIOR-Wettfahrten Kiel
Nordsee-Woche mit Zubringerwettfahrten und AC-Qualifikationsregatten
Rund um Helgoland
Rund um Skagen, Nordwest 8-9
Kieler Woche: Kiel-Eckernförde-Kiel/Stollergrund I und II/Rund um Fehmarn/Senatspreis
Überführung nach Bremen-Burg zur Werft Burmester
Überführung nach Cowes
Admiral's Cup: Channel Race/2 Inshore Races/Fastnet Race, 2. Platz
Flensburger Fördewoche

1976
MAIOR-Regatten Kiel
Nordsee-Woche mit Zubringerwettfahrten und Rund um Helgoland, zwei Dreiecke
Kieler Woche: Kiel-Eckernförde-Kiel/Stollergrund I und II/Rund um Fehmarn
Kiel-Sandhamn
Gotland-runt, first ship home
Flensburger Fördewoche
Überführung ins Winterlager Bremen-Burg/Burmester-Werft

1977
Überführung Bremerhaven-Kiel
Graasten-Offshore-Regatta
MAIOR-Regatten Kiel
Nordsee-Woche mit Zubringerwettfahrten und AC-Qualifikationsregatten
Kieler Woche: Kiel-Eckernförde-Kiel/Stollergrund I, II und III/Rund um Fehmarn/Senatspreis, DUVA gegen RUBIN, keine AC-Teilnahme
Überführung nach Cowes
Cowes Week, Abbruch Fastnet Race nach 41 Stunden wg. Flaute, Hummer in Scilly Isles
Kiel-Glücksburg-Brunsbüttel-Bremen-Burg/Burmester-Werft

1978
Überführung aus Winterlager Bremen-Burg/Burmester-Werft nach Kiel
Kiel-Cuxhaven
Nordsee-Woche mit Zubringerwettfahrten und Rund um Helgoland, zwei Dreiecke
Kieler Woche: Kiel-Eckernförde-Kiel/Stollergrund I und II/Rund um Fehmarn/Senatspreis
Ausscheidungsregatten Sardinia Cup
Überführung nach Bremen-Burg
1. Sardinia Cup, Porto Cervo-Hyères
1983 gestiftet an die Hanseatische Yachtschule Glücksburg, lief dort bis 1999 als HANSEAT; die IV und V segeln heute noch in der Ostsee

---

1979, RUBIN VI
Überführung Vegesack-Helgoland
Alassio, Cannes, Training
Kieler Woche
Kiel AC-Ausscheidungsregatten

Admiral's Cup, Orkan beim Fastnet-Rennen
Rücktritt vom Regattasport / Verkauf der Burmester-Werft an Lürssen
1980 verkauft an Ulrich Harms

RUBIN V lag in Marbella im Mittelmeer
RUBIN IV lag in Kiel

1980
Kiel-Brunsbüttel-Helgoland
Nordsee-Woche: Rund um Helgoland
Kieler Woche: Kiel-Eckernförde-Kiel
Kiel-Sandhamn-Regatta mit Altherren-Crew auf RUBIN IV
Gotland-runt
Kiel-Bagenkop-dänische Südsee-Nyborg-Svendborg-Ærøskøbing-Kiel

---

1981
Kiel-Eckernförde-Kiel mit RUBIN IV
Rund um Fehmarn

1982
Kiel-Sandhamn
Gotland-runt mit RUBIN V

1983
Helgoland-Rund um Skagen-Kiel
Kiel-Eckernförde-Kiel/Rund um Fehmarn
Gotland-runt

1984, RUBIN VII ***Wiedereinstieg in den Regattazirkus***
MAIOR-Regatten Kiel mit Langstrecke
Nordsee-Woche: Rund um Helgoland
Kieler Woche: Kiel-Eckernförde-Kiel/Rund Fehmarn
Kiel-Sandhamn
Gotland-runt
Asinara
Sardinia Cup, 1. Sieg RUBIN, PINTA und CONTAINER
Verkauft, segelt heute in Kiel

1985, RUBIN VIII
MAIOR-Regatten Kiel
Nordsee-Woche/AC-Qualifikationsregatten/Langstrecke Cuxhaven-Helgoland
Kieler Woche
Admiral's Cup, 3. Sieg fürs deutsche Team, 2. Sieg für RUBIN, Kielschaden in Plymouth
Silbernes Lorbeerblatt vom Bundespräsidenten in der Redoute Bad Godesberg
Verkauft nach Holland, wurde MEAN MACHINE

1986, RUBIN IX
Kieler Woche: Rund um Fehmarn
Sardinia Cup, Porto Cervo-Hyères-Porto Cervo, 2. Platz Einzel- und Teamwertung
Eintonner-Weltmeisterschaft, 6. Platz
Verkauft an Albert Büll, wurde SAUDADE

1987, RUBIN X
Nordsee-Woche/AC-Ausscheidungen, nicht qualifiziert, Entscheidung fiel im letzten Dreieck für DIVA

Kieler Woche: Kiel-Eckernförde-Kiel/Rund Fehmarn, je 1. Platz in Kl. I R
Kiel-Sandhamn, 1. Platz
Gotland-runt, 2. Platz über alles
Flensburger Fördewoche, 1. Platz Kl. I R und über alles
Gestiftet an den Kieler Segel-Club 1988

1988, RUBIN XIa
Copa del Rey/Mallorca
Sardinia Cup, 2. Sieg, 1. Platz Einzelwertung, Rumpf delaminiert, zersägt

---

1989, RUBIN XIb, neuer Rumpf, altes Rigg von XIa,
Nordsee-Woche
AC-Ausscheidungsregatten
Admiral's Cup, 8. Platz

1990
Settimana delle Bocche
Copa del Rey/Mallorca
Sardinia Cup, 3. Platz in ihrer Klasse
Verkauft nach Irland 1993

1991, RUBIN XII
Admiral's Cup
Bit Cup Kiel/Zweitonner-Weltmeisterschaft, 3. Platz
Flensburger Fördewoche

1992
Kieler Woche: Kiel-Eckernförde-Kiel, je 1. Platz
Kiel Cup, 1. Platz
Rund um Fehmarn, 1. Platz IOR Kl. I, Henry-Rasmussen-Gedächtnispreis endgültig gewonnen
Senatspreis, 1. Platz
Cowes Week, Sieg Kl. I, als Zweitonner beim Sardinia Cup nicht zugelassen

---

1993
Nordsee-Woche mit Rund um Helgoland und Helgoländer Acht gewonnen
Training an jedem Wochenende ab März
Admiral's Cup, 3. Sieg für RUBIN, 4. für das deutsche Team, Teamchef
Vom DHH für Verdienste um den Segelsport mit dem Bernhard-Rogge-Pokal ausgezeichnet

---

1994
Commodores' Cup, 2. Platz Team Germany „Green"
Flensburger Fördewoche
Verkauft nach Mallorca 1995

1995, RUBIN XIV
Admiral's-Cup-Qualifikation gegen PINTA verloren
Flensburger Fördewoche

1996
Kieler Woche: Deutscher Meister Seesegeln
Commodores' Cup
Sardinia Cup, 3. Platz Einzelwertung, erstes Mal Jochen Schümann als Steuermann, dreifacher Olympiasieger im Soling

---

1997
MAIOR-Regatten Kiel
Admiral's-Cup-Ausscheidungswettfahrten
Gotland-runt
Admiral's Cup, 2. Platz
Verkauft an Dr. Wolfgang Schäfer, heute STRUNTJE LIGHT

1998, RUBIN XV
Breitling Cup Palma
Copa del Rey/Mallorca
Sardinia Cup, 2. Platz in Kl. 50 Fuß

1999
Key West/USA Januar 1999, 5. von neun Booten
SORC Miami/USA März 1999
Admiral's Cup, 4. Platz, umstrittene Jury-Entscheidung

2000
MAIOR-Regatten Kiel
Stollergrund
Nordsee-Woche
Flensburger Frühjahrswoche/Ausscheidungsregatten BONC (1. Baltic Offshore Nations Cup, Greifswald)
Kieler Woche: Kiel-Eckernförde-Kiel
Gotland-runt, Sieg über alles und Platz 1 in IMS I
BONC Baltic Offshore Nations Cup, Team Greifswald

Vor Helgoland in 2000: die RUBIN XV

Bildnachweis

Hans-Otto Schümann ist eine Person von öffentlichem Interesse. Über die Jahre sind sehr viele Bilder von ihm und seinen Yachten entstanden.

Um dieses Buch zusammenzustellen, haben die Autoren viele Bildquellen angezapft und sich bemüht, Bildautoren zu identifizieren und die nachfolgende Liste zu komplettieren. An dieser Stelle sprechen alle Beteiligten ihren Dank für das Einverständnis der Abdruckrechte aus.

Seite 7	Lisa-Lott Brecht
Seite 8	A. Mocsigay/Lisa-Lott Brecht
Seite 9	Lisa-Lott Brecht
Seite 10	Lisa-Lott Brecht
Seite 11	F. Schensky/Helgoland
Seite 12	Lisa-Lott Brecht
Seite 13	Vaselinwerk Hans-Otto Schümann
Seite 14	Museum für Kunst und Gewerbe/ Michael Zapf
Seite 15	Karl Clausen
Seite 16	Karl Clausen
Seite 18	Karl Clausen
Seite 19	Karl Clausen
Seite 21	Hugo Klement
Seite 22/23	Karl Clausen
Seite 24/25	Karl Clausen
Seite 32	Karl Clausen
Seite 33	Karl Clausen
Seite 35	Karl Clausen
Seite 36	Karl Clausen
Seite 39	Lisa-Lott Brecht
Seite 43	Schröder-Bild, Bremen
Seite 56	Caroline-M. Wierig
Seite 78	John Jäger
Seite 80	John Jäger
Seite 81	John Jäger
Seite 84	Beken of Cowes
Seite 89	Beken of Cowes
Seite 90/91	Beken of Cowes
Seite 93	Beken of Cowes
Seite 95	Beken of Cowes
Seite 140	Uli Tischendorf/ Neue Revue/ Hoffmayer
Seite 171	Lisa-Lott Brecht
Seite 177	Uli Tischendorf
Seite 178-182	Caroline-M. Wierig
Seite 183	Alers/Bild am Sonntag
Seite 186	Hugo Klement/Beken of Cowes
Seite 187/1	Beken of Cowes
Seite 189/3	Dr. Johannes Halben
Seite 191/2	Hans-Günter Kiesel/Yacht
Seite 191/3	Caroline-M. Wierig